U0504970

Isaac Newton

易杰雄 主编
颜锋 李国秀 著

万有引力之父
牛顿

全国百佳图书出版单位

时代出版传媒股份有限公司

安徽人民出版社

图书在版编目(CIP)数据

万有引力之父——牛顿/颜锋,李国秀著.—合肥:安徽人民出版社,2016
(传记读库)

ISBN 978-7-212-09462-1

Ⅰ.①万… Ⅱ.①颜…②李… Ⅲ.①牛顿(Newton,Issac 1642—1727)—传记

Ⅳ.①K835.616.11

中国版本图书馆 CIP 数据核字(2016)第 303984 号

万有引力之父——牛顿
WANYOUYINLI ZHIFU——NIUDUN

易杰雄 **主编** 颜 锋 李国秀 **著**

出 版 人:朱寒冬	**出版策划**:朱寒冬	**责任编辑**:张 旻 郑世彦
出版统筹:徐佩和 黄 刚	**责任印制**:董 亮	**装帧设计**:程 慧
李 莉 张 旻		

出版发行:时代出版传媒股份有限公司 http://www.press-mart.com

安徽人民出版社 http://www.ahpeople.com

地　　址:合肥市政务文化新区翡翠路 1118 号出版传媒广场八楼　**邮编**:230071

电　　话:0551-63533258　0551-63533292(传真)

制　　版:合肥市中旭制版有限责任公司

印　　刷:合肥中德印刷培训中心印刷厂

开本:710mm×1010mm　　1/16　　**印张**:15.5　　**字数**:160 千

版次:2016 年 12 月第 1 版　　2017 年 1 月第 2 次印刷

ISBN 978-7-212-09462-1　　　　**定价**:28.00 元

版权所有,侵权必究

三版总序

易杰雄

这是我于 2001 年出版的一套丛书,中间还有多次印刷。近些年,我连续应邀给安徽人民出版社和江苏人民出版社出了几套思想家的传记——《世界十大思想家》《千年十大思想家》《现代世界十大思想家》丛书,影响和销路还很不错。从影响上看,有的还荣获了华东地区优秀图书政治理论图书一等奖,第五届全国图书"金钥匙"奖二等奖。有的出版后,《北京晚报》、北京人民广播电台还以"《世界十大思想家》风靡海内外为题"报道了它受社会欢迎的情况。就销路看,有的出版后,台湾买了它的版权。新疆人民出版社还以蒙古族、哈萨克族、维吾尔族等少数民族文字出版。

为什么一套思想家的丛书能一而再地多次再版呢? 这可能因为我国人民认识到"一个民族要想站到科学的高峰,就一刻也不能没有理论思维"。正如人类的创新巨匠爱因斯坦在总结自己作出重大科研成果时所讲的,"创立一门理论,仅仅收集一下记录在案的现象是远远不够的,还必须有深入事物本质的大胆的、创造性的思维能力",因此,"不应该仅仅满足于研究那些从属于事物现象的表面原因,相反,他应该进而采取推理的方法,探讨事物的根本实质"。还说,"如果我们探讨得愈是深入,我们的理论所包含的范围愈是广大"。我们之所以科技创新少、发展慢,与我们这个民族的思维特征有关。

我们这个民族是很聪明的,但这种聪明和智慧主要表现在具有很强的感性直观的能力上,表现在凭直觉正确地把握事物的能力上。之所以这样,是具有深刻的历史和社会根源的。

第一,从中西文化奠基人不同的出身背景看他们怎样造成了中西文化的根本不同。

西方文化奠基人与后续者从苏格拉底、柏拉图、亚里士多德都有两个异常明显的特点:一是基本上都是贵族出身,可以无生计之忧而潜心于思辨的探究;除苏格拉底外,他们都是大科学家,他们可以以学术为乐趣,以求真为旨归,把人生的意义就归结为求知,把求知当道路,把是否在知识的大海洋中为人类作出贡献看作是人生的最大幸福。这实际上说明两个问题:只有吃饱、穿暖了,才能讨论玄而又玄的哲学。二是,古希腊哲学是在当时科学技术达到人类顶峰时产生的。他们不满足于宗教神话,想探讨天地万物的根源。这说明西言哲学从一开始就是与科学融为一体的。

还有一个问题,古希腊实行奴隶制民主,特别是雅典政制时期,在奴隶主内部,可以有相当民主,尤其讨论内容相当抽象的问题。

而我们再来看看中国文化奠基人的出身及其创立文化的背景。

我们中国的文化创始人为士人出身,家中鲜有恒产。孔子少贱,庄周家贫。他们生活在下层,看到的是人们劳苦一生,还是吃不饱穿不暖。所以,他们比一般人多学了一些东西,又不愿受苦受难甚至受到死亡的威胁,于是提出了"学而优则仕"。学好了,就去当官。实在当不了官,就做人家的幕僚、食客。这不仅可以温饱,还可以光宗耀祖。这种倾向,在"废拙百家,独尊儒术"以后就达到了极致。而中国历史上几次有可能使我们抽象思维能力得到提高的机会又白白错过了。

有人说我们不是出了屠呦呦吗?有国人得了诺贝尔奖,这确是值得大家骄傲的事。但我们如果实求是地看,这毕竟是属于实践科学的发明,而且它是很长时间的艰苦努力的结果,与爱因斯坦所作的科学发现是不同的。

说我们抽象思维能力不强,并不是说我们就没有抽象思维能力强的人,如陈景润等。还有很多到过西方学成归来的人,他们不仅在西方学到了人家先进的科学技术,还学会了西方学者严谨的科学态度和高超的抽象思维方法。特别是改革开放以后,我们党认识到,归根结底科学技术创新才是国家进步的根本。于是派出大量的学生出国学习。现在不少人学成归国,他们不仅业务拔尖,而且抽象思维能力也特别强。这就为我国的长远发展打下了坚实的基础。

第二,市场经济机制在中国历史上未能形成。自给自足的自然经济根本没有、也不可能向人们提出具有很高的、很复杂的抽象思维能力的要求。而西方有些国家之所以整个民族抽象思维能力都比较好,与他们在经济领域早就有了比较发达的、千变万化的、需要通过非常复杂的思维才能把握其规律和趋势的市场有关。

第三,很长一段时间,中国生产力发展水平比较低,对于包括主要肩负发展抽象思维能力的知识分子在内的绝大多数人来讲,要解决的还是温饱问题。亚里士多德当十分正确地指出过:"只有一切必须的东西都具备以后——人们才开始谈哲学。"这也是中华民族哲学素养提高不快的原因。

当然,影响中国人抽象思维能力发展的方面还很多,这里就不再一一赘述。

努力提高国民的抽象思维能力,是提高国民素质的一个重要组成部分,也是促进中国社会飞速发展的具有重要战略意义的一项基础性工作。

思想家生活中那些最具魅力、最激动人心的事件,就是他们头脑中涌现出来的、形形色色的,使你为之倾折的思想。除了科学探索、新思想的形成与发展及其在社会上产生影响的过程外,可以说,他们没有别的传记。思想家共同的特点就是他们都是理论思维能力特别强的人。他们的传记对提高读者的理论兴趣和抽象思维能力无疑是有助益的。何况传记本身较之于专门的理论著作可读性强,这对于不是专门从事理论工作或对理论接触不多的人,尤其是如此。我们要尽可能地挖掘他们是如何发现这些思想的过程,这就可以使读者比直接读他的理论著作在理论思维训练方面更能受到启迪。

一个个划时代的大思想家,就犹如立在人类历史上的一盏盏航灯,是他们指明了人类历史的航程。所以,他们公正地受到了人类永久的铭记。

大思想家,不管他本人意识到与否,他的思想成就都是前人思想成果的合理的继承与发展,是根据他所处的时代的要求对当时现实所作的正确的概括与抽象。从这个意义上说,他们本人都是时代的产儿,他们的思想成果都是他们所处时代的精神的精华。按顺序系统地记录人类思想的大圣们的思想传记，就可以使我们懂得人类的思想认识是怎样从简单到复杂、从低级到高级发展到今天的。从而使我们清楚地认识到，在我们今天应该考虑什么，走怎样的历史必由之路。

大思想家，都有自己的特有的思想体系。这个思想体系都是由前人所有的方法都不能完全解决当时所面临的问题才产生出来的。它本身总是为适应需要提供了新的方法。尽管当时所解决的问题早已成为过去，这些方法也难免有其局限性，有的因新的、更有生命力的方法的出现也会被淘汰，但是新的方法并不是完全抛弃它们，而是以扬弃的形式把它们包含在自身中，就像高等数学并不排斥初等数学一样。因此，读思想家的传记、掌握他们为人类社会前进提供的各种新的工具，对于我们也是一项意义极为重大的事情。

大思想家，几乎无一例外都是那些社会责任心很强的、极富进取精神和牺牲精神、道德品质高尚的人。他们都有一个共同的特点，就是热爱人类，关心人类的命运，希望人类能生活得更好。他们之中不少人既不追求功名，也不攫取权力，更不贪图钱财，甚至连爱情都不能使他们受到无端的干扰。他们一辈子都在为人类的解放专心致志、孜孜不倦地研究学问。他们的一生，就是探索的一生、精神世界不断发展的一生。我们读他们的传记，就会被他们气吞山河的凌云壮志、坚忍不拔的奋斗精神和感人肺腑的高尚情操所感染，从而在怎样做人方面得到有益的启示。

大思想家，无一例外都是他那个时代最博学、最深刻、最优秀的人。他们的著作，是他们对人类思想成果和自己人生的总结，是历史的积淀和时代的精华，是由闪光的思想和珠玑的词句凝练成的世界文化的瑰宝。根据他们的著作和生平写出的他们的学术传记，更是他们一生的思想珍品的集萃。它能使你丰富感情，净化灵魂，增加知识，深化思想。你可由它明确方向，增强信心，获得力量，受到鼓舞。你遇到挫折的时候读它，圣哲们会耐心地安慰你，给你出主意，帮助你摆脱困境；你成功时读它，圣哲们会劝你谦虚谨慎，引导你避开人生道路上的一个又一个暗礁，从胜利走向另一个胜利。每当你读它的时候，就会感到自己身处在一个个伟大学者面前，仰望着他们的丰采,沐浴着他们的深情,听着他们的教诲,分享着他们成功的欢乐,并与他们分担着失败的痛苦,吸取着他们的人生经验,从而感到一种最好的人生享受。

金无足赤,人无完人。世界著名思想家也不例外。他们每个人也都有他们各自的时代的、阶级的局限,有他们自己的弱点、缺点和不足,有些缺陷还像他们的杰出的思想成就那样严重。就是他们的思想成就本身也难免有局限性和片面性。为了全面介绍思想家的思想,我们也秉持必要的态度,用马克思主义的立场、观点和方法为指导作分析性的论述的。尽管所有这些分析不可能尽如人意,不过我们相信,长期受马克思主义思想教育的广大读者的理论修养一定能弥补我们的不足。

这些大思想家都对人类思想发展过程发生过而且还在继续发挥着重大的影响。他们整个思想体系和总的思想倾向在社会生活中的作用是如此,他们的大量一反传统的、脱离常规的、几乎是人们意料之外的具体观点也是如此。当时在人们看来是那么荒诞不经,因而遭到了社会的普遍反对,他们本人甚至因此受到孤立、政治上的迫害乃至人格侮辱,而这些认识后来却被社会上越来越多的人接受了,甚至成了人们行为的准则和判别事物的标准。有些看法,我们今天看来,尽管仍有片面性,但其中确实又包含着具有重大意义的合理思想,而在思考问题的角度上也给我们以启迪。所以,比较系统地了解他们所想所做的,同样是对掌握人类文化遗产不可缺少的,对于我们提高理论思维能力同样重要。

天才本身就孕育着妒贤嫉能者的敌意与庸碌之辈的难于理解和接受。纵观人类思想发展史,几乎没有一个大思想家的生活是很顺当的。生前,由于他们提出了惊世骇俗、空前深邃的思想,总是不断遭到人们的非议、攻击或故意的冷淡。当他们逐步受到社会的认同、得到崇高威望后,人们又往往出于对自身利益需要,或诋毁他们的为人、千方百计把他们搞成仿佛是与社会相对立的怪物,或把他们捧为至尊至圣、不容有不同看法的神。我们在写作过程中,注意尽可能地排除偏见,遵循客观主义原则,在对他们的阐述和分析过程中,坚持实事求是地还他们的本来面目。实践证明,这样的做法,读者是欢迎的。不用说,书中也到处体现着作者们的态度和看法。作为主编,我认为这对严肃的科学著作不仅是允许的,而且是必要的、值得称道的。所以我并不强求与我本人的看法完全一致。同样,对此,读者也完全可以有自己的不同看法。

写作过程中,我们坚持贯彻介绍思想历程与丰富的人生的其他方面相结合,以介绍他们的思想历程为主;坚持科学性、准确性和可读性相结合,以科学性、准确性为主;在写他们的思想历程时,又坚持他们的思想形成过程与思想成就相结合,在保证重大思想成就不遗漏的前提下以介绍他们的创造思想是怎样产生、形成和发展的为主。我们希望这套丛书的再版,能一如既往地对提高我国人民,特别是提高广大青年读者对理论的兴趣、抽象思维能力、思想史方面的知识以及道德修养能起到一定的作用。

有思想巨人　才有国家富强

易杰雄

随着科学技术在经济增长中的贡献率的不断加大,人们越来越清楚地认识到,当今世界国与国之间的竞争,表面上看是综合国力的较量,但归根到底是知识总量、人才素质和科技实力的竞争,实质是创新的竞赛。

然而,怎样才能有许多重大创新的不断涌现,现代科学技术的飞速进步呢?

1953 年,天才的物理学家、伟大的思想家爱因斯坦在总结中国为什么没有近代科学,而西方的近代科学却发展飞快时指出:"西方科学的发展是以两个伟大的成就为基础的,那就是西方哲学家发明的形式逻辑体系(在欧几里德几何中),以及通过系统的实验发现有可能找出因果关系(在文艺复兴时期)。在我看来,中国的贤哲没有走上这两步,那是用不着惊奇的。令人奇怪的倒是这些发现(在中国)全部做出来了。"[①]

有人不同意爱因斯坦这一说法,理由是中国在科学技术方面也曾在全世界领先过 1000 多年。我觉得这与爱因斯坦的上述结论并不矛盾:中国古代的科学属于经验科学——如四大发明,是在逻辑的东西和系统实验不发达的情况下可以作出的。而近现代科学没有这两个前提是不行的。

在这里,特别值得我们注意的是,爱因斯坦没有把一个国家的科学技术落后归罪于政治家对其不重视,也没有责怪企业家缺乏远见,未能加大对科

---

① 《爱因斯坦文集》第 1 卷,商务印书馆 1976 年版,第 574 页。

技事业的风险投资,甚至没有怪罪科技工作者创新能力差,而认为这是由于该国的哲学家、思想家未能为社会提供好的思维方式和正确的价值取向。

这种说法尽管有不少值得商榷之处,如上述几方面与一个国家科学技术发展之间的关系,把逻辑仅仅归结为形式逻辑等。但我认为,他强调哲学家、思想家对科学技术的发展、社会进步的重大作用,方向无疑是正确的,而且这一思想也是很深刻的。

从认识的形成来说,当然是先有实践,后有认识(这只是大致上讲,因为实践本身就包含着认识,是受思想支配的)。但从认识的指导作用来看,方向则相反,有了正确的认识总要用于指导实践,认识在一定条件下反过来决定实践的内容、方式和过程。不用说,在认识指导实践过程中,原有的思想、认识和理论不符合实际,不完善的地方,在新的实践过程中会不断地暴露出来,及时得到纠正、补充、完善和发展。但旧唯物主义者和经验主义者们不懂得这个道理。在他们看来,没有实践哪有认识?思想、理论怎么能走到实践前面去?这些人的错误在于不知道历史过程、事物的发展是有规律的,是一个前后有联系的过程,而规律在一定条件下是反复出现重复起作用的。所以,从实践中获得的、只要是具有普遍性的,关于历史过程、事物发展的本质的规律的正确认识,它对以后的新的实践就具有指导作用。也正因为如此,人类的认识活动才有必要和有意义。这也是马克思主义哲学与一切旧哲学的主要区别之一。马克思说:以往的"哲学家们只是用不同的方式解释世界,问题在于改变世界"①。恩格斯也曾经说过:"正像在十八世纪的法国一样,在十九世纪的德国,哲学革命也作了政治变革的前导。"②这就是说,思想、观念并非都是消极地追随历史,它们可以、也应当超越时代。

过去讲,"不怕做不到,就怕想不到"。这句话夸大了人的实践能力,有主观主义、唯意志论倾向的问题。但其中也包含着一定的真理性。这就是:要想做到,首先必须想到。其实,爱因斯坦的论述与恩格斯的下述思想只是表达上的不同:"一个民族要想站在科学的最高峰,就一刻也不能没有理论

---

① 《马克思恩格斯全集》第3卷,人民出版社1965年版,第8页。
② 《马克思恩格斯全集》第21卷,人民出版社1965年版,第305页。

思维。"①一个民族哺育出来的大思想家、大哲学家,是这个民族理论思维的领头羊,他们的见解如能获得尊重,他们的创新思想如能被付诸实施,对社会无疑会起到一种巨大的牵引作用。任何一个国家科学技术的繁荣、社会的飞速发展,无不是对其有大思想家、对能理性行动的奖赏;而一个国家所以会停滞不前,无不是对其由于缺乏大思想家,或不尊重他们,以为有了权就有了真理,为所欲为,愚蠢地瞎折腾的惩罚。人类近代以来的历史发展就一再地在证明这一点:谁想得少,谁犯错误就多,谁进步就慢。一个人是这样,一个民族、一个国家也是这样。有思想巨人,才有国家富强!

日本学者汤浅光朝在英国著名科学家贝尔纳和丹皮尔研究成果的启发下,对达姆斯特和赫旁萨编的《科学技术编年表》上所记载的1501—1950年间的重大科学成果做统计学研究,把凡是重大科学成果数超过同期世界总数25%的国家,称之为"科学活动中心",把保持其为"科学活动中心"的时期叫做"科学兴隆期"。由此他发现,近代以来,科学活动中心,在世界上发生过这样五次大转移:

1540—1610 年　意大利
1660—1730 年　英国
1770—1830 年　法国
1810—1920 年　德国
1920—　　　　美国②

其实,如果把这些国家"科学兴隆期"前后的历史联系起来加以考察就不难发现,除了科学技术在世界上占领先地位外,他们在思想、观念上,也给人类提供了大量新的、影响深远的东西;政治、社会状况也曾一度成为全球关注的热点;经济活动也在一个时期内是全世界最出色的。由于这些原因,在一个时期内,它们曾先后是世界上最具影响力的国家,从这个意义上,也可以把它们称之为"世界的中心"。

---

① 恩格斯:《自然辩证法》,人民出版社1972年版,第29页。
② 陈文化著:《科学技术发展计量研究》,中南工业大学出版社1992年版,第231—232页。

　　这些"世界中心"形成的历史,清晰地展示出这样一条共同的道路:社会生产力发展到与原有的旧体制再也不能相容的地步时,一场大的思想运动逐步掀起,涌现出一大批为新时代奠基的思想巨人,他们以各种形式批判旧制度、旧思想,宣传新观念、新主张,为社会的继续进步、为新社会的诞生寻求道路,探索方法,制造舆论。深刻的思想运动,导致人们观念的根本改变。接着进行政治变革,推翻旧的政治制度,建立新的与社会进步方向一致的社会政治制度。政治变革的成功,又推动了科学、技术的进一步蓬勃发展,最终导致经济的空前繁荣。

　　意大利由于是第一个由中世纪向新时代转变的国家,它当时面对的封建势力太过强大,强大的封建势力不容许它走自己的路,联合起来反对它,因此它所走的道路尚未达到典型的形式。即便如此,这样的一般趋势也初步表现了出来。

　　14世纪,在生产力发展、城市兴起、封建制度由于成了社会进步的严重桎梏而逐渐解体的基础上,意大利首先爆发了一场历时300年、声势浩大、广泛而又深刻的思想运动,这就是后来征服了全欧洲、至今在世界上仍有广泛影响、在当时使意大利成了世界文化中心的文艺复兴运动。文艺复兴运动是资产阶级的思想解放运动,"这是一次人类从来没有经历过的最伟大的、进步的变革"①。由于在当时它反映了社会进步的要求,利用了许多反映人类要求进步的共同心声的口号,所以,它在一定程度上也具有全人类的、因而也是永恒的意义。当时"是一个需要巨人,而且产生了巨人,在思维能力、热情和性格方面,在多才多艺和学识渊博方面的巨人的时代"。一大批思想巨匠,如"文学三杰"——但丁、彼特拉克、薄伽丘;"艺术三杰"——达·芬奇、米开朗基罗、拉斐尔;人文哲学家、自然哲学家、政治思想家、教育家——瓦拉、皮科、彭波那齐、布鲁诺、库萨的尼古拉、马基雅弗利。他们以哲学上的变革为先导,高举"世俗文学"和"现世艺术"的大旗,高喊人文主义的口号,以"人"为本反对以"神"为中心的世界观,认为追求快乐和享受是人的本性和权利,是社会发展的动因。他们以尘世需要和情欲的论点对抗中世纪的禁欲主义,以个性自由发展的思想对抗封建专制和教会独裁。所有这些

---

　　① 《马克思恩格斯选集》第3卷,人民出版社1972年版,第445页。

思想在他们的文学和艺术作品中或哲学、教育等著作中体现出来,有力地打击了封建意识,动摇了神学统治,使人们的思想从封建神学中解放了出来,为人类自身的智慧和才能的发展开辟了广阔的前程。尤其是达·芬奇,更是一位空前的、举世无双的天才。他不仅是天才的思想家、艺术家,还是那个时代最卓越的科学和工程技术天才。达·芬奇已经认识到:"醉心于实践,不要科学的人,好像一个没有舵或指南针上了船的舵手,他永远搞不清究竟漂向何方。"因此他提出,"科学是统帅,实践是士兵"①。库萨的尼古拉、列奥纳多、布鲁诺更是划时代的大哲,他们不仅有着鲜明的唯物主义立场(虽然在当时常常不得不用泛神论的形式来表达),而且有着丰富的辩证法思想,尤其可贵的是在认识论方面已经远远超出前人所能达到的高度,从而为人们观念的根本改变——由中世纪的世界观向近代世界观的转变提供了前提。如库萨的尼古拉提出了认识有三个阶段的思想,认为理性接近真理就像内接多边形接近圆那样,可以无限地接近,但永远也不会重合。在政治思想方面,马基雅弗利已经认识到物质利益是社会生活的主要推动者。他除在《论李维》一书中宣传共和国的统治形式外,还在《君主论》中以古代军事和政治史作基础阐述了如何获得并掌握权力。他使政治开始成为科学,是历史哲学的奠基人之一。而康帕内拉更是空想社会主义的先驱者。

这一庞大的思想巨人群体掀起的伟大思想运动,直到 1527 年拿破仑入侵、罗马陷落才在意大利宣告结束。但它使教会的独裁被彻底摧毁,封建专制制度从根本上被动摇,在人类历史最早实现了新的统治方法,使意大利成了近代欧洲的长子,并让人们的观念有了根本的改变,使人们在发现客观世界的同时也发现了自己,从而为征服自然,建立新的、公正的社会制度,为科学技术的发展、经济的繁荣奠定了坚实的基础。

特别是这个时期带有机械唯物主义倾向的自然哲学的产生和发展不仅把自然科学从神学教义 1000 多年的窒息中解救出来,还给它提供了通过实验、经验与理论相结合认识自然的方法。所以,意大利出了像达·芬奇、路加·帕乔里、吉罗拉莫·卡尔丹诺、尼古拉·塔尔塔里亚、哥白尼、伽利略等一大批科学巨星,在数学、物理学、化学、医学、天文学等一系列领域取得了

① [苏]B.B.索柯洛夫著:《文艺复兴时期的哲学概论》,北京大学出版社 1983 版,第 210 页。

许多重大成果,于1540年成为世界科学活动的中心,科学兴隆期一直保持到1610年。正如恩格斯所说:"在中世纪的黑夜之后,科学以意想不到的力量一下子重新兴起,并且以神奇的速度生长起来。"①

科学技术的发展又推动了生产力的进步,当时意大利的商业和航运业在世界上都是最发达的,农业和手工业也非常有名。最后终于使意大利完成了政治制度的根本转变并进入发达国家的行列。

欧洲各国交通方便,联系密切,相互影响大。英国在意大利文艺复兴思潮的冲击下,也涌现出了许多划时代的大思想家,如著名的空想社会主义者莫尔,被马克思誉为"英国唯物主义和整个现代实验科学的真正始祖"的培根,把培根的唯物主义经验论系统化的霍布斯和详细地论证了这一思想的洛克,像莎士比亚这样的世界文学巨星,等等。他们一方面为新生资产阶级的上台制造舆论,一方面为科学和生产的发展探寻方法。培根大力反对寄生的封建贵族,主张建立以中小贵族和商业资产阶级为支柱的君主专制政体。他全力倡导科学,强调经验-实验的方法对真正科学地认识自然的重要性,还进一步发展了归纳法,提出了如何从人的理智中清除伪相的学说。

在长期的思想舆论准备之后,通过1640—1688年的革命,英国资产阶级取得了政权。

取得了政权的新兴资产阶级顺应历史,发展科学,抓经济建设。当时的英国政府率先批准成立了皇家学会等学术活动中心,以推动科学技术发展。这时牛顿、哈维、耐普尔等划时代的科学巨人和大发明家瓦特等应运而生。1660年,英国成为世界科学活动中心,其兴隆期达70年之久。这期间,各种纺纱机、织布机和蒸汽机纷纷被发明出来,因此,英国出现了大机器生产和专业化生产。

科学高潮引起了经济高潮。1760—1830年,英国进行产业革命,1800—1880年,英国为世界经济中心。1870年,它的工业产值占世界工业生产总值的比率高达32%。科学技术进步与经济的繁荣也为英国的海外殖民地扩张创造了前提,从此英国开始了所谓的"日不落"国的历史。

文艺复兴后,法国在17—18世纪又爆发了启蒙运动。一大批思想巨

① 《马克思恩格斯选集》第4卷,人民出版社1995年版,第280页。

人——伏尔泰、孟德斯鸠、狄德罗、卢梭、笛卡尔等群星灿烂。他们由鼓吹改良,进而到主张革命。笛卡尔在他的哲学体系中也为人类认识世界提供了重要的演绎法。在文学方面也出了国际泰斗、后期文艺复兴的文学三杰之一——拉伯雷。他们都是人文主义思想的"弄潮儿"、新时代的旗手。

思想运动过后是1787—1799年间反反复复的几次大革命,最后资产阶级取得统治权。这时科学在法国也取得了长足的进步,涌现出了像拉格朗日、拉普拉斯、近代化学之父拉瓦锡等大批卓越的大科学家。法国于1770年成为世界科学活动中心,为期60年。从1820年起法国进行产业革命,法国的社会生产力蓬勃发展,1850—1890年经济进入高潮期,19世纪60年代法国工业产值仅次于英国,居世界第二位。

路德及其领导的、爆发于16世纪上半叶的德国、也是欧洲大陆上规模最大和影响最深的宗教改革运动,反对教会干涉世俗国家,力图建立一个适合资产阶级口味的廉价教会,实质上是资产阶级与封建主的第一次大决战。在启蒙运动走向尾声后,随着康德、黑格尔、马克思等思想巨人的相继出现,世界思想中心又转移到德国。接着德国于1830—1850年间爆发了资产阶级革命,与此同时,德国出现了雅可比、高斯等世界一流大数学家,欧姆这样的世界著名物理学家和发展农业急需的肥料技术的有机化学家李比希,特别是德国还出了世界闻名的集科学家、工程师和企业家于一身的西门子、克虏伯等这样一些奇才、全才。1810年,德国成为世界科学活动中心,进入科学兴隆期,为期90年。在科学高潮和资产阶级革命的推动下,德国进行了产业革命(1850—1880年),率先发明了实用型的发电机,实现了电气化,引起了第二次技术革命。德国只用40年时间就完成了英国140年完成的工业化过程。接着出现了经济发展的高潮期(1880—1920年)。当时德国的煤炭、钢铁、化学,特别是有机合成工业在世界上都是遥遥领先的。1910年,德国工业总产值仅次于美国,居世界第二位。

美国是一个移民国家,它的很多公民是从欧洲大陆去的,而且其中有很多是受欧洲文艺复兴和启蒙运动的影响、思想激进的持不同政见者。此外,与欧洲各国不同,美国的资本主义是在未遇到强大的封建势力的阻挠下较为顺利地发展起来的,而且前面已有英、法、德等国为它趟了路子。美国的资产阶级不必考虑受封建国家、君主、教皇等超乎个人之上的力量的限制和旧传统的束缚,能利用先行资本主义各国的经验,自由放任地去追逐个人的成功与发展。即便如此,美国也于1829—1870年期间爆发了亦称新英格兰文艺复兴的文艺复兴运动。在这一运动中涌现出了霍桑、梅尔维尔、惠特曼和南方巨匠爱伦·坡等一大批有影响的大作家和大思想家。他们积极提倡对宗教、国家和社会实行改革,主张废除农奴制,对社会变革起了推动作用。这个时期史称"改革时期"。随之南北战争的爆发,全国统一。国家统一后,美国十分重视全力发展科学、技术和生产。美国独立战争后的宪法中,明确提出了有关科学技术的方针。美国的历任首脑都十分重视科学技术。其中,有的本人就是科学家,如本杰明·富兰克林和杰弗逊。在他们的领导下,美国对开发研究经费的投入不几年就翻了一番。仅二战期间,美国研究开发经费就从1亿多美元剧增到15亿美元(去年已经接近2500亿美元)。先后出现了像埃利·惠特尼、贝尔、爱迪生和福特等科学家、发明家。美国于1860—1884年进行产业革命,依靠吸引英国的资本和技术,一跃成为世界的技术中心,使工业迅速发展,并于1890年成为经济大国。在这个基础上,又于20世纪20年代成为世界科学的带头羊。美国不仅设法完成、完善了欧洲的钢铁、化工和电力三大技术,发展了汽车、飞机和无线电技术这三大发明,还领先进行了包括原子能、计算机、空间技术、微电子技术在内的第三次技术革命。高新技术的研究与开发,导致了高新技术产业群的形成和发展。70年代以来,美国又领导了一场以微电子技术和基因重组技术为特征的世界范围的技术革命,形成了一个以信息技术为先导,包括新材料、新能源、航天和海洋等技术为内容的高新技术体系,并于80年代后期迅速产业化、商业化。因此,在世界上,美国在科学、技术、经济等领域一直遥遥领先。值得指出的是,在美国的发展过程中,大思想家起了巨大的作用。除了上面提到的外,与欧洲大思想家们对他们的影响也有关。其次,美国本土人士从皮尔士、詹姆士到杜威及其实用主义思潮的作用也是十分巨大的。此外,两次世界大战,特别是希特勒排犹,使许多世界级的大思想家、大科学家都曾到过美国,或短期访问、讲学,或长期留居,如罗素、爱因斯坦、费米、霍克海默、普利斯特列等,他们也为美国的持续繁荣立下了汗马功劳。美国在遭到经济危机严重打击后,罗斯福实行"新政"时就在某种程度上吸取了马克思主义的不少思想。如赈济失业者,政府对国民的福利和社会保障承担责任,容许工会活动,等等。

其实,何止近代如此,古代一些曾经称雄世界的国家,哪一个不是由于它出现过世界级的思想巨人?! 就以我们自己为例,由于出现过孔子、孟子、老子等一大批思想家,出现了百家争鸣的思想活跃时期,使古老的中国顺利完成了由奴隶制向封建制的过渡。当时与社会进步相一致的封建统治者,为了缓解社会矛盾,比较重视教育、科学技术和发展生产,使中国从公元前3世纪开始,教育和科学得到迅速发展,一直是古代世界的科学与教育中心。自秦汉始,到唐宋达到高峰,四大发明中的三大发明都是这个时期作出的。中国古代的"农、医、天、算"四大实用科学成就当时在全世界也是领先的。这些科学技术有力地推动了中国古代农业的发展和经济的繁荣,使中国在世界上领先了1000多年。由于中国繁荣强大,吸引了不少国家派人来中国学习,唐朝时,仅留学长安的日本留学生就多达500~600人。这期间中国也出了一大批世界著名科学家。如研究地震预报、发明地动仪的张衡,研究历法和圆周率的祖冲之,对天文、律历和医药都很有研究的沈括,研究治水的郦道元,等等。众所周知,我国改革开放前后,自然、社会、人文条件并无明显变化,改革开放这些年,所以能成为我国发展最快的一个时期,还不是由于有了邓小平理论的指引,使全党打破了教条主义的思想禁锢,解放了思想,通过认真研究认识了世界和中国的实际情况,实事求是地制定出了适合现阶段中国的发展战略、路线和方针政策?!

每当社会处于重大变革的时期,先进观念为清除社会弊端、开辟其继续发展的道路指明方向,对社会发展起决定性的反作用显得特别突出。过去社会的重大变革几百年甚至几千年才发生一次,因此,先进观念的重大意义、大思想家的巨大历史作用不易引起人们的重视。如今,社会发展的节奏越来越快,重大变革一个接着一个,先进观念的决定性反作用几乎成了一组连续不断的链条,观念更新,大思想家对于社会进步的意义也越来越明显了。

恩格斯说得好:"一个民族要想站在科学的高峰,就一刻也不能没有理论思维。"①一个国家要想站到世界的前列，更是一刻不能没有理论思维，在科学成了技术进步、生产力提高的决定性前提的今天，尤其是这样。一个民族，一个国家，没有思想巨人，就犹如一个人没有健全的头脑，没有灵魂。它就不可能走上正确的发展道路，就找不到符合国情的正确路线，就制定不出科学的发展战略，就不可能有现代化科学技术高度发展。一句话，就不可能走快速发展的道路、使经济无比繁荣、走到世界的前列，它永远只能是二等国家。这，就是整个近代史给我们的启示。

英国广播公司(BCC)1999年9月在世界范围内，在网上评选1000年来最伟大的思想家，结果马克思、爱因斯坦等人得票居前10位，其中没有中国人。不用说，这种评选的科学性是相对的，如中国思想家因语言文字方面的原因，他们的思想在世界上传播受到限制；中国人口虽多，但拥有电脑、能上网参加这一评选活动的人数毕竟有限；而且，外国一些参加投票的人对人类1000年以来的思想史也未必真正了解，等等。但如果从思想家给人类提供新思想、新方法的多少及其深刻程度，是否有自己独特的体系和其传播的广度与推动社会文明进步的程度的角度看，应当说这一评选结果基本还是公正的。这次评选的结果也向我们表明：有思想巨人，才有国家富强。我们必须实事求是地承认，近1000年特别是近500年来，欧洲和美国的发展速度是很快的。而我国，在日益剧烈的国际竞争中，直到党的十一届三中全会以前，总的趋势是不断走下坡路。这种情况确与这期间我国出的世界级的思想大师太少，就是有一些，也因种种原因，他们的新思想未能得到应有的尊重，无法在社会上广为传播，更不可能付诸实践有关。1985年，美国出版的《世界名人辞典》和英国出版的《人民年鉴手册》在全世界评选人类有史以来的最伟大的思想家，荣居前十名的就有中国的孔子。而孔子出现以后中国在全世界至少领先了1000多年。

大思想家的出现要有许多条件，除了深刻改造自然和社会的伟大实践，宽松的政治环境，适宜的社会文化土壤和善于向别人学习的精神外，还有赖于整个民族崇尚理性的价值取向和整体水平较高的理性思维能力。

在我看来，有思想巨人，才有国家富强。今天，我们国家百废待兴，缺这个

---

① 恩格斯：《自然辩证法》，人民出版社1972年版，第29页。

少那个,最缺的是理性,最缺的是大思想家。所以,作为一个哲学工作者,为了中华民族的腾飞,为了21世纪能真正成为中国的世纪,总想在为我国出大思想家方面做些工作。我先后主编《世界十大思想家》和《现代世界十大思想家》,目的就在于提高广大读者乃至整个民族对理性思维的兴趣,提高全民族的理论素养,其中特别是广大青少年的理论兴趣和修养。体育要从娃娃抓起,崇尚理性的精神和对理论的兴趣也必须从小培养。如今我们正强调教育改革要由应试教育向素质教育转变,而帮助青少年学会分析问题,正确进行抽象、概括、推理,学会独立思考,提高他们的理性思维能力,这是一个人非常重要的素质,它直接关系到我们这个民族未来在激烈的国际竞争中的兴衰。

大思想家们的著作,大多都比较艰深难懂。要缺乏起码的理论素养的人一下子就去读它们,不仅会有困难,而且会对理论产生畏惧心理。而大思想家们的传记,不仅要交代他们一生最主要的理论贡献,还会尽可能地讲清他们这些成就是如何作出的和他们思想发展的内在逻辑。除了他们激动人心的新思想,还会对他们高尚的精神境界和丰富多彩的人生的其他方面有所交代。这样,传记就要比原著生动、丰富、容易读。读思想家们的传记,不仅可以让你懂得许多重要的大道理,而且能教会你如何正确地思考,帮助开发你的智力。从这个意义上讲,思想家们的传记是帮你开启进入其理论大门的钥匙,是帮助你深入到他们的理论宝库中去的桥梁。

1999年,英国广播公司(BBC)评选1000年来最伟大的思想家的结果公布后,全国先后有7家出版社几乎是同时请我为他们主编这套丛书,出于上述理由,最后我答应组织力量撰写这些思想家的传记。

这些伟大的思想家,每一个人就是一座丰富的思想宝库。不少研究者多少年甚至一辈子研究某一巨匠都未必能进入其堂奥,对他们的理解需要时间。另外,从来就没有历史,历史就在现实中。特别是这些思想巨人,其思想是远远超出其时代,具有永恒的普遍意义的。不站到时代的高度,是很难阐发出其所包含的深意的。

学者与出版工作者是一致的,都考虑社会效益。但严肃、郑重的学者又与出版工作者有不同,前者恨不得对一个问题研究了再研究,哪怕是一辈子只写一本书甚至是有独到见地、能传世的一篇文章就满足了。而出版工作者除了考虑社会效益,还不得不面对市场,考虑时效。这就使我们这些撰稿人只能做到时代容许我们做到的了。不过,相信凡读了这套丛书的人定会感到,我们这些作者和编者的态度是认真的,对社会、对读者是严肃的、负责任的。

由于我们这些作者受外语水平、图书资料、思想水平和时间的限制,尽管其中不少作者就是搞这方面的教学和科研的,在写作过程中也尽了最大努力,整套书稿不尽如人意之处还甚多。我作为本丛书的主编是以诚惶诚恐的心情同意这套书付梓的。这实在需要祈求这些思想大师本人和广大读者谅解。

最后,要再三声明的是,这套丛书的写作,作者们主要还是利用国内外前辈学者和当代同仁的研究成果,没有广大翻译工作者的辛勤耕耘,要写出这样的东西是不可想象的。在此我代表全体作者向这套丛书写作参考、利用了他们成果的中外专家和翻译家致以最衷心的谢忱!

这套丛书在迟迟才交稿的情况下,没有安徽人民出版社的同志们夜以继日地紧张工作,要在这短短的时间内问世,也是绝对不可能的。在此,我代表全体作者向他们致以深深的谢意!

承蒙几家出版社的信赖,请我出面组织这套丛书,最后我把书稿给了安徽人民出版社,在此,我再次请有关出版社的领导和编辑同志谅解。

NEWTON
CONTENTS

目　录

引　言

在科学史这条长长的银河中，闪烁着无数璀璨耀眼的科学家之星。艾萨克·牛顿(英，Isaac Newton，1642－1727)无疑是群星中最为引人注目的一颗巨星。正是这颗巨星的智慧光芒，照亮了黎明前黑暗的世界，开启了天地万物运动奥秘的大门。在此后近三百年的岁月里，这颗巨星一直熠熠闪光，照耀着人类理智前进的道路。

今天，人类已昂首阔步跨入了 21 世纪。然而，科学巨星牛顿的业绩和思想仍然影响着我们当今社会的许多方面。打开教科书，我们常常会看到与牛顿名字相关的公式和定理；我们经常使用牛顿创立的微积分和力学定律去计算和研究各种相关的问题；在我们身边，按照牛顿的科学理论制造的仪器和机器随处可见；牛顿创造和使用的研究方法，还在许多科技工作者的研究工作中发挥着作用……可以毫不夸张地说，在我们今天的工作和生活中，几乎时时处处都折射出牛顿智慧之光。

"牛顿"，一个与科学、智慧紧密相连的名字，一个与力学三定律、万有引力定律紧密相连的名字，如今几乎是尽人皆知了。除此之外，人们还知道有关牛顿的许多奇闻轶事。在许多少儿读物中，经常可以看到牛顿的有趣故事：苹果落在头上就发现了万有引力，煮鸡蛋却把手表煮在了锅里，为大猫和小猫各开一个出入的洞口……然而，人们对牛顿的科学生涯，对他的一系列发现发明的过程以及为此付出的艰辛，对他的思想、人格以及信仰，以及除了科学研究外的其他方面的生活情况却知之甚少。在许多人心目中，牛顿或是一个具有超凡智慧的天才，或是一个不食人间烟火、痴痴迷迷的呆子。市场上流行的有关科学家故事的小册子，对牛顿添油加醋的描写，往往更加深了对牛顿的神话般的印象或是误解。像牛顿这样一个为人类作出杰出贡献的科学巨匠，如果今天我们不能全面了解他的生平、业绩、思想和品德，这实在是一种悲哀和不幸，对人类文明的进步也是一种损失和缺憾。因为对于牛顿这样的科学伟人，不仅他的科学成果是人类的宝贵财富，而且他本人的一生经历也是人类无价的遗产。他艰苦跋涉的足迹，他辛勤耕耘的汗水，他名垂千古的功绩，他不懈追求中的失误，他谦虚伟大而又敏感偏激的个性，都构成了独特而壮丽的人生。后人一定可以从中获得许多深刻的启迪以及巨大的精神力量。

作为一个科学伟人，牛顿的一生充满了矛盾和传奇色彩。他出身贫寒低微，后来竟被封为爵士。他出生时极其弱小，周围的人认为他活不了多久，而他却享有 85 岁的高寿。他不是出自书香门第，却登上了科学的最高宝座。他一生酷爱科学，却怀有虔诚的宗教情感。他把上帝赶出了太阳系，却又潜心考证上帝创世纪的说法。他性格内向、沉默寡言、胆小腼腆，却善于从事科研管理，长期担任皇家学会主席，使该学会的研究工作取得了辉煌的成就，而且他还热衷于从政，三次当选为议员，并曾参与同国王的斗争，维护了剑桥大学的权利。他为人谦虚温和，却又常常与人发生争吵。他乐于助人、乐善好施，却又十分看重金钱。他达到了当时科学的最高峰，却把自己看作是在科学的大海边拾贝壳的孩子……

尽管后人对牛顿的科学功绩几乎都给予了一致的肯定和赞颂，但间或也会听到对他的指责和非议。有人认为牛顿前半生是辉煌的，后半生则没有什么成就了；也有人认为牛顿前半生是科学家，后半生则陷入了神学的泥沼。有人指责牛顿在关于微积分的发明权之争中对莱布尼茨采用了不正当的手段。牛顿的流数术（即微积分）中的"无穷小"被一些人斥责为"逝去的鬼魂"。恩格斯则从不同角度给牛顿不同的评价："这里有了一些伟大的成就。在以牛顿和林耐为标志的这一时期末，我们见到这些科学部门已经在某种程度上完成了。"[①]"哥白尼在这一时期的开端给神学写了挑战书；牛顿却以关于神的第一次推动的假设结束了这个时期。"[②]

对于这样一个充满传奇色彩而又评价不一的人物，我们更应该对他有尽可能全面的了解和认识，以期从他的人生历程及各种评价中领悟到什么。作者所以撰写这样一本牛顿传记，正是希望达到这一目的。

---

① ［德］恩格斯《自然辩证法》，人民出版社 1971 年版，第 9 页。
② ［德］恩格斯《自然辩证法》，人民出版社 1971 年版，第 11 页。

时至今日,科学的发展水平与牛顿时代相比已是天壤之别。科学不再只是牛顿用来揭开自然奥秘的工具,而且成为推动经济和社会发展的无可比拟的巨大力量。高速运转的电子计算机,笼罩整个地球的信息网络,缤纷多姿的新型材料,方便快捷的陆海空交通工具,无不是科学的鬼斧神工之杰作。当人们随心所欲地使用着这些科学产品时,更多地想到科学是一种工具,一种生产力,然而却渐渐忘记了科学的本质,忽视了科学所固有的思想和精神方面的内涵。于是,人们大多是一方面享受着科学带来的一切,另一方面却渐渐失去了科学思想和科学精神。科学的实用功能与精神功能的这种隔离,已在一定程度上导致了科学的盲目发展和滥用,对人类发展产生了相当不利的影响。近年来,西方学者大力提倡科学文化与人文文化的相互融合。我国自1999年起也提出要注重科学思想、科学精神和科学方法。而要提高科学思想、科学精神和科学方法的水平,一方面是通过学习各门具体的科学知识,参与科学实践;另一方面是通过学习科学史。而阅读科学家的传记,了解他们的科学生涯以及发现发明的过程,无疑也是一种生动而效果良好的读史方式。

阅读牛顿的传记,我们会发现,牛顿不仅是伟大的科学家,而且也是伟大的思想家。在美国天文数学家麦克·哈特广泛征求各界专家意见写成的《人类百位名人排座次》一书中,牛顿位居座次表亚位,与穆罕默德、耶稣基督、释迦牟尼、孔子等教主和思想家并列前五位。显然,这里不仅考虑到牛顿对人类科学的贡献,也考虑到他对人类思想和精神的贡献。纵观牛顿的一生,我们可以清晰地看到他对待宇宙、对待科学的态度,看到他坚持不懈追求真理的科学精神,看到他如何注重科学方法并利用他创造、总结的方法一步步取得成功的。可以说,牛顿的科学生涯就是科学思想、科学精神和科学方法的典范。当然,其他科学家的科学生涯也同样具有典范的作用。因此,当作者把这本牛顿传记送到读者面前时,实际上也是把这样一个优秀的典范推荐给读者。这也是本书希望达到的一个深层目的。

正是出于这个目的,本书在尽可能真实地记述牛顿的一生的同时,还将努力发掘他思想和精神方面的内容,并将试图探索他获得巨大成功的原因。本书不仅要反映牛顿作为一个伟大的科学家的一面,也将展现他作为一个伟大的思想家的一面。同时,本书将努力反映近些年来国内外有关牛顿的研究成果,介绍国内外学者评价牛顿的一些观点。应该说,这几年我国对牛顿的介绍和研究比前些年增多了,也出了几本牛顿的传记,而且各有特色。在这种情况下再来写牛顿传记,作者实感如履薄冰,惴惴不安。但为了促进科学思想、科学精神和科学方法的传播,为了让我国公众更多地了解牛顿的生平和思想,作者还是勉为其难。毕竟,对于我们这样一个十几亿人口的泱泱大国,仅有几种且每种印数只有几千册的牛顿传记还是太少了。

在本书的写作中,作者将尽力做到如下几点:1.史实尽可能准确,尽可能采用可靠的历史资料;2.写成科学家的传记而不是科学家的故事,尽可能将牛顿各项科学成果的研究过程、思想脉络和研究方法交代清楚,并尽力做到深入浅出;3.加强对牛顿科学思想和科学精神的展现,加强对牛顿在科学方法上的贡献的分析;4.尽可能多侧面地反映牛顿的一生,包括他的品格、个性、宗教信仰等;5.努力揭示牛顿获得巨大成就的内在原因和外部条件;6.尽可能公允中肯地评价牛顿,既不做那种偏执一面的吹捧和拔高,也不做那种脱离时代的苛求和指责;7.努力写得清晰而生动,在注重严谨性、准确性的同时讲究文采,不排除写牛顿的奇闻趣事,但不因此而喧宾夺主;8.尽力准确评价牛顿的业绩和思想、精神对今天科学和社会的影响,揭示其历史意义和现实意义。

拟定8条原则,无异于"作茧自缚"。但考虑到是为牛顿这样一位伟大而严谨的科学家写传,草率从事是自感有愧的,因此必当尽心竭力。至于能否达到预期的目的,那只有请读者来评价了。如果读者能从这本书中领略到牛顿那科学泰斗的风采,并从中得到点点有益的启示,那么,作者就足以自慰了。

现在,让我们回溯到17世纪的英国,追随着牛顿的足迹,探寻他那曲折而非凡的人生历程吧!

第一章
早年岁月

　　从 1642 年到 1661 年,牛顿在一个僻静的乡村和邻近的小镇度过了他的早年岁月。这是他一生最为不幸和较多波折的时期。也正是这一时期,使他确立了一生孜孜以求的目标,奠定了他尔后成为巨人的基础,并铸就了他独具魅力而又充满矛盾的性格。可以说,这一时期对牛顿日后的成功有至关重要的影响。

1. 科学巨星的诞生

时势造英雄。任何伟人都是他所处的那个时代的产物。牛顿也不例外。

牛顿出生的 17 世纪,正是资产阶级迅速崛起并逐步占领历史舞台的年代。经过文艺复兴和宗教改革,罗马教皇的神权统治已被大大削弱,曾长期受压抑和歧视的新教取得了与天主教平起平坐的地位。随着资本主义的工场手工业迅速发展,新的工场主及商人的经济实力越来越雄厚。自 15 世纪末以来新航路的开辟和地理大发现后,欧洲一些国家从殖民地掠夺了大量财富。新兴的资产阶级在经济力量强大以后,必然要在政治上有所作为。于是,资产阶级革命在欧洲一些国家相继爆发。

16 世纪以前,英国仍是一个农业国。它的手工业和商业都落后于欧洲的先进国家。新航线开辟后,欧洲的主要贸易通道和贸易中心从地中海地区转移到大西洋沿岸。英国利用它处于大西洋航路中心的地位,积极开展对外贸易,进行殖民掠夺。1588 年,英国海军打败了号称海上霸主的西班牙"无敌舰队",使英国成为世界上的头等强国。而且,海战的胜利为英国的进一步扩张和大量掠夺殖民地的财富开辟了广阔前景。与此同时,"圈地运动"为工业发展提供了大批廉价劳动力,推动了毛纺织业、冶金和采矿业的迅速发展。由工场主、金融家和大商人组成的资产阶级成长起来。英国封建贵族中也分化出一批"新贵族"。他们经营资本主义性质的农牧场,建立手工工场,从事商业活动。

17 世纪初,英国斯图亚特王朝的国王詹姆士一世鼓吹"君权神授",推行封建专制。新兴的资产阶级和新贵族联合起来,利用议会同国王展开斗争。詹姆士一世后的查理一世的专制更变本加厉,终于引发了苏格兰人民的起义。这成为英国资产阶级革命的导火索。1642 年,查理一世率保皇军与议会军开战。1645 年,新贵族出身的克伦威尔指挥议会军打败保皇军。1649年 1 月,查理一世在王宫广场被送上断头台。同年,英国宣布成立共和国,资产阶级和新贵族掌握了政权。此后,英国又发生了斯图亚特王朝复辟。直到 1689 年,英国才建立了君主立宪制的资产阶级专政。英国资产阶级革命的胜利,为其资本主义生产方式的迅速发展扫清了道路。而这种新的生产方式又对科学技术的发展提供了广泛的需求。

正是为了适应这一需求,几乎与资本主义的兴起同时,近代科学革命也在文艺复兴和宗教改革的浪潮中爆发。1543 年,波兰天文学家哥白尼(波兰,Nicholas Copernicus,1473—1543)的《天体运行论》发表,吹响了科学革命的号角。英国生理学家哈维(英,William Harvey,1587—1657)则以《心血运动论》推翻了盖仑的医学理论。意大利物理学家伽利略(意大利,Galilei Galileo,1564—1642)运用实验与数学相结合的方法,发现了落体定律,并用望远镜观察的结果验证了哥白尼的学说。德国天文学家、数学家开普勒(德,Johannes Kapler,1571—1630)在对第谷(丹麦,Tycho Brahe,1546—1601)的大量观测资料进行长期的分析计算后,总结出了太阳系行星运动三定律。虽然伽利略和开普勒各自研究了地上的和天上的运动规律,而且二人曾是好朋友,但是他们似乎都不理解对方的科学成就。伽利略没有汲取开普勒的第一定律,仍然坚信行星沿圆形轨道运行;而开普勒也没有接受伽利略的惯性原理,仍认为物体运动的速度与外力成正比。因此,他们虽然把哥白尼发起的科学革命大大地向前推进了,但未能完成这场革命。"江山代有才人出"。近代科学大厦的砖木石料已基本筹集起来了,正需要一个高明的设计师构建一个完整的框架。完全可以说,17 世纪的欧洲已从社会条件和科学基础两方面为科学伟人搭建好了舞台,这一天才"演员"已是呼之欲出,只待他上场表演了。

1642 年 12 月 25 日(儒略历)清晨,正当英国人准备欢度圣诞节的时候,在英格兰北部林肯郡一个名叫乌尔索普的小村子里,一个男婴呱呱坠地了。这就是尔后大名鼎鼎的艾萨克·牛顿。然而,他出生时可看不出有任何超人出众的迹象。相反,由于是早产儿,他长得极其虚弱瘦小,体重只有 3 磅。在旁边的人说可以把他装进一夸脱[①]大的壶里。他的哭声那么微弱,大家都

---

① 夸脱:一种容量单位,1 夸脱等于 1.136 升。

认为他活不了多久。他那软弱无力的脖颈支撑不住那个小得可怜的头颅，只好围上一条围巾托住它。当时谁也不会想到，这个小小头颅里的智慧竟然影响了整个人类。

能够和伟大的耶稣基督同日降临世界的人毕竟不同凡响，这个弱小的生命终于活了下来。1643 年 1 月 1 日，刚刚出生一星期的小牛顿在科尔斯特沃斯教区的教堂接受了洗礼。

小牛顿的出生是不幸的。在他来到人世之前 3 个月，他的新婚半年的父亲就被肺炎夺去了生命，年仅 37 岁。因此，牛顿是个遗腹子。为了纪念早逝的父亲，牛顿的舅舅威廉·艾斯库斯按牛顿母亲汉娜的要求，用他父亲的名字给他命名——艾萨克·牛顿。

当时的英国，牛顿（Newton）并非是一个值得炫耀的姓氏。Newton 在英语中是"新镇"的意思。这表明，牛顿家族没有高贵的血统，其祖先是到林肯郡拓荒的自耕农，而且这个家族也没有文化传统，在科学家牛顿以前的几代人都没什么文化，他的父亲连自己的名字都不会写。然而这个家族却有一种勤劳、节俭、不懈奋斗的传统。在艾萨克·牛顿出世前的一个世纪中，这个家族在经济上有了稳步的发展，从普通的庄稼汉上升为一个小地主。艾萨克的祖父罗伯特·牛顿于 1623 年买下了乌尔索普庄园，后来将它传给了长子艾萨克·牛顿。后者娶了汉娜·艾斯库斯，即科学家牛顿的母亲。

与艾斯库斯家族联姻使牛顿家族发生重大转变。汉娜的父亲是一名绅士，哥哥威廉是剑桥大学的毕业生。汉娜不仅带来年值 50 英镑的一处地产作为陪嫁，还使牛顿家族初次接触到正规教育。据考证，艾萨克·牛顿主要是艾斯库斯家族养大的。他深受母亲和外祖母的影响，而她们都是心灵手巧、贤惠能干、吃苦耐劳的人。他的舅舅威廉很有学识和见地。在牛顿成长的关键时刻，他的干预起了决定性的作用。后人在研究牛顿的成长历史时，曾提出这样的问题：如果牛顿的父亲健在，如果他不是在艾斯库斯家族的影响下长大，结果会是如何呢？这的确是一个值得思考的问题。

至于牛顿的父亲，有人说他是一个"粗野、奢侈而又身体虚弱的人"。这似乎不太可信。虽然他早逝，但并非一定身体不健壮，而且从他死后留下的遗产看，也应该是一个勤劳能干的人。这些遗产有大片土地与庄园房产，还留下了估价 459 英镑 12 先令 4 便士的动产，其中有羊 234 只（当时一般人家的平均数为 35 只），牛 46 头；粮仓里的麦芽、燕麦、玉米等，估价约 140 英镑。此外,还有大量农具、家具以及在公地上牧羊的权利。这种权利估价为每年至少150英镑。应该说,牛顿的父亲留下的这笔财产给牛顿提供了一种可靠的经济保证,使他不致受穷。因此,牛顿虽然出身于农家,但并非像有的书上所说的那样家境贫寒。否则,在那个内战和动荡的年代是不可能有机会读书的,更不可能进入剑桥大学。

从牛顿父母的家族史中,我们可以看出,尽管牛顿出生时是不幸的,但父母双方还是给他提供了良好的经济基础和一定的文化传统,而他也继承了两个家族勤劳奋斗、智慧能干的优秀品质。这大概是牛顿日后成才的先决条件。有了这个条件,其余的就要靠自己不懈的努力奋斗了。

一些写牛顿传记的书都提到这样一个史实:就在牛顿出生的1642年,一位科学界的天才人物伽利略逝世,好像为了补偿这一损失,上帝就把牛顿派到人间。

然而,需要说明的是,由于英国当时使用的是古罗马时颁布的旧历儒略历,而欧洲大陆采用的是格里高里历,因此英国的1642年12月25日应为1643年1月4日。也就是说,牛顿出生与伽利略逝世并不在同一年,而只有固执的英国新教徒才坚持二者在年代上的这一联想。但无论如何,牛顿是继伽利略之后把他未竟的事业推向前进并最终将其完成的人。从这一点上说,牛顿的诞生对于人类历史的确有非凡的意义。

2. 童年悲欢

牛顿的童年,大部分时光是在孤寂中度过的,但在孤寂中他也曾有自己的欢乐。

牛顿的母亲汉娜虽然聪慧能干,然而靠她一个人挑起家庭的重担,照顾整个庄园,抚养幼小的儿子,其困难是可想而知的。牛顿的外祖母给了他许多帮助,也非常疼爱小外孙。因此,家里的生活还维持得不错。随着时光流逝,小牛顿一天天长大了。可直到 3 岁,他并没有显示出有什么过人之处,相反却言语迟钝,拖拖拉拉。

另一个人的出现打破了牛顿童年生活的平静。他就是北威萨姆教区的老牧师巴纳巴斯·史密斯。他托人向汉娜求婚。汉娜或许为此事踌躇过,据说是听了哥哥的意见,终于答应嫁给史密斯。

史密斯经济状况很好。除北威萨姆的薪俸外,他每年还有大约 500 英镑的单独收入。这在当时是一笔相当丰厚的财产。但他十分精明,不让汉娜把牛顿带在身边。在签订结婚协议时,汉娜坚持让史密斯给牛顿一块每年可收租 50 英镑的土地。史密斯同意了。于是,小牛顿被留在了乌尔索普,与他的外祖父母生活在一起。

可以想象,一个没有父亲的 3 岁儿童又离开了母亲,会是多么伤心。这甚至使他产生了嫉恨心理。1662 年,即他继父去世几年之后,牛顿在列举自己此前所犯的"罪过"时写道:威胁我的父母史密斯夫妇,说是要烧掉他们的房子,烧死他们。可见母亲改嫁对牛顿心理的伤害之深。而史密斯也的确未用爱心关怀过牛顿,直到他死去前的时间里,他从未带牛顿到北威萨姆教区住过。

尽管牛顿的外祖母照顾了他此后几年的生活,但牛顿后来从未回忆过她的任何温情,就连她的逝世也未提及。至于他的外祖父,牛顿的文章中更是无只字片语,以致很长时间内研究牛顿的人都以为他的外祖母是寡居。我们不能由此断定外祖父母对牛顿不疼爱,恐怕是受到刺激后的小牛顿不能与他们很好沟通,因而没能建立深厚的感情。

也许是由于他的自卑心理,也许是别的孩子歧视他,也许是因为他太弱小容易被人欺侮,牛顿几乎从不和其他的小孩玩耍,因此他也没有什么小伙伴。总之,童年时的牛顿是很孤单的,既得不到父母的关爱,也得不到孩子们在一起嬉戏时的欢乐。很可能是牛顿这种特殊的家庭和生活环境,铸成了他特殊的性格:内向、孤僻、固执、敏感、偏激、多疑、沉默寡言。在后来青年时代的笔记中,可以发现有畏惧、焦急、怀疑、忧愁退让、自卑和一般抑郁心情的例证。在此后 80 多年中,从牛顿身上仍时时看到儿时生活留下的痕迹。

尽管生活把不幸和孤独给了幼小的牛顿,但孩子毕竟是孩子。他总能找到自己的天地和乐趣。对牛顿来说,这就是广阔而自由的大自然。乌尔索普村地处一个小山谷之中。一条名叫威萨姆的小河静静地从村边流过,岸边是土地肥沃的田野,远处是绵延起伏的山峦。这是多么迷人的田园风光!小牛顿在这里找到了属于自己的世界。每当风和日丽的日子,他就会跑到这里独自玩耍。蓝天白云,花草树木,飞鸟游鱼,都给他带来了无穷的欢乐,使他忘掉了寂寞和忧伤,也使他产生了对大自然的热爱和无限美妙的幻想。他沉浸在美丽的景物中,流连忘返,有时会陷入凝神沉思。虽然不能说从这时起牛顿就已开始思考自然的奥秘,但大自然奇妙的一切肯定给他留下了深刻的印象。也许正是在大自然的怀抱中,牛顿获得了那永不枯竭的惊人想象力;也许正是因为常常孤独地面对自然景物,牛顿养成了喜欢深入思索的优点。不知几十年后他撰写那本《自然哲学之数学原理》时,是否会偶尔想起童年的这段时光?一个人的童年生活肯定会对他长成后的成就和性格产生重要的影响。在逆境和不幸中度过童年而日后成才的的确大有人在。但这并非像某些科学家传记中所说的是一个历史规律。牛顿的童年是不幸的,但童年不幸而长大后无所作为的人也比比皆是。牛顿幼年曾在大自然中自由自在地消磨时光,但同样在田野里玩耍着长大的孩子,日后成为探索自然的科学家的却寥寥无几。可见,逆境和不幸只是成才的一个条件,而且并非是重要条件。每个人的童年经历都是他未来人生的财富,但如何利用这笔财富以获取更大的成就则需要正确的认识和不懈的努力。有谁能说得清,牛顿的童年悲欢究竟给他的未来带来了什么呢?

3. 曲折的上学之路

时光从不顾及人间的悲欢离合,总是毫无旁骛地迈着均匀的脚步。不知不觉中,小牛顿已长到了 6 岁。舅舅威廉牧师和外祖母把他送到斯托克和斯基林顿一所两日制小学读书。每天牛顿往返要走三公里的路。这所小学只有一间教室,实际上是一个私塾,只教一点文法和算术。老师目光严厉,不时挥舞着教鞭。胆怯的牛顿慌张地回答不好问题,就要挨鞭子。因而他对学校很厌倦，上课时总是心不在焉，成绩很差，常被列为劣等生。下课时牛顿又不跟同学交朋友，也不和大家玩耍，一心等待着放学回家。老师和同学们都把他看作是"迟钝的呆子"，而牛顿却从不在乎这些。

当时英国正处于剧烈的变动中。克伦威尔的部队经常在英国的乡村搜查王党分子。双方的士兵不时骑马从乡村大道上疾驰而过。也许牛顿所居住的村子也曾被剪着短发的克伦威尔"圆颅党"搜查过。尽管如此，牛顿一家的生活还是平静的。

牛顿放学回到家里，自有独特的玩乐方式。他与众多孩子不同，不仅喜欢沉思默想和富有好奇心，而且还愿意动手做点什么。他家里有许多木工用具，据说是他舅舅小时候用过的。牛顿一拿起锯子和锤子，就一下子来了精神，显得格外生气勃勃。起初做些箱子、架子简单的东西，以后又想做会转动的四轮车。牛顿把仅有的一点零用钱都用来买各种材料：木板、支柱、铁钉、螺旋头等等。他常常劳作到深夜，竟然真的做成了。后来他又迷上了写生画画，画苹果树，画白石小屋，并且已经注意到了影子的移动。后来，他又在地面上直立地竖起一个树枝，细心观察影子的变化和时间的关系。然后又改用木板，使它倚墙斜立于地面，进行观察。入冬以后，他冒着严寒，继续观察和思考，并在墙壁上画上刻度。即使在他 9 岁那年的圣诞节，母亲和继父看望他并共进丰盛的晚餐，也未能使他感到高兴，他依然若有所思，沉默安静。太阳光下的影子会随着时间的变化而移动，这一现象启发了牛顿去做一个日晷——一种根据测日影以定时刻的仪器。这个石制的日晷的圆盘边缘有刻度，中间竖一根小棍，由小棍的影子所指示的刻度，可以知道时间。后来，这个日晷仪放在科尔斯特沃斯教堂保存着。

生活在农村的孩子，免不了要干一些农活。牛顿也时常帮家里做一些事，例如剪羊毛，腌过冬的咸肉，耕田，帮助舅舅给拉车的大马上马掌。在各种小制作中和劳动中，牛顿的动手能力和聪明才智得到了锻炼和发挥，他变得越来越心灵手巧了。然而他的学习成绩还是上不去，因为他的心思不在读书上。

1655 年，牛顿长到 12 岁多了，于是被送到了格兰瑟姆的皇家学校继续上中学。这可能是由于威廉舅舅的坚持要求。格兰瑟姆距离牛顿所住的乌尔索普村有七英里远，是一个大约有三千人的小城镇。当时还没有发明汽车、火车和电车，只是偶尔有长途的驿马车。牛顿只好租房居住在药剂师克拉克的二楼，以便就近上学。药剂师夫人的弟弟是该中学的数学老师。克拉克家里还有妻子与前夫生的三个孩子，他们姓斯托瑞。牛顿与两个男孩相处得不好，但喜欢与那个女孩相处，经常给她做一些玩具。随着年龄的增长，他们之间渐渐萌发了一种朦胧的感情。这是牛顿一生中第一次也是最后一次与女子的浪漫关系。遗憾的是他们的感情并没有开花结果。当牛顿离开格兰瑟姆去了剑桥后，他们的关系也就中止了。其原因也许是牛顿专心致志于学业而忽略了斯托瑞小姐。结果她接受了别人的求婚。这段恋情可能在牛顿的心中留下了深深的烙印，一直到晚年他还时常回忆起这段美好的时光。据说后来他曾去看望过她，并给过她经济上的帮助。牛顿后来一直未婚，或许与这段没有结果的初恋有关。

格兰瑟姆的皇家中学是文法学校，着重教授拉丁文。那时英国通用的是拉丁文，大学讲义、学术书籍、公文、圣经，都是用拉丁文书写。所以做牧师、学者、官员，都必须先进文法学校。文法学校的学科，除拉丁文以外，还有神学和数学。神学是讲授关于基督教的神的学问，数学主要是几何学，训练学生合理地思考和证明。那时候的文法学校还没有理科课程，因为自然科学还没有发展到足以设科进行教授的程度。哥白尼1543年发表的《天体运行论》宣布自然科学从神学中解放出来。自然科学刚刚走上艰难发展的道路，牛顿所能学到的只能是一些零散的科学知识。

牛顿开始时仍然没有显示出什么杰出的才智。也许是他小学的底子太薄，也许是由于孤独而心存恐惧，也许是他对所学课程不很感兴趣，反正他的成绩很差，甚至曾在全班排在倒数第二。不仅如此，牛顿仍然很少与同学交往，喜欢独自沉思默想，所以这里的同学们仍然把他叫做"呆子"。调皮捣蛋的同学，看到他软弱可欺，就把他当作恶作剧捉弄的对象。只有斯托克斯校长和克拉克夫人的弟弟认为牛顿是个优秀的少年，常常鼓励和督促他好好学习。

人，只要奋进，就不可能永远是弱者。牛顿不可能永久忍受顽童们的欺侮。终于有一天他勇敢地奋起抵抗了。那一天，学校中有名的捣蛋鬼又来欺负牛顿，并且用脚猛踢牛顿的肚子。牛顿双手抱腹，疼得弯下了身子。这大大伤害了牛顿的自尊心，隐藏在他体内的阳刚之气和能量顿时如火山迸发，他犹如一头激怒的狮子猛扑了上去。尽管他不如对手那样身强力壮，但他的斗志却远胜过对手，直打得那个小霸王认输告饶。在校长的儿子鼓动下,牛顿把对手的脸按在墙上磨他的鼻子以示惩罚。虽然牛顿获胜,他却并不感到满足,因为对手学习成绩比他好,牛顿决心在功课上也要超过对手。从此之后,牛顿发奋图强,心情也有了改变,认真学好功课,成绩越来越好,不久便名列前茅,再没有人叫他"呆子"了。随着他名次的升高,他在坐过的每张椅子背后都刻上他的名字。这些椅子已不复存在,但在一个石窗沿上还留有他的签名。牛顿终于开始显示出他有一个多么出色的头脑。斯托克斯校长对他在学业上的迅速进步感到惊喜。同学们也认为他脑子比别人转得快,甚至有人认为他太狡黠。

此时的牛顿仍喜欢小制作,用木头做一些玩具和模型。他用皱纹纸做了一个灯笼。冬天的早晨天不亮,他就点着它上学,白天把它折起来放进口袋。他还帮助许多同学做了灯笼。这也许是一种想和同学们搞好关系的真诚表示。那一年,正好天上出现了彗星,当时人们都认为是凶兆,家家惶恐不安,纷纷关闭门窗,垂下厚厚的窗帘,躲在屋子里。只有牛顿有自己独特的见解,他把多余的灯笼绑在风筝上,悄悄地放到夜空中去。这个假彗星使村民们好几个晚上恐惑不安。牛顿的恶作剧受到克拉克夫妇的愤怒责备,他却冷静地回答说:"彗星到底会对人类发生什么影响呢?真正的彗星就跟这些提灯一样,绝不是什么不祥之兆,何必迷信?选"

牛顿即使在玩耍时,也总是在动脑筋,以至同学们觉得他有些咄咄逼人。在放风筝时,他注意观察风筝的特点,以便把风筝做得更好,使它飞得更高,想以此显示他的聪明过人。1658 年 9 月,在克伦威尔逝世的前几天,一场风暴席卷英格兰,牛顿在暴风雨中做了他生平第一次物理实验。牛顿从雨点的方向看出风的方向,先是顺风猛跳,记录下自己顺风跳的距离。然后逆着风猛跳,测出逆风跳的距离。牛顿希望从顺风跳和逆风跳的距离之差,求出风力。因为风力越强,差距越大。牛顿湿漉漉地跑进屋子,用铅笔把距离数字记下来,再跑出去测量。另一个传说是,牛顿曾巧妙利用风力赢得一场跳远比赛。

他做的水车放到小溪流中,真的能飞快地旋转起来了,他非常高兴。

牛顿还惦记着想做风车一事。几经努力把风车做成了,样子很漂亮,但转不动。后来,牛顿又为斯托瑞小姐的白老鼠做了一个像小型水车似的笼子,白老鼠在里面不停地跑,它便不停地转。斯托瑞小姐真是高兴极了。白老鼠转动的车吸引了孩子们的兴趣,牛顿抓住了孩子们的心,他成了受欢迎的小小发明家。后来,他又制作了连接吻合的齿轮,用白老鼠转动的车,带动风车也转动起来了。

牛顿似乎特别喜欢做日晷。前面提到,他早在 9 岁时就曾做过一个日晷。制作日晷不仅需要技巧,也需要一定知识。牛顿在克拉克先生的家里放了好多日晷,只要是阳光能照射进来的地方都放一个。他做着历书似的记录,并学会区分太阳的周期。他能分得出分点和至点,还能分得出一月中的各天。他的日晷制作得相当准确,以至于后来家里人和邻居都用他的日晷来询问时间。

牛顿的好奇心、善于思考和钻研的精神,随着年龄的长大、知识的增多而迅速地发展。除了日晷外,他又成功地设计和制作了一个水漏时钟。

当时的格兰瑟姆没有工厂,村民们日出而作,日落而息,只有驿马车在出发前吹喇叭,学校上课或教堂开始礼拜时才鸣钟通知。计时工具非常简陋,时钟多用的是沙漏时钟。沙漏时钟是将装有沙子的容器上下叠置而成。沙料可通过两容器间的细管,从上面的容器落入下面的容器内。每天早上听到学校的钟声一响,就把下面容器内的沙全部倒进上面容器内,让沙开始流动,在下面容器的刻度上表示出时间。

克拉克药局也有一具沙漏时钟。牛顿仔细观察后发现了它的缺点。他想,沙漏时钟很难使沙流的速度维持不变,上部容器内沙量的多少会影响沙流的速度;沙料间的相互强力挤压也影响沙料流入细管内的运动。这样一来,沙的流动会越来越快,时钟就不可能准确。如何解决呢?牛顿想到可以用水来代替沙,水漏时钟会比沙漏时钟更准确,只要开一个尽可能小的洞,水的流量容易保持不变。主意一定,牛顿就开始制作。他向克拉克夫人要来了木箱,把木箱竖起来,在箱内较低的地方做了上下重叠的两个水槽,上水槽底开一个小洞,上槽装入水,水就一滴一滴地滴入下水槽中。再加上带动时钟指示的数字圆盘的装置,这个时钟就能正确地指示时间并精确到"分"的程度。

水漏时钟使牛顿在村镇上的名声大震。赶集日那天,附近乡里的人们,络绎不绝地来观赏白老鼠风车和水漏时钟。这一天药局的生意也空前兴隆。牛顿做梦也没有想到,他在这个时期对沙漏和水漏时钟的研究,会在三年以后被杂志分别介绍。

由于近些年科学史专家对牛顿生平的研究,人们知道了牛顿的这些发明得益于约翰·贝特的一本书《人工与自然的秘密》。他从中学到了制作各种机械的方法。尽管如此,我们还是不能不对牛顿的心灵手巧赞叹不已。可以说,这本书使牛顿对探索各种自然奥秘的兴趣和动手能力得到了充分发挥。

在这个时期,安静幽闲的时候,牛顿也喜欢绘画和作诗。他画画的水平提高很快,克拉克先生的阁楼的墙上贴满了用炭笔画的鸟兽、植物、人物和船只,还有查尔斯一世、约翰·多恩和校长斯托克斯的画像。他画的风车机械图、水车图博得了人们的好评。牛顿几乎在每块木板上都刻上自己的名字。这样乱刻乱贴,弄得克拉克先生十分不快。牛顿的诗写得似乎不怎么好,但在文法学校打下了很好的拉丁文功底。因此,后来牛顿可以毫无困难地与欧洲的科学家对话,他的文章也写得相当出色,在他撰写的科学著作中显示了他这方面的才华。

可是好景不长,新的不幸又一次降临。1656 年,牛顿 14 岁的时候,他的继父去世了。他的母亲又回到了乌尔索普生活。母亲带回了一个弟弟和两个妹妹,也带回了继父巴纳巴斯·史密斯遗留下的一份地产。一个寡妇要照料这些孩子和这么大的家产和庄园,的确十分不容易。因此,当牛顿 17 岁中学快毕业时,他的母亲把他叫回到乌尔索普,希望他管理家产和庄园。牛顿把水漏时钟和风车留给克拉克药局的斯托瑞小姐,回到家中,重新和母亲生活在一起,又有弟弟妹妹,牛顿的生活应该是不会孤寂的。牛顿与弟弟妹妹相处得可能还不错。在他成名以后,他曾给过他们不少帮助。继父史密斯也留下了许多基督教的书籍。也许就是这些书籍开启了牛顿的神学思考与研究的大门,至少他从这时就已开始接触神学著作了。因此,说牛顿在后半生才陷入神学的泥潭恐怕是不确切的。

然而,牛顿对务农却毫无兴趣。他的脑子里已容不下这种低级活儿了,因为他把探索自然奥秘作为他人生的追求了。因此,他干农活时总是心不在焉,许多轶事都发生在这个时期。

他母亲派了一个佣人教他农场的事务,可他总是不好好做。他去放羊的时候,就做各种水车模型,还有堤坝和水闸。羊儿无人看管,就会跑到人家的地里吃庄稼。于是只好赔偿人家的损失。科尔斯特沃斯庄园法庭的记录上有:1659 年 10 月 28 日,牛顿被罚 3 先令 6 便士,因为他的羊弄松了别人 23 根重回格兰瑟姆中学,牛顿兴奋异常,以至于他在晚年回忆起这段经历时仍激动不已。复学后,牛顿以更大的热情在那里又攻读了一年。他很快成为一名模范生。在毕业典礼上,斯托克斯校长当着全校师生和学生家长的面,把他的得意门生带到主席台前,发表了一篇赞扬牛顿的演说。他说:"这个班级里最使皇家学校感到自豪的学生——是优秀的艾萨克·牛顿。我要求所有的孩子都以他为自己的榜样。"校长的讲话使牛顿无比激动。他不仅在这所中学得到了肯定和赞赏,而且正是在这里的学习为此后的深造奠定了基础。一个光明的未来正向他招手。

第二章
求学剑桥

　　1661 年，牛顿进入了剑桥大学三一学院。这是他人生的一个重要转折点。自此以后，他便一步步迈向科学圣殿，并终于登上了最高宝座。牛顿在剑桥生活了 35 年，前四五年主要是学习知识，打基础，尔后 30 多年主要是从事科学研究。在剑桥的岁月是牛顿科学生涯中最辉煌的时期，几乎他所有的科学成就都是在这一时期完成的。因此，牛顿成功与剑桥紧密相连，而牛顿在科学上的巨大成就也为剑桥增添了光辉。

1. 孤独的减费生

剑桥大学创立于 1209 年,是英国最古老最有名望的大学之一。三一学院设立于 1546 年。

剑桥大学的校园像个公园,漂亮的建筑,绿油油的草地,茂密浓荫的大树,清澈的小溪水波如镜,映着庄严的大门,梦境般的绮丽。

当时的剑桥大学正如整个英国,出现了有利于科学发展的思想舆论条件和文化气氛。

牛顿所处的时代,正是社会大变动的时代。1649 年,英国资产阶级革命取得胜利,建立了资产阶级与新贵族联合专政的国家,资本主义由上升到确立统治地位。这个时期也是新旧思想交替的时代。受到意大利文艺复兴和德国宗教改革的影响,英国从 16 世纪也开始宗教改革,它是在国王的直接领导下,自上而下进行的。1533 年,英国国王亨利八世断绝了与罗马教廷的联系,创立了英国国教。1534 年,英国国会通过了"至尊法案",把英国国王奉为教会的最高首脑,宣布英王拥有任命各种教职和解释教义的权利,使教会脱离了罗马教皇的管辖。改革后的新教,就是英国国教。但是,国教只在组织系统上改变了,旧教的主要教义和宗教仪式都沿袭下来,它不能适应新兴资产阶级的需要,所以又出现了一个新的派别——清教。清教主张进行彻底的宗教改革,清除国教中的天主教残余。剑桥大学也是资产阶级革命初期清教徒活动的中心。1648 年,剑桥大学进行改革,清除了一批保守派,削弱了学校的宗教神学势力,逐渐成为崇尚科学的名师聚集的地方。一些教授认为,应该打破天主教的古典思想,探究真理,作出新的发现,反对不问正确与否一味遵从古典的圣贤。在这座科学的殿堂里,曾培养了许多令人瞩目的伟人,像著名的哲学家弗兰西斯·培根、提出血液循环理论的生理学家威廉·哈维等都出自这所大学。剑桥图书馆藏书十分丰富,古希腊的文化典籍和文艺复兴以来的自然哲学书籍可以随意阅读。这样优越的学习环境，对牛顿的成长和发展，起了重要的作用。

牛顿选择剑桥三一学院，一方面是因为它是该大学最有名的学院，另一方面是由于个人因素。牛顿的舅舅威廉·艾斯库斯牧师就是三一学院的毕业生，据说就是他劝牛顿的母亲将牛顿送入三一学院的。另一个对牛顿的选择产生影响的人是药剂师克拉克夫人的兄弟汉弗莱·巴宾顿，他是三一学院的研究员。据说这位博士对牛顿特别友好，这也许是因为牛顿的聪慧。

1661 年 6 月初，牛顿风尘仆仆地前往剑桥。从乌尔索普到剑桥有 50 多英里。牛顿乘马车走了两天，于 6 月 4 日到达剑桥。第二天他到三一学院报到。学院院长和主讲教师对他进行了考察，当场就被录取了。历史记下了这个日子：1661 年 6 月 5 日，剑桥录取了它最有名的学生。考入三一学院并不等于考入剑桥大学，还需要到大学注册。这对于获得学位至关重要。7 月 8 日牛顿与其他同学按要求宣了誓，并交付了费用，这才成为剑桥大学的正式学生。

牛顿是以"自费减费生"的身份入学的。当时剑桥大学有自费生、校助减费生和自费减费生。自费生是富裕家庭的学生，其中一些特富家庭的学生可以花钱买特权——可以与学院的研究员同在高桌上就餐。校助减费生和自费减费生在录取上是相同的，他们都需要靠做服务工作维持学习生活。其服务对象是研究员和可与研究员同桌吃饭的大学生及自费生。但是校助减费生有校方的资助，而自费减费生要付费听课，但比自费生费用低，伙食自理。剑桥大学等级分明，自费减费生显然处于最底层。牛顿和其他自费减费生一样，要为他们的服务对象从饮食服务处拿面包啤酒，甚至还要替他们倒便壶。因此自费减费生在学校里很受歧视。

牛顿所以成为自费减费生，其原因有不同的说法。以前常见的说法是牛顿家庭经济条件较差，无力支付学费。但这种说法现在看来似乎不太可信，因为他家的年收入也许超过 700 英镑。可牛顿记的账却是每年只从家里得到 10 英镑。那么其可能性就是牛顿母亲不愿意让他继续读书，中学时就是斯托克斯校长答应免去 40 先令的学费才允许他复学的。还有一种说法是：牛顿也许就是作为专为汉弗莱·巴宾顿服务的减费生而进入三一学院的。那时巴宾顿每年在三一学院只住四五个星期，牛顿就去照料他的一些事务。18 世纪，艾斯库斯家族曾有"邻近几位绅士的资助"使牛顿能在剑桥学习的说法，可能就是指的巴宾顿给予的帮助。

牛顿虽然不是出身于名门望族，但毕竟是一个庄园主的儿子。而且由于有了巴纳巴斯·史密斯的遗产，他家的经济条件已属中上阶层，家里雇有佣人。因此让牛顿去服侍别人，看着他们趾高气扬的眼色，他很难不感到一种卑微和羞辱。但他默默地接受了这种工作，并且一直做了3年多。为了实现获得知识的目标，牛顿的确是能够忍辱负重，这是相当不容易的。从中可以看出，在牛顿那沉默寡言的背后，有一种多么执著的信念和坚韧不拔的毅力。

牛顿在三一学院仍旧是与同学存在着隔阂。而且由于他的仆役地位，这种隔阂也许比中学时更深。在后来牛顿成为著名人物时，除了威金斯，剑桥的同学中没有其他人说知道他。牛顿与威金斯成为朋友有些偶然。入学后，牛顿与别的同学住在一个寝室，可那些富家子弟并不想取得学位，因此不肯好好学习，只是玩乐。牛顿则想拿到学位，而且也渴求学到更多的知识。这样牛顿就与同寝室的同学很难相处。他常常一个人到屋顶阳台上伫立沉思。在他入学一年半左右的一天，威金斯也到阳台上散步。他也是因为与同寝室的同学合不来。两个人同病相怜，一拍即合，于是找到校方，要求将他俩调到同一寝室。校方批准了他们的申请。从此牛顿摆脱了那些贪图玩乐的富家子弟，可以安心地钻研学问了。牛顿与威金斯一起住了好几年，但他们的关系也并不很亲密。

总之，在剑桥求学的牛顿仍然是孤独的。这不仅仅是由于他自幼年养成的性格，甚至也不仅仅由于他自费减费生的身份，更主要的可能是他那对一种高远目标的追求和超众的智慧，使其不能随波逐流，而只能踽踽独行。在当时的剑桥，那些富家出身的自费生大多是不把求知作为追求目标的；减费生虽然大多数在攻读学位，但也主要把它作为进身之阶，因此也只把精力放在学校所设置的课程上。而牛顿不仅在学业上十分勤奋刻苦，还广泛涉猎课业之外的知识，特别是数学、自然科学方面的知识。这就使他与众不同，很难与其他同学有共同语言，连同室的威金斯也并不理解他。像牛顿这样杰出的天才，在王政复辟时代的剑桥大学，的确是难以在同学中找到知音的，正所谓"阳春白雪，和者盖寡"。此外，牛顿聪明过人，锋芒毕露。他刚到大学时，和别人下棋，若是先走，必定要把对手杀得大败才罢休。牛顿这样做，可能想以此证明他不比别的同学差，但其结果可能反倒使他与同学更加疏远。

20岁那年,牛顿在思想上也发生了转变。美国的韦斯特福尔(R.S. Westfall)在1980年写的《永不停息:牛顿传》一书中写到:"1662年,牛顿经历了某种宗教危机。"在圣灵降临日他觉得有必要检查一下自己的良心,他列出了那天之前自己犯下的罪过。其中主要是在乌尔索普和格兰瑟姆发生的一些事,诸如,幼年时对继父的怨恨,在克拉克家里时偷"爱德华·斯托瑞的樱桃小面包","为一片涂黄油的面包向克拉克师傅发火","星期四,在约翰·基斯的帽子里放一枚别针,刺他",在回乡务农时"与仆人吵架","乱打乱敲"。也有一些事是发生在剑桥的:"思想、言语、行为与梦境不纯洁",他没有按规定过主日;"星期天晚上做了馅饼","星期四喷水","星期四在澡盆里戏水","好多次在布道时漫不经心";还有一些关于上帝的话:"一心想钱,关注快乐多于关心上帝","没有更亲近您以求您的宠爱","不喜欢您的戒规","因您的缘故不爱您","没有做到畏惧您所以不得罪您"。以后研究牛顿的学者认为,牛顿在当时对上帝的信仰产生了动摇。费兰克·曼纽尔(F. E.Manuel)在《艾萨克·牛顿的家教》一书中认为:"牛顿被一种犯罪感、疑虑和自我否定压倒了。他的性格很早就打上了崇尚谨慎、自责、俭朴、守纪和勤奋的道德烙印。这种道德没有更好的词语描绘,只能称为清教徒的道德。他心里有一位检察员,他一直在监督的目光下生活。"韦斯特福尔则指出:"牛顿的清教徒式的生活已使他偏离了通常的自费生,即使他的减费生地位也不是这样。他的行为在很大程度上再现了该大学作为清教徒学府全盛时期支配它的规则和观念。"牛顿在三一学院的生活状况也与上述说法比较相符。在他所记的账上,衣服、书籍和学习用品被列为"必需开支",而他偶尔吃点樱桃、橘子酱、蛋奶糕甚至啤酒都被列为"非必需开支"。这些史料和看法表明,牛顿那时受到资产阶级革命风暴和清教徒伦理精神的深刻影响,正由过去的国教徒向清教徒转变。正是这种新的思想使谨慎胆小的牛顿敢于批判前人的自然哲学,吸取其精华并勇于提出自己的新想法和理论。

除了宗教信仰的转变外,罪过表也反映了牛顿在人格上逐渐走向成熟。有意思的是,罪过表用的是密码,使用的是谢尔顿速记系统。恐怕是他担心这张表被居心不良的人看到。牛顿同时准备了另一个单子,准备列举以后犯下的过失,但没有记多久就中止了。也许他觉得继续这样记录已没有什么意义了。

2. 孜孜不倦的求知者

牛顿进入剑桥三一学院,虽然生活上并不尽如人意,但在学习知识上则如鱼得水。他充分利用这里优良的学习环境,如饥似渴地吮吸着知识的琼浆。

牛顿入学时,三一学院的教育正处于逐步改革的时期。亨利八世所创立的这所学院,就像一座桥梁,它负有把中世纪引向近代、把旧教引向新教的历史使命。学校的课程虽然仍是按一个世纪前的章程设置,主要是经院式的传统科目如神学、古文、语法逻辑、古代史等,但到1661年时这种设置已开始解体,学校增设了许多自然科学和数学方面的课程。而且随着哥白尼以来的科学思想的传播和剑桥大学清教思想的兴盛,此时的校方和教授们的思想也比较开明和宽容。学生们学习的自由度较大。这无疑为具有探索和创新精神的学生提供了自由驰骋的空间。牛顿能在这样的学术环境下求学,可以说是恰逢其时。置身于以学为友的学生群中,住宿在已经有三百年历史的古老房屋中,大学的讲堂,精制的木椅,石砌的高墙,这里的气氛像是中世纪的寺院,严肃而沉闷。在尚未脱离中世纪学院气氛的时代,牛顿在思索着、探寻着自己的道路。

起初,牛顿也是老老实实按照学校的规定来学习的。所学课程中亚里士多德的思想体系占据了大部分。牛顿一入剑桥就买了一个笔记本。在这个笔记本中,他记下了学习这些课程的读书心得。他的笔记本本是从两端开始记录的。但这种状况持续时间不长,牛顿的兴趣就从亚里士多德转向了其他知识领域。牛顿如饥似渴地博览群书,入学一年就阅读了45本名著。剑桥大学图书馆有大量的珍贵藏书和手稿可供阅读。他所涉猎的内容十分广泛,涉及许多学科领域。他在剑桥早期买的书中有两部历史书,即霍尔的《编年史》和斯雷登的《四王朝》。编年法后来被他用于研究预言。大约在 1663 年,牛顿还考察过天罚占星术,但时间不长。牛顿还对语音学和世界哲学语言产生了兴趣。他认为世界语的基础是"其特性是要适应各个国家",他迷上语音学也许与他对谢尔顿速记系统的研究有关。但牛顿对这些知识领域的热情都没有保持多久,就被其他兴趣取代了。牛顿在这一时期的学习状况表明,他并非只是一个钻研数学和自然科学的人,而是一个兴趣十分广泛的人。他在这时学习到的各种知识,为他后来的科学创造、著书立说乃至形成自己的思想体系都有深刻的影响。这一时期牛顿学习兴趣的频频转移,也表明他正在努力摸索和选择此后科学研究的主攻方向。每个人在年轻时,都面临未来道路的选择,这是极为艰难而又至关重要的一步。如果选择的是适于自己发展的道路,那么他就可能取得较大的成功。否则将可能事倍功半甚至终生一事无成。而能够作出最佳的选择,需要对时势和相关领域的发展有明智的判断,也需要对自身知识和能力有清醒的了解。

牛顿在这一选择上非常成功。事实上他很快就找到了所投身的领域和追求的目标,这就是自然哲学和数学。事实上,牛顿在规定课程外读的最多的是这方面的书。他读到的较早的书中,有约翰内斯·开普勒的《光学》,这可能是牛顿在光学上的启蒙。他研究过伽桑狄(法,P.Gassendi,1592—1655)所写的关于哥白尼天文学的概述,也读过伽利略的著作、波义耳(英,Robert Boyle,1627—1691)的著作、温因和斯特里特关于天文学的著作以及亨利·莫尔(英,Henry More,1614—1667)的著作。很可能就是莫尔的著作将牛顿引向了力学,而且牛顿也是在这些著作中接触到了天文学。伽桑狄是 17 世纪法国著名的唯物主义学派的主要代表,他坚持伊壁鸠鲁和卢克莱修的原子论思想。另一个宣传原子论的是英国物理学家、自然哲学家和原皇家学会会员查尔莱顿(英,W.Charleton,1620—1707)。他在 1650 年之后受霍布斯(英,T.Hobbes,1588—1679)的影响,对笛卡尔(法,Rene Descartes,1596—1650)特别是对伽桑狄产生兴趣。1654 年,他发表了《伊壁鸠鲁—伽桑狄—查尔莱顿的生理学和建立在原子假设上的自然科学结构》一书,对在英国传播伽桑狄的原子论起到了重要作用。牛顿曾读过他的书,因此,牛顿是从伽桑狄和查尔莱顿那里接受了原子论。

在数学方面,牛顿读过欧几里得的《几何原本》、笛卡尔的《几何学》、奥特雷德(Oughtred)的《数学入门》和沃利斯(英,J.Wallis,1616—1703)的《无穷算术》。

牛顿学习欧几里得几何起因于他阅读的占星术。由于计算数字遇到困难,他买了一本欧几里得的书。但粗略阅读后发现此书"无足轻重",认为其中的证明过于繁琐,本来很明显的问题也要花很大气力证明一番。因此牛顿没有仔细研读就把它抛开了。后来他不得不为这一轻率行为作出补偿。

牛顿对笛卡尔的态度却截然不同。当时笛卡尔已是名声卓著,大学中思想活跃的人对他非常神往。牛顿也对笛卡尔十分关注,在剑桥早期的那个笔记本中,有两页是记的笛卡尔的形而上学。随后几页牛顿列了一份"哲学问题表"写了一些小标题,准备收录新阅读材料的笔记。他在标题"柏拉图和亚里士多德是最好的朋友"上方写了一句口号,以后再也没记他们的东西,断然中止了亚里士多德哲学的学习。"问题表"从头至尾都是有关笛卡尔的笔记,显然他对笛卡尔是认真研究过的。据牛顿的外甥女康迪特和亚伯拉罕·棣美弗的记述,牛顿在阅读笛卡尔《几何学》时十分刻苦,读了两三页发觉与开始读时一样没有懂,再读三四页,又碰到一处难题。但牛顿有一股顽强的韧劲,越是困难的问题越要弄清楚。他坚持读下去,最终完全掌握了这本书的内容。在没有任何人给他一点启发和指导的情况下,他竟然跳过欧几里得几何而读懂了笛卡尔的《几何学》,实在令人折服。实际上,牛顿仅在一年之内,完全靠自学,掌握了17世纪数学分析的全部内容。

牛顿能够阅读到这么多代表当时学术前沿的著作,一方面得益于剑桥大学提供的阅读资料,另一方面也得益于剑桥大学宽容的学术氛围。牛顿的指导教师是本杰明·普雷恩。他主要教授三一学院规定设置的课程,但他对牛顿学习其他学科的知识并不干涉,于是牛顿就可以完全按照自己的意愿进行学习。假如当时剑桥大学或是牛顿的导师紧紧将牛顿束缚在狭小而僵化的知识体系内,恐怕历史上就不会有这样一个伟大的科学家了。

牛顿在剑桥的早期学习经历中,特别值得一提的是那个笔记本上的"哲学问题表"。这个表始于何时已无法确证,据推测应在1664年初。牛顿列了45个小标题,用它们整理自己的学习心得。其内容包括物质特性、地点、时间和运动,宇宙的秩序,大量的感官特征(如稀度、流度、软度),还有关于剧烈运动、隐秘特征、光色、视觉、一般感觉等问题。这个"问题表"反映了牛顿探索自然奥秘的总基调,类似于一个相当庞大的科研课题提纲,预示了他未来科学生涯的专攻方向和他将要用的方法。他已初步认识到当时科学面临的许多未解之问题,正雄心勃勃地准备解决它们。的确,它们在当时来说都是基础性的又是迫切需要回答的重要问题。但这些问题并非能轻而易举解决,而且只有从整体上把握科学发展态势的头脑才能系统地考察它们。因此仅就问题表所提问题的广泛性深刻性而言,牛顿就不同凡响。善于恰当地提出问题,一直是牛顿特别突出的能力,也是他一贯坚持的风格。在其后的研究生涯中充分体现了这一点。

在"问题表"中,牛顿不仅仅记下了他对有关作者的思想及问题的理解,而且也大胆地提出了质疑。在"关于运动"和"关于激烈运动"的段落中,他批驳了亚里士多德对抛体运动的解释。他认为,抛体与抛射物分离后,其继续运动应归因于"自然重力",即每个原子都有的内在的动力。在笔记本的另一些地方,牛顿还探讨了重力产生的原因,并且指出:引起物体下落的"物质"一定要作用于物体最中心的粒子,而不仅仅是作用于其表面。这些记录显示,牛顿的探究已进入到力学的大门。

牛顿对光颜色和视觉问题也有很深入的思考。他对笛卡尔的光学理论提出相反的意见:"光不可能受压,我们在夜晚看得清楚,在白天看得更清楚。我们应该看得见我们上方的亮光,因为我们被往下压……不可能有折射,因为同一物质不可能在两个方向施压。插进一个小物体不可能阻碍我们看东西,压力不可能使形体如此清晰。太阳不可能被遮掉许多,月亮和行星可以像太阳一样照耀。走着和跑着的人在夜里看得见,火光或蜡烛熄灭时,我们朝另一方向可以看到亮光。由于洪水或涡旋的原因,整个东方白天发亮,而西方则是晚上发亮。地球会发光,因为它的中心有一种微妙物质作用。地球边上有来自太阳的最大压力,否则它就不会均衡运转而是偏离太阳;所以夜晚应该是最亮的。"①

在"天上的物质与天体"这个标题下,牛顿指出,根据笛卡尔的理论,日食和月食是不可能发生的。因为坚实的物体和天上的流体物质一样可以在涡旋中产生压力。关于颜色,牛顿问道,颜色是从光亮与黑暗的混合物中产生的吗?如果是这样,那么一页印刷好的纸,白纸黑字,离远看就应该有颜色,牛顿也提出了自己的见解:来自太阳的普通光是多质的;色彩现象的产

① [美]理查德·韦斯德福尔:《牛顿传》,中国对外翻译出版公司 1999 年版,第 28 页。

生并不像当时流行的理论所说,来自对单色光的修正,而是来自将多质混合物分离或分析成各种成分。牛顿后来对光学的研究正是在他这种思想的基础上展开的。

笛卡尔曾认为,潮汐是月亮对围绕地球的小涡旋中的流体物质施加压力而形成的。牛顿在阅读波义耳的著作时,发现了检验这一理论的一个设想:将潮汐与气压计的读数联系起来,应该得出相同的压力。牛顿考虑了这种理论可能带来的其他后果。"观察海水是否白天上涨夜晚下落,这是因为来自太阳的地球压力施加到了夜间的海水上。观察海水在什么地方早晚处于高位,就可以知道地球或其涡旋在一年的运动中在何处压力最大……观察地球近日点与远日点的影响,看春夏秋冬在何处潮的涨落最大。由于月球的压力,地球偏出了涡旋中心,会不会在火星上引起每月的视觉误差,等等。"①

尽管笛卡尔是"问题表"中引用最多的,但他的思想最终并未占主导地位。牛顿从查尔莱顿和伽桑狄那里了解到原子论后,将其与笛卡尔的哲学进行了比较,最终选定了原子论。此外,亨利·莫尔的著作也对牛顿很有影响。"问题表"中所写的第一篇原子论的论文就与莫尔有关。从牛顿对笛卡尔关于光的概念和潮汐的解释的反驳以及牛顿对重力原因的观点中,都可以看到他摒弃了笛卡尔的哲学。在讨论光和颜色时,牛顿坚定不移地表示坚持微粒的观念。笛卡尔是牛顿进入机械哲学的引路人,但他进门后就转向了原子学说。

"问题表"的大多数条目的内容是推论,采用的是主动探询法,它是后来牛顿的实验探询法的基础。实际上,牛顿在"问题表"中提出的许多问题都可与实验联系起来,它们都涉及客观现象,可以通过实验对它们进行考察。没有证据表明当时牛顿曾针对"问题表"中的问题做过任何实验,但从中已看到发展实验方法的倾向。实验方法将自然哲学转变为自然科学,在这方面,牛顿所作的努力功不可没。

为考察幻觉,牛顿曾用一只眼睛看太阳,直到那只眼睛看到所有白色物体变成红色、黑色物体变成蓝色。当物体开始恢复正常时,他闭上那只眼睛,以增强见到太阳的幻觉。他眼前出现了五颜六色的斑点。再睁开眼睛

---

① [美]理查德·韦斯德福尔:《牛顿传》,中国对外翻译出版公司1999年版,第29页。

时,白色物体又变红,黑色物体又变蓝,就像他一直望着太阳。他得出结论:他的幻觉能像太阳一样充分激励其光感神经。这种观察几乎弄坏他的双眼,以致一连几天他都要待在黑暗中,才使色彩的幻觉消失。于是他只好暂时放弃了观察太阳,但他对光和颜色的热情一直没有衰减,直到临逝世之前几天,他还曾看太阳。正是凭借这种孜孜不倦的追求,终于揭开了太阳光线的奥秘,也用科学的光芒照亮了他身后的人类世界。

3. 决定命运的奖学金

牛顿雄心勃勃地在自然科学和数学方面展开探索的同时,

也面临着生活和职业的问题。他要在剑桥获得一个长期稳定的位置,就必须有相应的突出成绩。而牛顿在规定设置的课程方面几乎没有什么可称道之处。因此,在1662年和1663年获得三一学院奖学金的学生中没有牛顿,但普雷恩教授的其他学生几乎全部获奖。

除了学习成绩外,剑桥大学的状况和制度都对牛顿获得奖学金十分不利。当时整个剑桥大学实行的是赞助人制度,地位和关系起到了相当重要的作用。如果没有地位显赫的赞助人,其在评选奖学金获得者时就会处于不利位置,尤其减费生更加吃亏。享受特权的威斯敏斯特帮的学生每年至少要占去三分之一的奖学金名额。因此,1664年奖学金的评选就是牛顿学生时代至关重要的一次机会。如果他不能获得奖学金,在剑桥继续从事科学研究的希望就会落空。而恰恰在这时,他选定了数学和自然科学作为他的研究内容,而这些内容并非是学院认定的研究项目,自然也不在考评范围之中。这样,牛顿就面临决定自己未来命运的危机。

为了抓住这一机会,牛顿只好暂时搁置一下所热衷的研究领域,回过头来突击学院规定设置的课程,以应付4月份的考试。他重新捡起马基鲁斯逍遥学派的《物理学》、福西厄斯的《修辞学》和圣保罗的尤斯塔修斯的《伦理学》,临阵磨枪,加紧攻读,并超乎寻常地匆匆做了有关笔记。牛顿的导师普雷恩虽然平时对牛顿不大过问,但在关键时刻还是伸出了援手。也许普雷恩已经看出他这位弟子有超出常人的才华,所以才关心他的前途。普雷恩找到了艾萨克·巴罗(L.Barrow,1630－1677),让他对牛顿进行考核,希望使牛顿的特殊才能可以得到恰当的评价。

巴罗当时是三一学院卢卡斯数学讲座教授。亨利·卢卡斯(H.Lucas)生前也是剑桥大学的教授。他逝世时在遗嘱中规定,凡获得以他的名字命名的教授职位者,每年可以从他的土地收益中获得100英镑。卢卡斯讲座章程规定所讲的内容是,轮换讲授地理学、物理学、天文学和数学等各种学科。第一位主持讲座的就是巴罗教授。巴罗于1644年进入三一学院,18岁就得到学士学位。他博学多才,撰写过《数学讲义》、《几何学讲义》等等,在光学、几何学、圆锥曲线等方面颇有研究,造诣很深。他还先后担任过希腊文、哲学和数学教授,被誉为"欧洲最优秀的学者"。在整个三一学院,巴罗教授是唯一能够对牛顿所研究的内容及其研究能力作出正确判断的人。牛顿进入大学后,并不在巴罗教授的指导下学习,但很有可能听过他的讲座。

巴罗教授不墨守成规,除讲授几何学外,还讲了光学问题,不仅讲授个人观点,还介绍各种假说的争论情况,以启发学生的智慧。例如关于光的本质,有的学者认为光是物质,有的认为光是物质的性质,或者是运动状态。光在空气或玻璃等介质中,是连续的传导,还是每逢冲击自己就倍增扩散的粒子般的东西?这些光学问题在当时尚未弄清楚,只有猜测和争论。与光的本质有关系的,是颜色理论。颜色是怎样发生的?也是众说纷纭,假说林立,而假说不等于真理。这些都是牛顿过去未曾听说过的,大开了他的眼界。巴罗教授还讲到伽利略的实验如何推翻了亚里士多德的运动论,他的天文观察如何论证了哥白尼的地动说,而伽利略对真理的追求却被罗马教廷宣布为异端,被宗教裁判所严厉制裁,差点儿送了性命。巴罗教授指出,如果发生在英国,一定会受到许多人的赞扬。他启发学生思考新的理论,要敢于推翻旧的理论,他向学生介绍陈旧怪异的理论,是为了使他们通过反驳旧理论而产生新理论,推翻旧理论。巴罗教授的这些教诲,对牛顿有着重要的启迪作用。而巴罗对牛顿却是毫无了解。

尽管普雷恩教授用心良苦,但牛顿与巴罗的这次会见并没有收到预期的效果。牛顿竟然没有机会展示他在数学或自然科学方面的所学。据牛顿回忆,当时巴罗考察牛顿对欧几里得几何的了解,可牛顿只是一知半解。他只好承认自己对此未曾给予足够的重视,因为觉得它太简单了,一看就明白。巴罗告诉他,看上去简单的东西并非不需要证明。牛顿听了以后十分惭愧,考核过后不得不把欧几里得几何认认真真地研修了一遍。令牛顿遗憾的是,对他所熟习的笛卡尔《几何学》,巴罗根本没有问。也许巴罗完全不会想到,一个不了解欧几里得几何的人会懂得《几何学》,因此,巴罗对牛顿的看法相当一般。

尽管如此,牛顿还是渡过了这次危机。1664 年 4 月 28 日,牛顿终于成为奖学金得主。对于这一成功,一种解释是,牛顿的才华远远超过其他学生,即使在他未努力钻研的学科也很出色。但这与牛顿所回忆的留给巴罗的印象不符。另一种解释是,牛顿在三一学院有一位有权势的保护人,这就是汉弗莱·巴宾顿先生。这种猜测并非毫无根据。牛顿在回忆中曾提到,在伦敦流行瘟疫期间,他在离乌尔索普不远的布斯比住过一段时间,而巴宾顿先生当时是那里的教长。我们前面提到过,巴宾顿是格兰瑟姆的药剂师克拉克的夫人的兄弟,牛顿曾在克拉克家里寄居过,而且牛顿有可能是作为巴宾顿的自费减费生进入剑桥的。后来巴宾顿担任学院的财务主管,牛顿曾帮他制订表格更新学院的租约。在各种学术活动中,他们也一直合作。1664 年,巴宾顿正要成为高级研究员,这样的研究员在学院只有 8 位,他们与院长一起管理学院,而且巴宾顿与国王关系很好,因此,牛顿获得奖学金很可能是巴宾顿助了一臂之力。

无论如何,获得奖学金对牛顿来说是相当关键的一步。从此他不再是减费生,可以享有学院提供的伙食,每年还有 13 先令 4 便士的车马费和相同数额的薪金。尤为重要的是,这一成功解除了牛顿的后顾之忧。他至少有 4 年的时间可以比较自由地在他喜爱的领域进行研究。这使牛顿摆脱了那些陈腐课程的羁绊。于是他充分发挥了那超人的智慧,以极大的智慧和专注投入到了研究工作中。他常常会为了解决一个问题而忘了吃饭,以致他留在盘子里的饭菜都喂了猫。他也常常忘了睡觉。与他同寝室的韦金斯早晨醒来,经常看见牛顿还在伏案疾书,一定又是彻夜未眠。过度的用脑使他精神严重失调,简直是身心交瘁。他也曾下决心学会按时睡觉。可事实上,一旦他钻研起某个问题,就会把吃饭睡觉抛到九霄云外,直到解决了那个问题才肯停手。

　　毫无疑问,牛顿是个天才,他的确有一个非常聪明的头脑。但是,聪明才智只有辅之以超乎寻常的勤奋,才会放射出最耀眼的光芒。牛顿恰恰做到了二者的完美结合。从 1664 年起,他找到了为之献身的研究领域,并全力以赴开始了向高峰的攀登。当时自然科学发展的背景、剑桥大学宽松的学术氛围都为牛顿大展宏图提供了舞台,而奖学金的获得,更使他如虎添翼。此时的牛顿,风华正茂,踌躇满志,前景一片光明,但道路坎坷曲折。

第三章
奠定伟业的岁月

　　牛顿在确立了奋斗的目标后,就开始全面展开了他的研究工作。他精心构思"问题表",不断在里面充实一些新条目。他以"问题表"为指导,有条不紊地进行探索。从 1664 年到 1667 年 3 年多时间内,牛顿凭借他非凡的智慧和坚韧不拔的毅力,同时在数学、光学和力学等几个领域取得了突破性进展。特别是在伦敦发生鼠疫时,牛顿回乡度过了 18 个月。这 18 个月是他一生中创造力最为旺盛的时期,后人称之为"创奇迹的年代"。虽然此时牛顿还是一个无名之辈,但他在科学苗圃中的默默耕耘已见花蕾。一旦他的成果公之于世,就将震惊当时的科学界。

1. 乡间 18 个月

就在牛顿着手他的研究工作不久,他又面临着获取文学士学位的问题。1665 年,他接受了文学士学位的考察,结果是两次考察才通过。后来的传闻形容是"阴沟里翻了船,这被认为是丢脸的事"。但这也不足为奇,因为牛顿那时的注意力正在数学的研究上,而且以前也未曾认真学习过学院所规定的课程。不过牛顿能够获得文学士学位,也与当时剑桥大学的宽容有相当大的关系。校方已不再重视它的标准课程,因此在学位考察时也就放了牛顿一马。

除了学位考察外,按照学校规定,牛顿在四旬斋期间要站守四旬周日。这两项活动都占用了他一些时间。可是牛顿并没有停止他的研究。据他自己的回忆,对曲率的研究在 1665 年 2 月 20 日,就在四旬斋活动期间,而对二项展开式的研究在 1664 年至 1665 年间的冬天。也就是在他获得文学士学位之前,牛顿悄悄完成了以他的名字命名的二项式定理。

1665 年夏,英国发生了被称为"黑死病"的鼠疫。这场大灾难席卷了英格兰的许多地方。成千上万的人死于这场可怕的瘟疫,甚至横尸街头。有人说这是神在发怒。这年的 6 月至 8 月,仅仅 3 个月内,就使伦敦的人口减少了十分之一。有的全家人死光,生者门窗紧闭。人们不敢外出,街上静悄悄不见人影。鼠疫由伦敦向外蔓延,剑桥居民纷纷用马车装载着行李,疏散到乡间去。到处是一片混乱和恐怖的情景。

剑桥大学的当局十分恐慌。学院的教长说:"万能的上帝公正严厉,带着瘟疫莅临剑桥城。"为防止瘟疫危及学生,校方决定停课。三一学院是 8 月 7 日关闭的,并通知"凡因避疫而下乡的所有研究员和津贴生,下月全月均可照常领取津贴"。此后 8 个月,剑桥大学几乎空无一人。第二年 3 月,疫情减轻,校方要求研究员和学生返校。到了 6 月,又出现了第二次逃亡。直到

1667 年春天,剑桥大学才正式复课。

许多学生是和导师一起搬到邻近的乡村,可以进行有组织的学习。牛顿一向在学习上是比较独立自由的,又刚刚获得文学士学位,所以没有跟着导师普雷恩走,而是回到了乌尔索普庄园。他是在 1665 年 8 月 7 日前离开的,因为他没有领那天发的附加津贴。他本人的账目表明,他曾于 1666 年 3 月 20 日返校,大约 6 月再次返乡。他的账目也表明,他是 1667 年 4 月下旬又返回剑桥的。

牛顿回到家乡,母亲和三个弟弟妹妹亲切地欢迎他。他神采奕奕的学者风度,使弟弟妹妹对他倍加尊敬。牛顿住在家中楼上的一间小屋里。这是个安静悠闲而与世隔绝的环境。在这里,牛顿摆脱了学校的清规戒律,有足够充裕的时间集中精力和才智,从容地思考他从剑桥带回来的各种最新科学思想,并精心地进行实验和计算。当时,近代自然科学刚刚起步,科学研究工作不像现在要那么多种复杂设备和多学科的人员协作。对牛顿来说,做科学研究工作,在学校和家乡都一样。他在自己的房间里,打开包袱,取出锤子、烧瓶、磁铁、磁针、雕刻刀、砥石、棱镜、凸透镜、凹透镜、平面镜、球面镜、方解石、望远镜、显微镜等等,还有各种书籍,便开始了勤奋的研究工作。

在这里,牛顿度过了自己 23 岁以及 24 岁的大部分时间。这 18 个月是他青年时代创造力最旺盛的时期,也是他一生中最富有科学成果的时期。他的许多科学思想是在这个时期酝酿形成的。他集中研究的主要是三个方面的问题并取得了辉煌的成就,即创立了微积分,发现了万有引力,进行了分解日光的实验。这个时期的实验和思考,奠定了牛顿一生的研究方向和基础。

关于这个时期的牛顿,传播很多很广的就是"苹果落地"的故事。这个故事至今在有些著作中还作为佳话广为传诵着。但是说法不尽相同。

这个故事是说,1665 年秋天,当牛顿坐在家乡的果园里沉思时,忽见一个苹果落地,引起他想到使苹果落地的地心引力,从而引导他发现了万有引力定律。据法国作家、哲学家伏尔泰回忆,这是牛顿的外甥女巴顿夫人告诉他的。牛顿晚年的一位密友斯多克雷也明确提到,在 1726 年 4 月的一天,他和牛顿共进晚餐后,一起来到牛顿家的后院并在苹果树下喝茶,在谈话中牛顿告诉他说:"正是在过去同样情况下,注意引力的思想出现在我的脑海里,那是在一棵苹果树下偶然发现的,当时正处于沉思和冥想之中。"还有牛顿晚年的另一位朋友彭伯顿在追忆牛顿的著作中,也谈及因苹果落地而引起验证引力平方反比关系的故事。

上述故事说法很不一样,但这个故事流传得很广。所以,牛顿故居后园里的那棵苹果树,后来一直被精心地保护着。前去瞻仰牛顿故居的参观者,都要去欣赏这棵树。1820 年,这棵树被大风刮倒,还被分成了好几段,分别在英国皇家学会等几处地方作为纪念品保存起来。而在这之前,早已用接枝法分植于世界各地。据说有一个奇怪的事:以后再在乌尔索普的花园中种苹果树,都没有成活。不管上述故事是否真实,牛顿确实是在 1665 年在家乡期间思考过引力问题,这是肯定的。

除了"苹果落地"的故事,还有其他一些传说与这一时期有关。有一个故事说,牛顿经常坐在阳光下吹肥皂泡,观察肥皂泡的颜色。别人看了都觉得有点好笑。这个故事应该有相当的可能性,因为当时牛顿的确在研究光和颜色。

据牛顿后来的回忆,在瘟疫流行期间,他曾在布比斯的巴宾顿先生那里住过一段时间,并曾在他的小楼上进行研究。此外,在 1666 年 3 月至 6 月间,牛顿曾回到过剑桥大学。很可能他在那里查阅过一些图书资料,写出有关数学发现的论文,然后回到乡村加以修改的。他关于阳光的颜色理论的一部分棱镜实验也可能是在三一学院的房间里完成的。

实际上,后人对牛顿这个时期的工作知道得不是很多。只有很少的一点笔记可以告诉我们,他那时在想些什么,做些什么。从这些笔记中,我们可以了解到一些线索。

自 1665 年初发明了二项式定理以后,牛顿于秋天又从运动的概念出发导出了"流数"(微分)这一术语。是年 11 月 13 日,他完成了《通过物体的运行线求物体的速度》的论文。此后 6 个月中,牛顿的兴趣似乎不在数学上。1666 年 5 月,不知什么又引起他的数学兴趣,分别于 5 月 14 日和 16 日写了两篇论文。是年 10 月,他对数学的兴趣又一次被激发,集中精力写了一篇更精确的论文。1666 年的三篇论文都是以运动为基础,其中 10 月份的第三篇论文,包含了对流数术的精确论述。这种流数术就是我们今天所称的微积分。

关于力学方面,牛顿在"问题表"中写了《论剧烈运动》的短文,探讨了笛卡尔的运动概念和"物体运动的力",认为:如果没有某种外部原因作用于物体,物体将保持原有状态。牛顿还研究了圆周运动和惠更斯的离心力。再进一步,他把"月球退离地球中心的力"与地球表面的重力进行了比较。最后,他将开普勒第三定律代入其离心力公式,发现"退离太阳的力与到太阳的距离的平方成反比"。

从"问题表"中可以看出,在提出关于光和颜色的问题后,牛顿于1665年重又对它们进行研究,有关笔记写在原先设定的标题结束以后的空页上。他对波义耳和胡克的颜色理论提出质疑和反驳,并逐步形成了自己的想法。从他的论文和著作看,第一次产生光谱的概念是在1666年。他曾写道:"……1666年初(在那时,我钻研磨制非球面的其他形状的光学透镜),我设法获得了一个三角棱镜,用来试验著名的颜色现象。"据说,牛顿是在乌尔索普庄园的小房间里进行棱镜实验的。"……把我的房间弄成黑暗,在百叶窗上开一个小洞,让适量的太阳光照射进来。我把我的棱镜放在光线进入处,光线就通过棱镜折射到对面的墙壁上。开始,这是一件很愉快的消遣。"恰恰是这种"很愉快的消遣"最终确立了颜色理论。

许多人都曾认为,在1664年至1666年,牛顿返乡度过了他一生最富有科学成果的时期。牛顿充分利用了这段瘟疫肆虐的岁月:

1665年初,我发现了近似级数的方法和二项式简约成该级数的法则。同年五月,我发现了格雷果里和斯路卢修斯的正切法,11月我发现了直接流数法;次年1月发现颜色理论,5月开始研究逆流数法。同年,我开始思考重力延伸到月球轨道的问题(发现了在一运行轨道内旋转的一球体给运行轨道表面有压力的计算方法);根据开普勒定律:行星的运行周期与行星轨道中心间的距离成$1\frac{1}{2}$次方正比关系,我推论出:维持行星绕其轨道运转的力,一定与其旋转中心距离的平方成反比。所以,比较维持月球绕轨道运动所需的力与地球表面的重力,发现二者的答案十分接近。这一切都是在1665至1666这两年瘟疫时期完成的。那些日子我正处于发明的最盛时期,对数学和哲学的研究也比以后任何时期都要多。

后人曾对牛顿在乡间躲避瘟疫的18个月中的创造给予很高的评价,如

"创奇迹的年代","改变世界的 18 个月",甚至称之为"牛顿神话"。但科学史专家进一步的研究表明,这一时期并非像传说中渲染的神乎其神。事实上,到 1666 年末,无论是数学、力学还是光学方面,牛顿都不能拿出完全成熟的结果。他的那些研究尚处于开创和奠基阶段。在力学和光学上,只是形成了一些有价值的想法,还要进一步验证和论证。数学上虽然已写出了几篇微积分的论文,但也尚需完善。尽管如此,牛顿在这 18 个月中取得的成就仍然是巨大的、辉煌的。它们奠定了牛顿此后科学研究的基础。有了这一基础,牛顿就可以去建造他的科学大厦了。

神话虽然被打破了,但若用一种实事求是的眼光来看,牛顿在这 18 个月中的成就的确令人惊叹。一个年仅二十三、四岁的大学生,完全靠自学,在不到 5 年的时间里就达到了当时世界科学的前沿水平,而且在 18 个月中同时在数学、力学和光学 3 个领域做出了开创性的工作。这不能不说是一个奇迹。就其达到的程度而言,此时的牛顿已成为世界上最优秀的数学家,在力学和光学上已可以与惠更斯、胡克等并驾齐驱,甚至已超过了他们。

然而,这时他仅仅是一个文学士,仍然默默无闻。当时欧洲的科学界,谁也不会想到,在鼠疫流行期间,一个沉默寡言的年轻人,会在一个偏僻的乡间庄园,正创造出影响整个人类未来的科学成就。

总之,在伦敦鼠疫流行期间,牛顿返乡 18 个月。在安静的环境里,牛顿开始了他的科学研究事业。他的爱思考的头脑更加活跃。他一生中的重大发现,如万有引力定律、力学三定律、光的分解、微积分的创立等等,都是发轫于此期间。这 18 个月内所获得的成就为他以后的科学工作打下了基础。以后所做的科学工作,不过是对他在乡间形成的思想进一步加以完善和发展。在科学史上难以找到第二个人,在这样年轻的时候,在这样短的时间内,形成如此辉煌的独创思想。这些独创的思想使牛顿成为科学史上的巨匠,使他在数学和几门自然科学中都作出了杰出的贡献。正如恩格斯所说:"牛顿由于发明了万有引力定律而创立了科学的天文学,由于进行了光的分解而创立了科学的光学,由于创立了二项式定理和无限理论而创立了科学的数学,由于认识了力的本性而创立了科学的力学。"①

---

① 《马克思恩格斯全集》第 1 卷,人民出版社 1956 年版,第 657 页。

2. 初露锋芒

上帝终于结束了他的巡视,带着可怕的瘟疫走了。1667 年 3 月 25 日,牛顿从家乡返回了剑桥。这时剑桥大学的学术气氛已经消失,威严的建筑物空空荡荡,神圣的礼堂变成了老鼠窝。伦敦十几万人丧生,教授和学生有的死了,有的去乡间打发无聊的日子。而牛顿与众不同,他带着丰硕的成果和许多新奇的思想归来。此后的 20 多年里,他还要在这里继续他的研究,用其成果和思想构建更辉煌的科学大厦。

但是,牛顿没有把自己的重要发现和发明告诉别人,大部分成果是在以后一二十年间进一步完善后才陆续公布的。因为他有一个突出的性格是不喜欢把自己做的事情告诉别人。另外一个原因可能是这些成果只是初步的,还有许多问题有待进一步研究。他一生不喜欢公开自己尚未完成的计划和发现。

牛顿的科学生涯有一个很突出的特色:虽然他涉猎的领域很多,但在一定时期只对某一领域保持极高兴趣,或是主要兴趣。这使得他可以集中全力打歼灭战,逐一攻克各个目标。在乡间躲避瘟疫的 18 个月中,他曾有 3 次兴奋点集中于数学上。兴奋点一过,热情就熄灭了。第一次兴奋点与第二次兴奋点间隔 6 个月,第二次与第三次间隔 5 个月。回到剑桥后,差不多两年他几乎不看数学。牛顿研究工作的这一特色,在他其后的科学生涯中也很明显。

返回剑桥后,牛顿的主要研究领域仍然是数学、力学和光学,此外还有化学和炼金术以及神学。前一阶段即 1667 年到 1678 年主要从事光学研究;从 1678 年到 1688 年,主要研究的是力学三定律和万有引力定律;从 1688 年到 1700 年前,进一步发展了天文学并完善了他的流数术。每个方面的研究差不多各耗费了 10 年的光阴。当然,有些内容的研究是穿插进行的,其中包括化学方面的研究。

就在牛顿重返剑桥,正信心百倍地准备大展身手时,他又一次面临危机。几个月后,他要参加研究员的评选。这次评选比3年前竞争奖学金更为重要,将决定牛顿是否继续留在剑桥。如果落选,牛顿将不得不回到乌尔索普庄园当个乡村牧师。那么他的才华就可能被埋没。这次研究员评选竞争相当激烈。三一学院已有3年未选举研究员了,而且名额只有9个。威斯敏斯特帮的学生享受绝对的优先权,而一些有门路的人弄来国王的委任信函。其余的名额要靠院长和8位高级研究员来选举。参加竞选的人要接受高级研究员4天面对面的考核。所考核的内容,牛顿在近4年中几乎完全没有接触过。因此,形势对牛顿十分不利,他被选上的可能性微乎其微。详细的评选情况已无从考察。无论是牛顿的回忆还是各种传闻中,对等待选举结果的紧张情形都无丝毫透露。但牛顿在这时花了1英镑10先令买了工具,包括一台车床,还花了将近两英镑买了不少可做学生服及硕士服的布料。这种行为似乎表明牛顿对当选研究员很有信心。后人猜测又是汉弗莱·巴宾顿先生起了关键性的作用,因为那时他已成为了高级研究员。不管怎样,在1667年10月2日1点钟声敲响的时候,牛顿参加了宣誓,成为三一学院的选修课研究员。

前进的障碍终于被清除了。牛顿进入剑桥大学教师团,可领年薪100英镑,并担任指导两个学生的工作,房间也搬到正门上面的三楼。从此,牛顿在剑桥有了永久的位置,可以完全根据自己的意愿从事研究了。但他在学院的地位仍很低微。1668年3月牛顿又成为主修课研究员。同年7月,牛顿被授予文科硕士,从而进入了重要研究员的行列。此后牛顿在剑桥生活了28年。他一生中的成就大都是在这28年中最终完成的。

成为文学硕士的牛顿,在言谈举止上依然故我,依然是落落寡合,沉默独处。在三一学院流传着他许多逸闻趣事。

曾经在17世纪80年代当过牛顿的抄写员的汉弗莱·牛顿(与艾萨克·牛顿并无亲缘关系),在回忆中对牛顿有这样的描述:他总是抓紧研究,很少探亲访友,来访的人也很少,只有两三个人,他们是基斯的埃利斯先生,三一学院的罗汉姆(另一封信他又称他为劳顿)先生和维加尼先生。维加尼先生是化学家,一天晚上来拜访时,牛顿十分快活。我从未见他有过什么娱乐或消遣,既不骑马兜风、散步、打保龄球,也不做其他任何运动。他觉得凡不是花在研究上的时间，都是浪费了。他研究抓得真紧，很少打开房间，只是作为卢卡斯讲座教授，每学期要到学校念念书……他很少到饭厅用餐，除非某些公休日，这时，如果没有人关照他，他就会非常邋遢，拖着鞋，袜子不系袜带，穿着宽大的白色法衣，头发也很少梳理。汉弗莱说，5年中只看见牛顿笑过一次。牛顿把一本欧几里得几何借给一个朋友，那人问他这本书对自己有什么用，"听了这话，艾萨克爵士乐不可支"。汉弗莱还评价道："他回答问题非常敏锐，但极少自己提出问题"。恐怕这里说的是极少向别人提出问题，因为牛顿总是不断给自己提出问题并思考这些问题的。

威廉·斯图克利18世纪初在剑桥读书，后来成为牛顿的朋友。他曾有过这样的描述：在饭厅就餐时，他常常忘了吃东西，桌布撤走了，他还什么也没吃。有时，逢做礼拜，他往往不上学院教堂而去圣马利亚教堂，或是身着宽大的白色法衣到饭厅就餐。有时，他在房间里接待朋友，如果他去书房拿酒而又突然想到了什么，他就会坐下来写呀写，把朋友也忘了。

一个流传很广的故事说：一次牛顿在实验室工作了很久，仍不去吃饭。他的仆人拿来一个鸡蛋和一个小锅，并把手表放在旁边，让牛顿把鸡蛋煮5分钟。牛顿答应了。过了一会，仆人回到实验室，看见鸡蛋仍旧放在桌子上，在沸水锅里煮着的，却是那块手表。

有时，牛顿忙得忘记了约会，甚至闹出一些笑话，影响到正常的社交活动。例如有一次，牛顿应约去赴宴，走出家门思想就转到正在研究的课题上去了，便在街上游荡起来，待到想起约会一事，时间已经来不及了，无可奈何叹了口气，晚饭也没吃，回家继续搞研究去了。另有一次，牛顿请朋友来自己家中吃午饭，朋友来了，饭菜摆满餐桌，可是牛顿埋头实验迟迟不回来，仆人两次催促他也不肯离开。这时朋友便把一只鸡吃了，骨头留在盘子里。牛顿做完实验才想起有朋友来吃午饭，匆匆跑回来，看到盘子中的碎骨头，自言自语地说："我以为我还没有吃饭，原来我已经吃过了。"

这样的故事很多。许多传说都说牛顿漫不经心，有的竟像是编造出的离奇的笑话。例如有一个故事说牛顿家中养了猫和狗，房间的门上为猫出入开了一个洞，当猫生了3只小猫以后，牛顿让人在门上又开了3个小洞。

所有这些故事，都向我们勾画出牛顿在剑桥工作时的形象：一个心不在焉、沉醉于其研究中的人。牛顿很少与别人打交道，也很少离开自己的房间，喜欢独自在房间里用餐，即使到食堂，也不主动与人打招呼，痴痴迷迷地沉浸在他的思考中。虽然斯图克利提到牛顿曾在房间里招待朋友,汉弗莱·牛顿还列出了3个人的名字。但牛顿很少拜访别人,来拜访他的人没有一个是三一学院的研究员。在汉弗莱提到的3位来访者中,牛顿后来与维加尼断交了,原因是他"讲了一个关于修女的下流故事"。牛顿与另外2人关系也不够密切,离开剑桥后,他与他们没有任何书信往来。

　　牛顿在三一学院大概与3个人关系较为密切。一个是他同寝室的同学韦金斯,2人住在一起20年,1683年韦金斯辞去研究员,到斯托克·埃迪斯教区当牧师,此后2人再无联系。另外两个人是汉弗莱·巴宾顿和艾萨克·巴罗。对于前者,后人知之甚少。关于巴罗和牛顿,倒是有些传闻,包括巴罗让贤的佳话。但2人交往的细节却几乎看不到。

　　由于牛顿很少与人接触,因此在剑桥30多年却并无多少人了解他。18世纪20年代三一学院的一些记录是最好的证明材料。塞缪尔·牛顿(与艾萨克·牛顿无亲缘关系)是牛顿当研究员整个时期的学院登记员和审计员。在他的日记中,直到牛顿1689年入选议会前,没有记过牛顿的名字。罗伯特·克莱顿从1659年到1672年都在三一学院当研究员,他曾回忆过许多人物,其中包括巴罗,但就是没有牛顿。1718年的文学士托马斯·帕内,曾为写院史收集材料。他记录了许多著名研究员的详细情况。那时牛顿的名声远在其他人之上。但帕内对他的记录只有简短的三条:1.他的名字列众人之首,但无任何介绍;2.他入选议会的日期及上一次竞选失利;3.一则心不在焉的轶闻。从上述记录中,牛顿在剑桥为人所知的程度可见一斑。

　　牛顿那种独往独来、我行我素的行为方式固然与其早年养成的性格有关,但更主要的是由于他把全部精力投入到了科学研究中,致使他无暇旁顾。他不随波逐流,与剑桥当时的生活和风气格格不入。这使他避免了研究员所面临的许多琐事,也避免了许多人际关系方面的干扰,使得他可以保证有充分的时间从事研究。从某种意义上说,这对牛顿是一件幸事。一个科学家,如果被日常琐事、人际交往及名利得失所累,那么他很难在学术上有所作为的。因此,一个有志于在科学领域开拓的人往往是一个孤独的人。牛顿就是这样一个孤独的探索者。他在力学、数学、光学和化学方面的研究大都是独自进行的。他专心致志,异常勤奋,简直到了废寝忘食的地步。每当吃饭,总要催他多次才能上桌。人们常常在牛顿的房间里看到桌子上一份几乎还没有动过的晚餐,一杯还满着的饮料,到处是书和成札的笔记。牛顿终生没有结婚,过着典型的单身汉的生活。他对自己生活上要做的事,总是笨手笨脚。他大半生的乐趣主要埋头于科学研究工作。年轻时他从来不记得按时就餐,对自己的健康很不在意。但是喜欢饮用自己配制的药和饮料,其中包括用橘皮煮汤加糖代茶,在吃饭时服用。牛顿在晚间工作常常熬过午夜,常因睡眠不足而睡眼惺忪。在 30 岁时他已经有了白发。牛顿很多时间都是在实验室度过的,他的外衣经常有做化学实验沾上的污渍。据牛顿的助手说:"他很少在深夜两三点钟以前上床,有时候凌晨五六点钟才睡觉。一天总共睡不到五六个小时,特别是在春天花开或落叶季节更是如此。"

除了勤奋外,牛顿的一个最大特点是善于思考,坚持不懈地思考。他曾说:"我总是将课题摆在我面前,等待第一缕曙光出现,慢慢地展现出一片清晰的亮光。"一旦他关注某个问题,就会持续不断地、排除一切干扰地思考,直到有一个令他满意的结果为止。那些所谓的心不在焉的故事,就是他专心思考时的写照。有人看到,他在院子里散步时,"如果路上又铺了什么新的砾石,艾萨克爵士就会用一根小棍子画来画去,画出各种图形。研究员们总是小心翼翼地从旁边走过,不毁坏这些图形,有时这些图形会保留许久"。当人们问到他是如何发现万有引力时,他只是简单地回答:"我只是对一件事情很长时间、很热心地去思考罢了。"

埋在沙中的金子,终究会放射出耀眼的光芒。一个人的杰出才华,不会被长期埋没。牛顿凭借他那孜孜不倦的努力和锲而不舍的精神,经过几年的奋斗,终于在科学领域崭露头角。他的才华、他的科学成就开始被世人逐步认可,尽管其名声还不那么显赫,尽管在常人眼中牛顿仍是一个谜,一个怪异的人。

1668 年,牛顿制成第一台小型反射式望远镜。

1669 年 6 月,牛顿将《论用无限项方程所做的分析》的长篇手稿交给巴罗。巴罗把它寄给了考林斯,说是他的一位朋友的论文,并说这位朋友在这方面有杰出的才能。考林斯通过书信把这篇论文介绍给了英、法、意和荷兰的数学同行们。于是,欧洲数学界开始知道剑桥一个不知名的数学天才发明了一种新的分析方法,即今天的微积分。

在与考林斯交往时,牛顿处于一种矛盾心态。既愿意别人了解他的数学成就,又不愿意公开发表或署名,似乎总怕招惹什么麻烦。考林斯一直希望能看到牛顿《论级数与流数法》的论文,可牛顿一再拖延,不仅最终没能寄给考林斯,甚至没有完整地完成它。优柔寡断、谨小慎微的心理使牛顿左右摇摆。有时对赞颂感到欣慰和兴奋,有时又怕受到批评而退缩。于是这篇真知灼见的论文最终被扼杀。而恰恰是这种过分的谨慎或胆怯,隐埋下日后与莱布尼茨(Gottfride Wilhelm leibniz,1646—1716)发生微积分发明权的纠纷。事与愿违,恐怕这是牛顿始料不及的。

良师巴罗教授的指导,对于牛顿在求学阶段就在科学上有所创造和建树,起了重要的作用。巴罗教授比牛顿大 12 岁。遇到巴罗,对牛顿的一生,是极大的幸事,是巴罗教授最早期发现了牛顿的才华。他很快发现牛顿对当时的自然科学和数学的最新成就有着惊人的理解力,是难得的人才,于是给他以格外多的教诲和指导。1668 年,巴罗请牛顿帮他修改光学著作,而且允许牛顿随便进入他的藏书室,使用他的图书资料,这使牛顿受益匪浅,进步很快。这里明显地表现了师承效应。

1669 年 10 月,受巴罗推荐,牛顿接替他继任剑桥大学卢卡斯数学讲座主讲教授,每年薪金 100 英镑,加上他担任主修课研究员的薪金,合计年薪 200 英镑。在牛顿那个时代,这可是一笔相当可观的收入了。此时,牛顿年仅 27 岁。这么年轻就成为卢卡斯讲座的教授,的确是一件不容易的事,也是一件令人称羡的荣耀。

关于巴罗推荐牛顿接替自己的位置,长期以来流行着一个伯乐识千里马,主动让贤的故事:巴罗教授看到牛顿的进步,十分欣慰,1669 年 10 月,他坦率地宣称,牛顿的学识已经超过了自己,便主动地让出自己的教授讲座席位,让牛顿接替自己,担任卢卡斯讲座的数学教授。他自己则去伦敦担任皇家教堂的教司。巴罗教授不仅把自己渊博的学识传授给他,以敢于创新勇于探索的治学态度、方法教导他,而且及早地大胆选拔牛顿到重要的岗位上担任要职。恩师慧眼识良才,让他在精力充沛、才华横溢的青年时代,就登上了重要的教学岗位,为牛顿的科学生涯打通了道路。天才学生遇良师,青出于蓝而胜于蓝。良师甘为人梯,喜看自己的学生超过自己。这位"欧洲最优秀的学者"又成了发现天才的天才。巴罗让贤被传为科学史上的佳话。在剑桥大学三一学院,人们为伟大的科学家牛顿立了雕像;在牛顿的雕像附近也立了巴罗教授的雕像。他的远见卓识和无私的精神,永为世人所景仰。

但韦斯特福尔对此提出不同的看法。他认为说巴罗为了提拔牛顿而辞职是没有任何根据的。他赞成后来出现的一种说法：巴罗当时正在谋求更高的职位。韦斯特福尔认为，毋庸置疑的是，巴罗是一个野心勃勃的追逐权力的人。事实上巴罗辞职不到一年就被任命为国王的牧师，不到三年就当了三一学院的院长。但是，并没有任何规定要求巴罗必须辞去卢卡斯讲座职位才能角逐升迁。因此，韦斯特福尔认为还有另一种可能，即巴罗虽是个数学家，但更是个神学学者，他辞职是为了全身心地投入到自己的真正追求中去。

不管真正的原因是什么，但一般人都承认，是巴罗指定牛顿作为自己的接班人。这事实本身就说明巴罗对牛顿有相当程度的了解和赏识。前面说过，巴罗是在牛顿申请奖学金时才认识牛顿的。由于牛顿对欧几里得几何知之甚少，巴罗对他并无格外好感。此后很长时间内，两人是否有过交往，后人一无所知。但到了1668年牛顿竟然作为巴罗的助手，协助巴罗修改他的《光学与几何讲义》。为何巴罗单单选中牛顿而不是别人来做这项工作，显然事出有因，只是后人无从知晓了。在修改讲义过程中，牛顿对巴罗的光与颜色理论提出了不同看法。1669年，牛顿又向巴罗交了上面提到的那篇数学论文。这两项研究工作一定给巴罗留下了很深的印象。在1674年巴罗的著作出版时，巴罗第一次称牛顿为科学家，并在前言中写道："我们著名的、知识渊博的同事艾萨克·牛顿博士把本书的初稿通读了一遍，作了必要的修改并补充了他个人的意见，使本书在许多地方生色不少。"而且，巴罗曾打算将牛顿1669年的数学论文作为《光学与几何讲义》的附录发表，只是由于牛顿坚持要进行修改和补充才作罢。

因此，从上述情况可以看出，巴罗让牛顿继任自己的职位是有一定基础的。不管其真正的原因是什么，能使牛顿获得这一职位对牛顿此后的生活和研究都有不可估量的影响，至少有了一个扬名的机会。然而，牛顿并没有能够利用这一职位给自己博得更高的声望。

按照卢卡斯讲座的规定，主讲教授应在三个学期内每周讲"部分几何学、天文学、地理学、光学、静力学，或是其他某些数学原理"，并且每年向大学图书馆交存10份宣读过的教材复件。在巴罗任职期间，他已将三学期的课程减少到一个学期，牛顿自然沿袭了巴罗的做法。他是1670年春季开课的。以后都改在每年秋季上课。他交存的手稿表明了这一点。

显然牛顿主持的讲座并不成功。初期讲课的情形已无法了解了。在牛顿主讲了 15 年之后，汉弗莱·牛顿记录了讲座的情况："去听的人很少，能听懂的人就更少。由于缺少听众，他几乎常常对着墙壁宣讲。"他不是以天才的猜测为基础，而是以自己的实验为基础。所以这位卢卡斯讲座第二任教授的讲课，是以实验的图解及其说明为主。他很少讲解基本知识，经常讲一些自己的最新发现。但是由于它太艰深新颖，与中世纪式的传统思想截然不同，他的新思想很少有人能理解。再加上牛顿那平平淡淡的催眠式的语调，低沉又缓慢，很难引人入胜。所以听课的学生很少，有时甚至一个也没有。在这样的时候，牛顿就默默地等着，直到课时剩下四分之一或更少时，他才离开，干脆回屋去做自己的实验研究。牛顿对教学没有兴趣，他醉心于自己的独立思考、实验和深入研究。

他一直讲到 1687 年，此后 14 年一直在这职位上挂名。他也没有按照规定每年交 10 篇教材。到 1687 年底，他总共才交了 4 篇手稿。仅从交存的教材来看，无法确切了解他讲课的内容。

尽管牛顿主持卢卡斯讲座多年，却很少有人提起他的讲座情况。当牛顿成名之后，也没有多少人能回忆他讲课时的情景。威廉·惠斯顿后来成为牛顿的弟子和继承人，但他也只记得听过牛顿的课。此外，另有两个人声称受过牛顿的指导。总之，牛顿并不是一个好老师，也许是他孤僻的性格让人不易接近，也许主要是他讲的内容太过新颖高深，超出了一般学生的接受能力。

剑桥大学的宽容成全了牛顿，对他的这种"不称职"没有给予指责。与他同时的研究员乔治·莫德和帕特里克·科克等人，在 40 年中既不教书又不搞科研，学院并未追究，因此对牛顿也不会苛求。三一学院的特色就是宽容。而研究员的薪金就是用来支持研究的。除了研究员薪金外，牛顿还有卢卡斯讲座教授年薪。他又是勤俭节省的人，因此可以有足够的资金购买书籍和科研仪器设备。有了上述条件，牛顿真可说是如鱼得水，可以随心所欲地进行他的研究，而这些研究也开始结出了果实。

最初使牛顿在欧洲声名鹊起的，不是他头脑中超人的才智，而是他那灵巧双手的结晶，即反射望远镜的发明。他用自己发明的合金铸造并研磨镜片，自己制作了管子和支架。他对自己的发明引以为豪。约 60 年后，他回忆此事时，康迪特作了如下记录："我问他，是在哪里做的，他说是自己做的；我问他工具是从哪儿弄来的，他说是自己做的，还笑着补充说：如果我等到别人给我做工具，我就什么也做不成啦。"1668 年制成的反射式望远镜只有 6

英寸长,但可放大近 40 倍。牛顿承认,一部 6 英尺的折射望远镜也达不到这一程度。后来,他又制造了第二部望远镜,其性能远胜过第一部。

1669 年 2 月,牛顿为兑现他对恩特先生的承诺,写信向一位无名的通信人介绍他的望远镜。这封信是现存的牛顿最早的通信。1669 年底,牛顿去伦敦会见考林斯,介绍了他的反射式望远镜,说它可以放大 150 倍。1671 年 12 月,考林斯将三一学院研究员盖尔先生从剑桥写来的关于牛顿的望远镜的情况告知了弗朗西斯·弗农。次年 1 月,汤利也极其关注此事,而弗拉姆斯蒂德刚从其他途径得知了牛顿的发明。尽管皇家学会的大人物可能尚未从考林斯那里了解到牛顿的数学成就,但已听到了反射式望远镜的有关信息,要求见见实物。1671 年底,巴罗将牛顿的发明呈现给皇家学会。

反射式望远镜立即在伦敦引起强烈反响。1672 年初,牛顿收到了皇家学会秘书亨利·奥尔登伯格(英,Henry Oldenburg,1626－1678)的信函:

先生:

与您素昧平生,是您的独创促使我写这封信。蒙您慷慨,将您发明的收缩望远镜送给本会的哲学家们。几位在光学科学与实践方面最杰出的人物对之进行了考察与深思,大家交口称赞。他们认为必须采取措施,保证此发明不被外国人篡夺。所以,我们细心地画出了您送来的第一个样品的图样,对该装置的各部件进行了描述,并说明了与普通但大得多的玻璃相比,它的作用效果。此图以及由皇家学会(您最近已由萨勒姆大主教? 眼塞思·沃德? 演提名为该会候选人)秘书写的说明,将以正式信件送到巴黎,呈交惠更斯先生,以防一些在此见过此物,或与您一道在剑桥的陌生人僭取。一些假冒的旁观者将新的发明和设计从真正的作者手中夺走,这种事已屡见不鲜。但是,不先通知您而将其送走,我们认为欠妥。现将画好的图样及说明寄上,请您作必要的增补与修改。改完后,请您将它与您认为必要的修改部分一道寄回……

先生,
您谦卑的仆人
奥尔登伯格[1]

---

[1] [美]理查德·韦斯特福尔:《牛顿传》,中国对外翻译出版公司 1999 年版,第 87 页。

牛顿给奥尔登伯格回信说：

拜读您的信，我惊讶地得知，为了保证我的发明权，你们如此费心，而我迄今认为它几乎毫无价值？［原文如此！］。因此，既然皇家学会认为它值得赞颂，我也必须承认，它因此价值更高。至于我，我从未想过将它公之于世，所以倒是情愿让它像前几年一样秘而不宣。

牛顿还说：

萨勒姆大主教提名我为候选人，对此殊荣我感同身受。我希望能选入学会，这样我会更觉荣幸。倘能如此，我将努力证明我的感激之情，将我浅薄而孤独的工作公诸于世，使之能有助于促进你们的哲学研究。[①]

牛顿接受了皇家学会给惠更斯(荷兰,Christiaan Huygens,1629－1695)寄送说明书的计划，并建议补充他确实认识到该望远镜可以消除图像的颜色。牛顿还主动提供了维护望远镜的方法。在随后的两封信中，他又提供了镜头所用的合金的信息。

皇家学会的确给惠更斯寄去了一份反射式望远镜的说明，并真诚地要保证牛顿的声誉。惠更斯似乎比其他皇家学会成员更为兴奋，称之为"牛顿先生神奇的望远镜"。

皇家学会于1672年1月11日对牛顿进行了正式选举。

1月18日，牛顿向皇家学会报告："我决定将一个哲学发现奉献给他们考察与思索，正是这一发现使我能造出这台望远镜。我毫不怀疑，并且一定会证明它比公开那一装置要有意义的多。据我判断，在迄今为止对自然界运转的所有探索中，它如果不是最有价值，也一定是最奇特的。"显然，牛顿对他自己在光学理论方面的研究成果充满自信，并深知其重要价值。但他没有很快寄去这份材料，他需要"有一点余暇"来整理。韦金斯帮助牛顿抄写了论文。到1672年2月6日，牛顿终于将其颜色理论的论文寄到

---

① ［美］理查德·韦斯特福尔：《牛顿传》，中国对外翻译出版公司1999年版，第87页。

伦敦。正是受反射式望远镜获得成功的鼓舞,牛顿公开了他的光学研究成果。

从 1664 年开列问题表开始,牛顿在封闭的小天地里为探索科学真理默默奋斗了 8 年。8 年来,他夜以继日,废寝忘食,承受了多少孤独寂寞,经历过多少失败和挫折,忍受了多少不解和嘲笑,也独享过取得突破的喜悦。终于,辛勤的耕耘换来了丰收的果实。

牛顿的论文寄出后,立即收到了奥尔登伯格的回信。信中充满溢美之词,并告诉牛顿论文已在皇家学会宣读,"受到特别的关注和非同寻常的欢迎"。还说如果牛顿同意,学会将立即在《哲学学报》上发表该论文。牛顿看到回信后也兴奋异常,欣慰之余又有些紧张:

我原来认为能成为这样一个声誉卓著的团体的成员为一大荣幸,而现在更觉得获益匪浅。请相信我,先生,我不仅认为与他们共同努力促进真正的知识是我的责任,而且是一种崇高的特权,这样,我就不用将论文交给充满偏见而又吹毛求疵的人(因为这意味着许多真理的受损与丧失),而是可以自由地将自己交给这样一个明智与公正的群体。

牛顿同意发表论文,但也有点犹豫。这恰恰是他谨小慎微甚至有点神经质的性格的写照。

这篇论文于 1672 年 2 月 19 日在《哲学学报》上发表,随后一期还发表了对反射望远镜的介绍。奥尔登伯格用通信方式把这两项成就介绍给欧洲的自然哲学家,很快产生了轰动。

牛顿的望远镜吸引了当时各地的著名天文学家,包括巴黎的卡西尼、奥祖、德尼,但泽的赫维留。奥尔登伯格特意把牛顿关于颜色的论文寄给惠更斯。当时公认的欧洲科学界领袖惠更斯回信说:"新理论……在我看来很有独到性。"惠更斯对牛顿的理论是有保留意见的。但在 4 月份,牛顿还是收到了惠更斯仅仅表示赞扬的信。年轻的、后来成为第一位皇家天文学家的弗拉姆斯蒂德也对论文发表了评论,尽管他并没完全看懂它。当时住在巴黎、默默无闻的年轻德国学者莱布尼茨(德,Gottfried Wilhelm Leibniz,1646—1716)也表明理解这篇论文,斯拉斯要求将该文译成法文以便他阅读。汤利认为这篇论文"颇令人赞赏",催促学会尽快译成拉丁文发表。望远镜和颜色理论的论文,使牛顿博得惠更斯和波义耳的青睐,他们向牛顿赠送了书籍。

光学上的这两项成就使牛顿从默默无闻中脱颖而出,堂堂正正地站到了世界优秀的自然哲学家行列中。此时,牛顿正值而立之年。此时,他羽翼已丰,鹰视苍穹,准备飞跃到更高的巅峰。他那非凡的聪明才智,犹如冉冉升起的太阳,即将把更加灿烂的光芒射向整个世界。

第四章
光与颜色的交响

　　牛顿是 17 世纪光学的集大成者。光学上的发现和发明是牛顿科学成就的一个重要组成部分,也是他最早成名的主要原因。他在光学方面具有开创性的贡献主要是:1668 年制成了第一架反射望远镜,他因此被选为英国皇家学会的会员。牛顿成功地进行了光的色散研究,发现了太阳光谱,提出了关于光的颜色的理论,发现了牛顿环现象。牛顿还是光微粒说的提出者,在光的衍射和双折射方面也有重要建树。牛顿对光和颜色的研究,好像是一首动人心弦的交响乐。

1．发现太阳光谱

早在 1664 年中期,牛顿还是剑桥大学三一学院的一名学生时,就已在笔记中记述了他进行光学研究的过程。牛顿是从做三棱镜实验开始研究光学的。从他的一篇名为《颜色问题》的文章可以推断,波义耳的《接触色的实验和思考》和笛卡尔的《屈光学》对他可能产生了较大的启发和影响。他在文中这样写道:"如果用两个三棱镜,把一个映出的蓝色放在另一个映出的红色上,并不产生白色。""从这个实验显示出,产生蓝色的光线比产生红色的光线折射的更多:如果线 abc 的一半是蓝色,另一半为红色,一个阴影或黑体置于其后,于是通过三棱镜看到线的一半将显得高于另一半,二者不在一直线上,因为两个不同的颜色有着不相等的折射。"(参见下图)

他还指出,"按照光反射的多少颜色,排列顺序是白、红、黄、蓝、紫红、绿、黑","阳光通过彩色纸或玻璃,也像不同颜色的混合物一样,展示出这样的颜色:黄和蓝变成红,黄和红变成橙,紫红和红变成深红,红和绿变成黄褐,红和蓝变成紫红……由两个三棱镜产生的颜色的混合可以实验出任何种的颜色"。同时,他还做了许多有关视觉的实验。这些情况说明他在当时已经发现白色不是由蓝色和红色组成的,并且基本上找到了日光谱和颜色按折射率大小排列的顺序,以及可使任意两种颜色合成第三种中间的颜色。这为他在 1665－1666 年间最终发现日光谱奠定了实验基础。

他在 1665－1666 年写的手稿 ULC.ADD.3975,Folios7 和 15 中,都画出了日光穿过墙壁上的小孔展示在墙壁上的光谱图形(参见下图)。

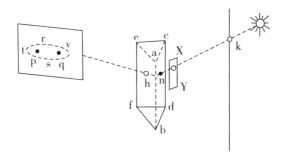

他在 UlC.aDD.3975 中写道:"取一三棱镜(其角 fba 约为 60°)放在一黑屋中,阳光仅通过一小圆孔照入,以光线进出的 h 和 n 点等折射的方法将三棱镜放在靠近小孔处,使光线投射在对面的墙上。"在 Jolio15 中写道:"如果进入黑屋的阳光通过小孔 k 很倾斜地落地器皿的玻璃侧面上,在其出口的光线将颜色涂在它们投放的纸 EF 上(蓝色和红色光线被第一次折射所分开)。"可见,牛顿发现日光谱确实是在 1665－1666 年间完成的。他在 1672 年 2 月 6 日给奥尔登伯格的信中这样写道:

　　……在 1666 年初(那时我自磨非球面的光学玻璃),我取一个玻璃的三棱镜,用以试验闻名的彩色现象。为此,将我的房间搞暗并在百叶窗上搞一个小孔,以使适量的阳光进来,我把我的三棱镜放在光线入口处,光线因之折射到对面的墙壁上,起初这是一种颇令人愉快的事,看到由此产生的生动而明显的彩色,过一会之后我仔细地对它们进行思考,对看到它们呈一椭圆形感到惊讶,因为按照我接受的折射定律,原来希望它们应当是圆形的![1]

按照牛顿的叙述,这时他已完成了发现太阳光谱的工作,与他在 1664 年看到的五色光谱(红、黄、绿、蓝和紫)相比,这次看到的是七色光谱:红、黄、绿、蓝紫、紫红同橙和青在一起,并夹有不明显的中间程度的颜色。

牛顿经过实验和用原子论观点分析后,提出各种颜色是由不同折射率的光形成的,这与前人的颜色理论显然不尽相同。在此之前,笛卡尔认为颜色是由不同旋转速度的小球产生的;波义耳则坚持是由于眼球对光的修改

---

　　① 　H.W.Turnbull,The Correspondence of Isaac Newton,Vol.1,Cambridge,(1959),P.92.

才使视觉感到颜色;胡克认为是光脉冲的强弱程度不同产生的,牛顿的老师——巴罗则提出颜色是由放出的光的稀疏程度不同形成的。巴罗的看法是:白色是释放充足的和各向同样清楚的光,黑色是根本未放出光,红色是放出比通常更清楚的却被阴影隔断的光,蓝色是释放稀疏的光。1668 年,牛顿帮助巴罗修改他的光学讲稿时,认为他对颜色的性质和来源的看法是错误的和非科学的。

牛顿在任卢卡斯教授后选择光学作为他就职的系列讲座,在 1670－1672 年系统讲授了折射光、光和颜色的新理论及太阳光谱。他于 1672 年 2 月 8 日在皇家学会宣读的《关于光和颜色的理论》论文中,介绍了用两个三棱镜向后折射再映到墙上的这个试验。在论文中牛顿提出颜色分两类,即简单色或原色和复合色,"原色和基色是红、黄、绿、蓝和紫－紫红同橙和青在一起,并有不明显的中间程度的颜色"。该论文于 19 日发表在《哲学学报》上。至此,牛顿发现太阳光谱才被皇家学会及学术界所了解。牛顿在 1675 年 12 月 7 日给奥尔登伯格的信中,明确将颜色分为红、橙、黄、绿、蓝、青和深紫。

2. 制成反射望远镜

制成反射望远镜,是牛顿早期光学研究中第一个公之于世的科学成果。

牛顿在家乡躲避鼠疫期间,在研究颜色问题的实验过程中,对改进望远镜发生了兴趣。虽然制造眼镜的技术始于 13 世纪后期,但是望远镜的应用却迟至 17 世纪中叶。望远镜的形式大体有两种:用透镜成像的称为折射式望远镜,用反射镜成像的称为反射式望远镜。与折射式相比,反射式望远镜具有诸多优点,如对所有波长成像位置是一样的;以及由于只用反射镜的前表面,因此可用于制造反射镜的材料种类众多且其尺寸可以做得很大。在牛顿之前,只有折射望远镜,当时已经用它观测到土星的形状,但是它的明显缺陷是出现球面像差,成像模糊不清。因为折射望远镜的原理是:物体所反射的光线经过透镜(物镜)成像,这个像被第二个小透镜(目镜)放大,人的眼睛便在目镜后面窥视到物体。球面像差出现的原因是,当物线透过曲面镜后发生了折射,因而成的像,不像平面镜那样清晰逼真。牛顿试图改进透镜的球面形式以求得到清晰的像。但在改进研制过程中,他发现折射望远镜不仅有球面像差,而且还有色差,即在成像周围呈有颜色的花纹,干扰清晰度。伽利略和早期的天文学家用这种望远镜观测天象,很费力,据说伽利略晚年失明就与此有关系。伽利略、开普勒和笛卡尔都曾设法消除透镜成像的这两个缺点,但均未获成功。牛顿在乡间通过对日光分解的研究,认为色差的原因在于光线的折射,折射总是伴随着色散。他后来在《光学》一书中指出:"通过折射体,由于杂色光而看到混乱的物像是起因于几种光线的不同的可折射度。"①因此,在他看来,消除透镜的色差似乎是不可能的。他相当固执地坚持自己的见解。后来的实验表明,他的这个一般推论是错误的。假如用的是完全相同的玻璃,牛顿的看法才是正确的。现代镜头利用不同类型的玻璃恰当地组合起来,是可以消除因折射产生的像差的。牛顿对化学感兴趣,却没有想到棱镜折射时玻璃品种会起作用。这样他就失去了制成消色差透镜的可能性。

当时牛顿一方面认为透镜的色差不可能消除,另一方面想到,如果提高折射望远镜的放大倍数,就要把它造得很大,那样就会操作很不方便。于是他另辟蹊径,转向反射望远镜的研究,他决心根据光的反射原理制造出新的望远镜。

牛顿并不是具有这种想法的第一个人。当时对反射望远镜的研究,是个相当受重视的科研课题,许多人都曾进行过探讨,但是都未制造出来或者没有动手制造。只有牛顿不仅画出了自己的设计图,而且克服种种困难,亲手制造出了这种望远镜。关键是他采用一个金属制的凹面镜来代替玻璃物镜,这样既可以增大物镜的直径,又可以避免像差。这个金属凹面镜所用的材料,是牛顿自己用铜、锡和砷混合制成的合金。牛顿做的大量化学试验都与他研究金属凹面镜的材料有关。

仪器是粗糙的,但牛顿的设计思想是新颖的。他在望远镜筒旁开了个

---

① 转引自缪克成:《近代四大物理学家》,华东师范大学出版社 1986 年版,108 页。

小孔,并且在镜筒内焦面处装一个平面镜,与镜筒轴心成45°角,从而把影像反射出来,观察者利用望远镜旁边的目镜作观测。牛顿对反射望远镜的研究是很有意义的。现在观测遥远天体所用的天文望远镜,多为反射式的,最大的反射望远镜直径可达5米以上,不过比牛顿当时制的反射望远镜,已经做了重大的改进。

牛顿约在1668年制成了第一架反射望远镜的模型,全长152厘米(6英寸),直径2.5厘米,观测放大倍数为40倍,与当时长达2米的折射望远镜相同。因为没有色差,比折射式的清晰。用它观看夜空,看到了木星和它的4个卫星以及金星的盈亏现象和月面山谷,没有颜色条纹的干扰,影像清晰明亮。

从1669年至1670年,牛顿一直致力于改进他的望远镜。1671年,他的第一架望远镜不见了,便又制作了第二台。这一台望远镜的口径是2英寸,焦距9英寸。这台望远镜使牛顿在全欧洲享有盛名,今天仍然是皇家学会最珍贵的收藏品之一。当时,这台望远镜送到皇家学会检验。1671年秋季,又送到国王那儿,也得到了国王的赞扬,查理二世和一些官员都曾应用牛顿制作的望远镜窥视天象。由于这项发明,牛顿于1672年1月11日被选为英国皇家学会的会员,顿时成了当时英国最有名望的学者。当时他还不满30岁,这是他漫长的科学研究历程中迈出的坚实有力的第一步。从此,牛顿和英国科学界的领导机构有了联系,与正在兴旺发达的实验科学更紧密地联系起来。他作为科学研究家和著作家,终生都与皇家学会有着密切的联系。他作为一名有才华的新秀,为皇家学会注入了新的血液,后来他作为皇家学会的会长,长期领导着皇家学会。

3. 颜色理论引起的风波

牛顿在他的《光学讲义》的第 Ⅱ 部分《颜色的起源》中写道:

"但是,至今为止我的思想更清楚了:第一,我发现不同的颜色与不同折射的光线相对应,紫红或紫色与最大折射的光线相对应,红色对应于最小折射的光线,绿色或毋宁说是绿边和绿蓝(greenish blue)与中间色相对应,然而,蓝色落在紫红与绿色之间,黄色在绿色和红色之间。因此,光线是越来越折射的,产生这些颜色可依次排列成:红、黄、绿、蓝和紫色,与所有和它们次第相连的及中间颜色在一起。"①接着,他提出命题Ⅰ:不同的颜色与不同折射的光线相对应。这段话讲于1670年1月②,这是第一次将他发现的太阳光谱公之于众。稍后几个月,牛顿又在《光学讲义》的第Ⅱ部分的第三讲中,首次公开提到"折射率"(refrangibility)一词及其与颜色的关系,他写道:

"……例如,从已经指出的不同颜色与折射率的一定程度相对应来看,不仅是明显的,而且也可以又存在不同折射所证明。反之,……我在第一讲讲授了了解颜色的原因有关的不等折射率问题的目的是要搞得更加清楚。所以,很明显,不与别人相谈,人们就不能清楚地讨论。"③

牛顿发明反射望远镜,是以新的更深刻的光学原理为基础的。牛顿被选入皇家学会后写的致谢信中说,他将献给会员们一篇在他看来是比反射望远镜更有价值的论文。他在1672年1月18日的信里所说的重大发现,就是关于光和色散现象的发现和对颜色的理论研究。这篇论文于1672年2月6日寄给皇家学会秘书奥尔登伯格,宣读后2月19日在皇家学会的正式刊物《哲学学报》上刊登,题目是《关于光和颜色的新理论》,内容是叙述他在家乡躲避鼠疫期间所做的光学实验,即用棱镜将一束日光分解为七种单色光,他发现白光由从红到紫的多种单色光混合组成,每种光都有不同程度的折射"能力",并叙述了他由此找到了折射望远镜产生缺陷的原因,从而使他制造反射望远镜得以成功。

1665年,年仅23岁的牛顿就已开始研究光学,这先于他在《自然哲学之数学原理》一书中所叙述的在力学方面的工作。他不是靠无根据的假说,而是根据大量的实验。在乡间作的光色散实验,长期未对别人公开,返回剑桥

---

① [英]I.Newton,The Optical Papers of Newton,Vol.1,edited by A.E.Shapridge,(1984),P.453.

② [英]I.Newton,The Optical Papers of Newton,Vol.1,edited by A.E.Shapridge,(1984),P.16.

③ [英]I.Newton,The Optical Papers of Newton,Vol.1,edited by A.E.Shapridge,(1984),P.103.

后继续深入研究,最后终于引导到这样一个判决性的实验。牛顿写道:"我用两块木板,将其中一块放在窗口处紧贴那棱镜的后面,使光能通过板上特制的一个小孔而射在另一块木板上,这后一块板放在 12 英尺远的地方,板上也有一个小孔,可让入射进来的一些光通过。然后,我在这第二块木板后面放上第二个棱镜,使穿过两板的光也能通过它而在到达墙壁之前再被折射一次(参见下图)。这样安排好后,我把第一个棱镜拿在手里,缓慢地绕着它的轴来回转动,转动范围之大足以使投射在第二块板上的像的不同部分能相继穿过这块板上的小孔,而我可以观察到第二个棱镜把它们折射到墙上的哪些位置上。"结果牛顿发现,在第一个棱镜上被折射得最厉害的是蓝光,在第二个棱镜上也受到最大的折射,红光在这两个棱镜上都被折射得最少。这样就弄清楚了那个像之所以会变长的真正原因。牛顿写道:"这原因不是别的,正是由于光不是同类的或均匀的,而是由不同类型的光线组成的,其中的一些比另一些更能被折射",或者说,"不过是由于光是由折射率不同的光线组成所致,这些光线无论其入射方向有何不同,都是按照他们折射率的大小而被传送到墙的不同部分上去的"。就是这一实验,牛顿后来称之为"关键实验"。[1]

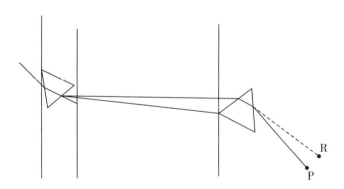

紧接着,牛顿又做了另一个实验,用一块大的透镜把经过棱镜折射后的整个光谱收集起来,发现它们会重新聚成白光。他发现,如果他在聚焦前截断正在聚汇的光线,得到的是一个延长的光谱,但尺寸变小。聚焦时,光谱消失成一个白色斑点。在聚焦点的远边,光谱重新出现,尺寸大小相反(参

---

① [美]H.S.塞耶,《牛顿自然哲学著作选》,上海人民出版社 1974 年版,第 84—85 页。

见下图）。超过透镜之外,未对光线进行任何处理。光谱聚入焦点时,各种颜色聚成白色;超出焦点后,当光线恢复原貌,由于它们重新分开,颜色重新出现。意识到视网膜上的印象大约持续一秒钟,牛顿进一步想到:产生白色感觉的多色混合物中的所有成分不一定会同时出现。他在透镜外方安上一个轮子,使其沉重的轮辐截断汇聚光谱的单个颜色。将轮子缓缓转动,聚焦点上依次出现颜色;转动得足够快时,眼睛再也无法区分依次出现的颜色,白色再次出现。这样,牛顿就通过实验完成了一个完整的科学认识过程,即把白光分解为不可再分解的单色光,又从这些单色光组成白光。

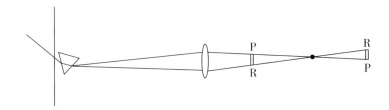

牛顿在接受巴罗教授的职务后,承担了每年写一份讲义的任务。他把对光学的研究作为第一份讲义的选题。3 年后,他把讲义中有关上述实验、观察过程及结论的内容,都写入上交皇家学会的光学论文中。

在论文中,牛顿根据大量的反复的实验提出了重要的颜色理论,他写道:"白色是光的通常颜色,因为光线是从发光体的各部分杂乱地发射出来的,而光本身是由带有各种颜色的这些光线所形成的一个混乱的集合体。""如果各组成部分相互间有一定的比例,那么从这样一种混乱的集合中就会产生出白色;但是,如果有一种成分特别占着优势,那么光必定倾向于显现这种成分的颜色,例如硫黄火的蓝色,蜡烛火的黄色,以及恒星的各种不同的颜色。"[1]他进一步指出:"颜色不像一般所认为的那样是从自然物体的折射或反射中导出的光的性能,而是一种原始的、天生的、在不同的光线中不同的性质。"[2]因此,有两类颜色,一类是原始的、单纯的,另一类是由这些原始的颜色组成的。原始的或本原的颜色为红、黄、绿、蓝和紫绀。橙黄和靛青等只是一大堆不确定的中间层颜色。一切自然物体的颜色只是由于它们

① [美]H.S.塞耶,《牛顿自然哲学著作选》,上海人民出版社 1974 年版,第 91 页。
② [美]H.S.塞耶,《牛顿自然哲学著作选》,上海人民出版社 1974 年版,第 88 页。

对某一种光谱色的光反射得更多些。

牛顿的这篇论文还指出了光的折射率与颜色的严格的对应性,最易折射的光是紫色,折射最少的光显现为红色。每一种颜色有一定程度的折射率,"对于同一大小的折射程度总是只有同样一种颜色;而对于同一种颜色也总是只有同一大小的折射程度"。

牛顿关于颜色的理论,特别是白色光中包含了颜色光的观点,不同颜色的光线具有不同的折射本领的观点,是光学中的重要突破。它的重要应用就是关于彩虹的理论,牛顿应用颜色理论解释了下落的雨滴为什么会出现彩虹的现象。他指出,彩虹是由于太阳发出的白光照射到云中或下落的微小水滴上,在进入水滴时被折射;它经过一次内反射和第二次反射后从水滴中出来,结果不同颜色的光线在离开水滴后就被散开成扇形。于是,地面上的观察者如果是背向太阳,就会看到在天空中的不同地方显现出不同的颜色。这时,我们所看到的实际上是被云中或落下的微小水滴所反射的阳光。

关于颜色的理论的这篇论文,是牛顿公开发表的第一篇论文,它深刻地改变了人们对于光和颜色的认识的传统观念。在那个时代,一般的人都认为白色阳光通过古老教堂的门窗上美丽的彩色玻璃,之所以变得五颜六色,就好像是白色的衣服放入不同染料的溶液里被染上了颜色一般。牛顿的实验研究告诉人们,白色的阳光是从红到紫多种单色光混合而成的。现在我们知道,人眼的视网膜中有三种感色神经细胞,分别对红光、绿光和蓝光有反应。当所有的谱色都按照它们在太阳光中那样的比例出现时,我们就可得到"平常的"或者所谓"白色的"光感觉。只有一部分谱色出现时,我们就可以得到不同颜色的感觉。人的视觉器官的这种感觉能力和特点,是在阳光照射的地球上,经过千百万年的进而发展起来的。

尽管牛顿关于颜色的理论在科学史上具有革命性的意义,尽管牛顿兴高采烈地向皇家学会介绍了他的科学发现,但是得到的反响却很不相同。

皇家学会认为牛顿的这篇论文在科学上具有突破性的重要内容,便立即组织了一个委员会审查这篇论文,以确定这项工作的价值。绝大多数委员都称赞牛顿的这项工作,但胡克(英,Robert Hooke,1635－1703)却抱怀疑的态度。

胡克比牛顿年长 7 岁,是英国的物理学家、天文学家,又以大发明家著称。他有不少的发明,如空气温度计、雨量器、螺旋弹簧,改进了望远镜、显微镜、钟表等等,他还根据弹簧试验提出了胡克定律,为材料力学和弹性力学奠定了基础。胡克是知识渊博、多才多艺的能人,又是机敏的实验家。他兴趣广泛,想法太多,但是难以逐个地深入进行研究,再加上身体不佳,易于激动,性格又十分骄傲。对于别人的成就,凡是他不了解的,就表示怀疑;凡与他的思想相符合的,就认为是由他早已发现出来了。看到年轻的牛顿向皇家学会提交了出色的论文,便激起嫉妒之心。他认为牛顿的光学理论是和他对立的。除了个别地方,胡克除了指出了牛顿的个别缺点外,总是对牛顿的成就长期抱有成见,进行无端的指责,二人结下了很深的成见。起初,谈到牛顿的反射望远镜,胡克说他自己在1664年就制成了,那是一个只有一英寸长的窥管,效能超过50英尺长的望远镜。只是由于忙于别的事务,他未能去改进这个袖珍望远镜。胡克甚至说他怀疑伦敦的磨镜片匠"偷去了"他的秘密。一年以后,牛顿发表了光学论文,胡克虽然赞扬牛顿的实验是奇妙的,但不同意牛顿的结论,并且教训说,这位青年应当专心致力于制造望远镜,而把更为重要的关于光的理论研究工作让给年长者去做。后来,胡克索性说牛顿的某些可取的思想是由他本人早已想到了,是由他首创的。

胡克根本不同意牛顿光学理论中白色光之中包含了颜色光的观点。他说:

"所有这些运动或者组成颜色的任何东西,都是起源于简单的光线之中。这点为什么必须加以肯定,我不了解,就像我不理解我们听到的风琴管发出的声音就一定是风箱里的空气发出来一样。"

胡克认为光是一种介质的运动,颜色是其运动受干扰后产生的不同脉冲。虽然他尚未发现日光谱,却可根据他所看到的日光折射后出现的彩色断定,日光谱是六色而不是七色。红色和蓝色是两种非复合色,即两种基色。另外四种颜色只可能是红和蓝的复合色。

牛顿对胡克的批评果断地采取了否定的态度,立即做了反驳:

"如果允许一个人只是从假说的可能性来猜测事物的真相,那我就不知道,应该用哪一种可靠性在哪一种科学中可以规定哪些东西。因为人们可以想出越来越多的假说,并由此带来新的困难。"

牛顿坚持自己的见解,并且"虽经受严格的审查也绝不会怀疑",最终"将会发现我所主张的看法如同一件确凿的事实一样"。他认为胡克对他的反驳是没有任何理由的赤裸裸的否定,可能是由于误解造成的。

开始时,牛顿还能采取克制态度,对胡克比较客气,自己继续做实验研究。后来,牛顿被胡克的无端指责所激怒,便针锋相对地进行笔战,对胡克的反驳意见一一驳斥。他在一次答辩中写道:"胡克先生指责我,是要我放弃用折射的道理来改进光学的思想。他一定知道一个人来规定另一个人的研究和学习是不适宜的,特别是另一个人对他正在研究的问题的基础有着充分的了解时。"①

除胡克之外,牛顿还受到其他一些人的抨击。例如,牛顿说一束白色经过棱镜折射以后,扩散了 5 倍。有位比利时人重复了牛顿的实验,发现实际上只扩散了 3.5 倍。双方各执己见争执不下,但谁都没有发现,他们的实验结果之所以不同,是因为他们所用棱镜的玻璃原料不同,而使光线的折射结果不同。另外还有一位法国传教士也批评牛顿。但经过几次通信以后,他对牛顿道歉说,是他曲解了牛顿的理论。牛顿很有礼貌地对这位批评者复信说:"我认为研究哲学(这里指科学)最妥当的方法是,认真探讨事物的性质,再用实验方法证实这些性质,才能仔细而慎重地解释现象。"②

与此同时,笛卡尔——惠更斯学派对牛顿的颜色理论进行了批驳。他们反驳的重点是牛顿的七种基色观点。巴黎大学的数学教授 I.G.帕尔第斯(I.G.Pardies)作为第一个反对者对牛顿的七色光谱提出质疑。他指出"光由一种几乎无限多光线的聚合物组成,它们各自保持其折射性质和颜色,并且混合在一起而产生白色,是很离奇的。这一离奇的假设推翻了屈光学的基础"。他认为所有颜色的光线混合后产生白光的说法与所有的现象不符。惠更斯在给奥尔登伯格的 7 封信中,都谈到了牛顿的颜色理论:

"我已经看到,牛顿先生竭力维护他的关于颜色的新理论,我想最重要的反驳就是用是否有两种以上的颜色这个问题来反驳他。至于我,我相信一个假设应该能机械地和用运动的性质解释黄色和蓝色,对于其余的一切这就足够了。""至于白色由所有颜色一起组成,可能是这样的,黄色和蓝色对于组成白色也可以是足够的……只是黄色和蓝色的不同程度和加的多少的问题!"③

① [美]戴·斯·克内特著:《牛顿传》,张国粹、潘勋照译,安徽科学技术出版社 1984 年版,第56 页。

② 李珩:《近代物理奠基人牛顿》,上海科学技术出版社 1984 年版,第 25 页。

③ [美]I. B. Cohen, Isaac Newtom's Papers and Letters on Natural Philosophy, Cambridge, (1958),PP.136—137.

显然,惠更斯认为只有黄色和蓝色才是基本颜色,这与牛顿及胡克的观点均不相同。牛顿在《哲学学报》上对此给予了否定的答复,他写道:

"……我相信一切颜色实际上不能由黄色和蓝色得出来,因此那些假设并没有它们本来可表示的基础。""并且,如果他能用实验向我指出它们可以怎样得出来,我将承认我自己犯了一个错误。"①

惠更斯没有充足的理由说服和驳倒牛顿,尽管仍坚持自己的观点不变,但保持了长者风度,表示"他这样关切地维护他的意见,我就不去争论了"。

最令人恼火的是,不学无术的比利时人莱纳斯也来无端地攻击他。牛顿憎恶这种无聊的争论,而最使他痛心的是有人竟指责他剽窃了别人的成果。这使他受到了严重的打击和伤害。1676 年,在沉重的苦闷和烦恼的袭击下,牛顿气愤地写信给奥尔登伯格说:"我明白,我使自己变成了哲学(科学)的奴隶,如果我能摆脱莱纳斯这家伙,我决定向他永远告别。从今以后,除了满足自己的意愿而工作之外,我绝不愿意别人知道我在做什么。如果你一定要发表我的论文,那么等我死后吧。否则,我便会成为维护自己的奴隶。"②牛顿再也不愿意浪费时间和精力去回答那些无聊的批评。他经常对别人说:我有很多东西要学习,没有空闲的时间去和别人争吵呀。在牛顿苦闷的时候,巴罗时常安慰和鼓励他,以前和他同居室的威金斯也非常关心他。他也经常回到老家去散散心,以消除精神上的负担。

4. 发现牛顿环现象

牛顿环现象,是牛顿光学研究中的又一精彩发现。它同光的薄膜实验一起,成为牛顿研究光的干涉现象和提出"突发理论"的根据,在光学史上有

---

① [美]I. B. Cohen, Isaac Newtom's Papers and Letters on Natural Philosophy, Cambridge, (1958), P.143.

② 李珩:《近代物理奠基人牛顿》,上海科学技术出版社 1984 年版,第 26 页。

着重要意义。这个现象就是:把一块凸透镜放在一块平板玻璃上面时,在接触点的周围就形成一组明暗相间的同心圆环。如果照射的光不是单色光,而是复色光(如白光),那么形成的就是彩色的同心圆环,而不是明暗相间的同心圆环。

下面引用牛顿的叙述来说明这个现象的发现。通过牛顿的叙述,我们可以看到他设计思想之精巧,观察和叙述之细微,也可以看到他严谨的治学态度和方法。牛顿写道:

有人曾经观察到,像玻璃、水和空气等等这类透明的物质,尽管在厚时显得是透明无色的,但当它们被吹成泡泡而变得很薄或被制成薄板时,就按厚薄不同而显示不同的颜色了。我(在本书的前面)曾避免讨论这些颜色的问题,因为它们考虑起来似乎比较困难,对于那里所讨论的确立光的性质物体似乎也并不必要。但是,为了完善光的理论,特别是与颜色或透明度有关的那一部分自然界物体的构造问题,它们也许会导致进一步发现;所以我决定在这里说明一下它们。

我取来两块玻璃体,一是 14 英尺望远镜用的平凸透镜,另一是 50 英尺左右望远镜的大型双凸透镜;而在双凸透镜上放上平凸透镜,使其平面一边向下,这时我慢慢把它们压紧,使得圆环的中心陆续现出各种颜色,然后我再把上面的玻璃镜慢慢抬起,使之离开下面的玻璃体……于是这些颜色又在圆环中心相继消失。在压紧玻璃体时,这色环会逐渐变宽,直到新的颜色在其中心现出,而它就成为包在新色环周围的色环。再进一步压紧玻璃体时,这个环的直径会不断增大,而其周边的宽度则减小,直到另一新的颜色在最后一个色环的中心现出;如此继续下去,第三、第四、第五种以及跟着的别种颜色不断在中心现出,并成为包在最内层颜色外面的一组色环,最后一种颜色是黑点。反之,若是抬起上面的玻璃镜使其离开下面的透镜,色环的直径就会缩小,其周边宽度则增大,直到其颜色陆续到达中心;后来它们的宽度变得相当大,我就比以前更容易认出和识别它们的色种了。我就用这种办法观察了它们下一步顺序和分量。

在透镜接触点处所形成的透明中心点之后,接着出现的是蓝色、白色、黄色和红色。蓝的量很小,以致我无法在透镜所形成的环中认出它,紫色在环中也不太能识别出来,但黄色和红色都相当丰富,看起来与白色的程度差不多，比蓝色要强四五倍。紧接着包在这些色环外面的色环的颜色次序是紫色、蓝色、绿色、黄色和红色；这些颜色都很清晰鲜明，只是绿色的量很小，似乎比其他颜色显得模糊暗淡得多。在其余四种当中，紫色的量最小，蓝色又小于黄色和红色。第三组环的顺序是紫、蓝、绿、黄和红色；其中紫色似乎比前一组环中的紫色略带些红，绿色就显著得多了，别的颜色也一样鲜明而丰满；例外的是黄色，但红色开始变淡了，更接近紫色。在此之后，是由绿色和红色所组成的第四组色环，其中绿色十分鲜明丰富，一边现蓝色，而另一边现黄色。但在第四组色环里没有紫色，蓝色也没有，黄色和红色很不完全，也不鲜明。以后的各组色环也越来越变得模糊不清了，到三轮以后，它们终于成为一片白色了。①

牛顿进行了如此周密的观察，对他的工作和发现做了如此详尽的定性描述。在此基础上他进一步做了仔细的定量计算，从中找出规律性。他用的是靠在一起的两个三棱镜、两块玻璃和凸透镜与平玻璃、玻璃气泡和肥皂水泡等，他认为后三种产生的彩色光环比前两种清楚。根据他列出的入射角、折射角、空气厚度和色环直径的实验数据表，入射角和折射角越大及空气越厚，则色环的直径越大。他还列出各周期色环序列与薄膜厚度关系的实验数据表。其中，他将薄膜的材质分为空气、水和玻璃三种，并说明色环的周期是随薄膜厚度产生质的变化，而同一周期内的色环序列（同日光谱的）因薄膜厚度增加而由紫向红递次量变。对于同一周期的同一种彩色光环来说，空气的最宽，水的次之，最窄的是玻璃的。他发现，亮环的半径的平方是一个由奇数所构成的算术级数，即 $1,3,5,7,9,11$……暗环的半径的平方是由一个偶数所构成的算术级数，即 $2,4,6,8,10,12$……利用这个结论，在知道了凸透镜的半径以后，牛顿便算出了暗环和亮环出现的地点和空气层厚度。

牛顿环的发现，是光具有波动性的最好证明之一。因为它实际上是揭示了光波的一种干涉现象，即由于光波的叠加，而在迭加区域内形成空间各点强度的固定加强和减弱的现象。然而由于牛顿主张光的微粒说，反对光的波动说，认为光是一束通过空间高速前进的粒子流，因而提出一种古怪的

---

① ［美］乔治·伽莫夫：《物理学发展史》，商务印书馆 1981 年版，第 75—76 页。

理论加以解释,说光不是连续发射出来的粒子流通渠道,而是一种阵发式的簇射,即是一阵容易反射一阵容易透射的所谓"猝发",这些运动微粒在周围的以太介质中激起一种振动,这种振动有时使光粒子被加速,有时使之减速,所以光粒子到达介质界面时,有粒子被反射,有的微粒被折射,被折射的粒子由于受到界面的引力而在较密介质中速度加快。同理,当光线穿过形成牛顿环的两块玻璃之间的空气夹层时,由于它通过的距离不同,有的粒子被加速,有的粒子被减速,因而形成明暗相同的圆环。牛顿当时不可能也不愿意采用波动这一概念,但是他已经注意到了光现象的周期性。牛顿通过薄膜光环的深入研究,提出"猝发"概念,并精确地测出突发间隔即半波长的数值,对波动光学理论的建立和波长的测定做出了重要的贡献。

此外,牛顿还研究了光的衍射现象。这种现象最初是由意大利物理学家格里马蒂于 1655 年首先发现的。他发现了极狭窄的光束,平常虽然走直线,但是遇到障碍物时,就沿着障碍物的边缘而弯曲,所以物影比其由计算得出的几何影子更宽,形成有颜色的边缘。格里马蒂把这种现象称为"衍射"。牛顿对衍射现象做了 11 次实验观察,他用头发、线、针、稻草等细长物体,将它们放在经过小孔的光线照射处,发现影子宽度远远超过它应有的数值,如放在 10 英尺之外的头发,其影子宽度竟放大 35 倍!牛顿重复并扩充了衍射实验,第一次证明了白光可以衍射成各种颜色的光,这样就获得了白光分解的又一方法。

牛顿也研究了光通过冰洲石晶体时所产生的双折射现象,研究了后来所说的偏振光原理。但是,他又误认为这是反对光的波动说的一个证据。

5. 关于光的本性

在研究光的各种现象的基础上,人们进而思考光的本性究竟是什么?对这个问题有不同的看法,因而形成不同的学派,但总的说来不外乎是微粒说和波动说两种。这两种说法作为近代的光组成理论相互对立,对后来光学和辐射的研究产生了重要影响。牛顿是近代光的微粒说的提出者,而胡克—惠更斯主张光的波动说。笛卡尔的观点介于二者之间,所以有人说他是波动说,有人说他是微粒说。他在牛顿之前就提出了光是微粒的解释。他根据光的直线传播的性质,提出光是微粒流的看法,他说:"光线是否是发光物质发射出来的很小的物体?因为这样一些物体能直线穿过均匀媒质而不会弯到影子区域里去,这正是光线的本性。"牛顿对于光的看法在某些方面与笛卡尔的观点相一致,但是他的微粒说比笛卡尔的观点更丰富、更具体。他认为,光是从光源向各个方向发射出来的小物体,但它不是一种连续发射出来的微粒流,而是一种阵发式的簇射。牛顿主张光的微粒说有两方面的原因,一是他从科学生涯一开始就基本上接受了原子论的观点,另一方面是他的有关光学实验能够证明这种说法是合理的。在他的三一学院笔记关于《空气问题》一节中,曾说过"空气的部分是否比光的那些部分更小",他认为空气由"子物体"即粒子组成,则光也是由粒子组成。这些微粒从光源飞出来,在真空和均匀媒质内由于惯性而做匀速直线运动。他以此观点较好地解释了光的反射和折射现象。

但是,牛顿的光学理论绝不是简单的微粒说,他不是根本不承认光的波动性。他在采用了微粒说的同时,仍保留着波动说的一些观点,并试图把二者统一起来。他在谈到光可能有微粒结构时,同时又认为以太振动的概念是必要的。例如他说:"如果我们假设,光束是由发光物体向四面八方抛出的许多小微粒所组成,则这些微粒投射到折射和反射的表面上,就像往水里投石头一样,同样不可避免地在以太中激起振动。"甚至认为"光的反射和折射是由种种以太造成的",这成为70年代中后期向以太说妥协(比如说反射和折射是光射到物体表面时引起以太的变动)的根源。他还说:"不同宽度的不同振动是否会产生不同种类的光,从振动宽度上看,这些振动激起不同颜色的光,几乎就像空气振动时因其宽度不同而引起不同的声音感觉。"这里所说的振动的不同宽度实际上就是波长。可见牛顿并未把微粒说和波动说绝对化。而牛顿的一些拥护者们在18世纪里并没有理解牛顿的深刻思想,把微粒说绝对化在相当长历史时期内阻碍了波动说的发展。

胡克对牛顿的批评基本上表现在三个方面:微粒说、日光谱和基色理论。关于光的本质,胡克在1665年发表的《显微学》中就提出过光的波动说,在 1672 年 2 月 6 日给奥尔登伯格的信中再次申明"我至今所做的实验不但如此,而且甚至他肯定的那些同样的实验,对我来说似乎证明光只能是通过匀质的、均匀的和透明介质传播的一种脉冲或运动"。在 2 月 15 日给奥尔登伯格的信中,胡克批评牛顿的第一篇光学论文中的说法,他写道:

"我不知道我曾说过这一切是把他的理论作为一个假设加以反对的,因为我在各方面同意他,把它看成精巧的和能解决一切颜色现象。但是,我不能认为它是唯一的假设,也不能这样肯定地认定它是数学论证。但是,要承认他的第一个命题:光是一个物体,会有这样多的颜色或等级,会有这样多种物体,全混合在一起成为白色,并进一步承认一切发光体是由这些凝聚物质混合而成,以及当它们照耀时会连续地在周围各方向发出一种无限数量的光,在一瞬间分散到最遥远的和最无限的宇宙边界,要承认这一切我必须指出,证明他的严格理论的其余部分将不会有什么困难。可是,我想宇宙间所有颜色的物体混合起来将不会成为一个白色物体,并且我将高兴地看到这样的一种实验。"[①]

胡克的这段话明确而尖锐地批评了牛顿的光微粒说,牛顿在给奥尔登伯格的信中对此给予了反驳。在回答胡克的指责时,牛顿写道:

"确实,根据我的理论,我主张光的粒子性,但是我这样做并非绝对确信,因为这话或许太直截了当了,并且最多只是使它成为这个学说的貌似有理的结果,并不是一个基本假设,也不像基本假设的哪个部分,这在前面的命题中是可以完全了解的。"[②]

牛顿驳斥了说他已得出光的本性的有关"假设"的一些论点。他坚持自己所提出的不是"一个假设",只是"光的若干性质",并且这些性质易于证明。而且如果他认为它们不真实,他"宁愿把它们作为徒劳无益的思索抛弃掉,而不愿只是作为一种假设来承认。"

牛顿并没有说光一定是一种物体,但却主张光是由微粒组成的,各种颜色光的微粒混合起来才成为白色。他把光的粒子性看作它的颜色理论推导出的一个可能的结果,而不是一个基本的假设,这就成为他不久向波动说妥

---

① H.W.Turnbull,The Correspondence of Isaac Newton,Vol.1,Cambridge,(1959),PP.113－114.

② H.W.Turnbull,The Correspondence of Isaac Newton,Vol.1,Cambridge,(1959),PP.113－114.

协的伏笔。

大约 1674 年,牛顿在《论空气和以太》一文手稿中,提出以太是空气粒子碰撞并逐次破碎之后产生的极其细微的小粒子构成的,它弥漫于空间和万物孔隙之中,而成为空气精或称之为以太。从此,他向以太说的妥协发生转折。

由于胡克坚持辩论,牛顿不得不声称他特意放弃所有的假设,用普通的词汇来讨论光,对它抽象地思考,只把它当作从发光体出发向各个方向直线传播的某种东西,而不确定那个东西是什么。在 1672 年 6 月 11 日给奥尔登伯格的信中,牛顿说道:

"现在,我将采取胡克先生对我的理论的看法,并且他构成的那个归之我的一个假设并不是我的。"

"假定我提出了这个'假设',我不了解胡克先生为什么这样极力反对它。可以肯定地了解到,它对他自己的假设比他似乎要提醒的有更大的吸引力。在这里以太的振动是有用的,像在他自己的理论中一样,因为假定光的射线是以各种方式从发光物质射出的小物体,当它们投射到任何折射面和反射面上时,似乎要在以太中激起振动,像石头投入水中激起的一样。"①

比牛顿年长 12 岁的荷兰物理学家惠更斯,是 17 世纪波动说的集大成者。他认为,发光体的每一部分都发出一个球面波,这些球面波同步地向四周传播,这些球面波的前端所连成的包络线形成一个大的球面波,就是光的波前。光的传播方向与球面波垂直,因而光是直线传播。在光传播过程中,波前上的每一点,都可以看成是一个新的波或子波的波源。新的波前位置就是这些小子波的包络线,这些子波是从原先波前上所有的点发出的。惠更斯说,光的一切特性以及属于光的反射和折射的一切问题,都能用这种方法从原则上加以说明。但是,惠更斯的波动说是不够完善的,它把光波看成是一种纵波,在解释偏振现象时遇到困难。因为事实上光的传播不是纵波,而是横波。也就是说,介质的振动不是像惠更斯所设想的那样,发生在传播方向上,而是发生在垂直于它的方向上。惠更斯像胡克一样维护波动说,"把牛顿的发现看作计算上的,予以推翻"。

---

① H.W.Turnbull,The Correspondence of Isaac Newton,Vol.1,Cambridge,(1959),PP.113－114.

牛顿主张微粒说,怀疑和反对惠更斯的波动说,但是牛顿并不是顽固地坚持他的微粒说是唯一正确的解释。据说牛顿年迈的时候,有位朋友告诉他说观察到有些天文现象与牛顿的理论有矛盾,牛顿回答说:"这很有可能,事实和实验是不容争辩的。"

以牛顿和惠更斯为代表的微粒说和波动说进行了长期的争论。其争论的焦点之一是对折射现象的解释得出了不同的结论:微粒说认为,光密介质中的光速大于光疏介质中的光速,假如光从空气中进入水中,光速会变快。而波动说认为相反,光密介质中的光速小于光疏介质中的光速,假如光从空气中进入水中,光的传播速度会变慢。这个争论有待于测出在不同介质中的光速,才能判决出谁是谁非。但是由于当时实验条件的限制,虽然用天文观测的方法已经测定了光速,而在实验室内仍无法进行。尽管惠更斯关于光的波动说比牛顿的微粒说有着明显的优点,但是它在长时间内得不到承认,其部分原因是牛顿在同辈人中的威望很高,惠更斯又没有足够的数学严密性来发展他的观点,使它无懈可击,所以牛顿的微粒说占了上风。关于光的本性的问题搁置了一个世纪,直到 1800 年,由于英国物理学家托马斯·杨(Thomas Young,1773—1829)和法国物理学家菲涅尔(A.J.Fresenel,1788—1827)的工作,光的波动说又重新活跃起来,并且占了上风。惠更斯与牛顿的终生争论,终于在他死后,取得了胜利,对波的概念的看法也有很大发展。杨原是一名医生,他主张波动说,作了有名的光干涉实验,根据偏振光现象于 1817 年提出光是横波的观点,纠正了惠更斯以来一直把光看作是和声波一样的纵波这一传统观点。菲涅尔是 19 世纪波动光学的集大成者,他利用杨所提出的光波是横波的思想,解释了光的衍射、干涉和偏振,独立完成了光的干涉实验。他使波动说取得了很大胜利。

对于波动说战胜微粒说有决定意义的是对光速的测定,有许多人采用多种方法测定光速。其中傅科(J.L.Foucault,1819—1896)的测定证明了光在水中的传播速度小于它在空气中和真空中的传播速度,这个结果符合波动说的见解,反驳了微粒说。它决定性地判决了微粒说和波动说的争论。19 世纪 60 年代,英国物理学家麦克斯韦(英,James Clerk Maxwell,1831—1879)的电磁场理论进一步揭示了光的波动性质,他预言光就是电磁波。1888 年,德国物理学家赫兹(德,H.R.Hertz,1857—1894)用实验证实了电磁波的存在及其具有的反射、折射、干涉等性质,证实了麦克斯韦的预言。麦克斯韦的理论揭示了电、磁、光的统一性,实现了人类对自然认识的又一次大的综合,它标志着经典物理学的成熟,是牛顿之后物理学发展的又一个里程碑。

最后,直到 20 世纪初,爱因斯坦提出了光量子理论使人们重新认识了光的粒子性,它把光的粒子性和波动性统一起来。后来,爱因斯坦的光量子论通过密立根、康普顿等人的研究得到了证实。关于光的本性所进行的长达三百年的争论,才告一段落。

6. 重要著作《光学》

牛顿主要有两部伟大的科学巨著,一部是《自然哲学之数学原理》,一部就是《光学》。《光学》于 1704 年出版,副标题是:"关于光的反射、折射、弯曲和颜色的论文",其中大部分内容是在牛顿移居伦敦以前很早就完成了的研究工作,包括在剑桥大学时讲授的光学讲义,其中记述了 1664 年至 1668 年的光学研究工作;1672 年公开发表的《关于光和颜色的新理论》,还有《自然哲学之数学原理》完成以后所写的谈及光学问题的意见和信件等。在 1717 年出版的《光学》第二版中,增加了一些重要的"附录",他在附录里列出了 31 条"疑问"。

《光学》这一科学专著在 1704 年才迟迟出版的原因,主要是因为牛顿与胡克二人之间的成见很深,凡是牛顿提出的论文,特别是在光学方面的,胡克总要非难,而且说他自己早已有过那种想法,这使牛顿非常恼火。为了避免无谓的争端,牛顿决意在胡克在世时不再发表任何论文。1703 年,胡克病逝了。次年,牛顿决定发表他研究了 38 年的科学成果,把 1666 年至 1704 年间的成果汇集成光学巨著,并附上早年写成的一篇论文《曲线论》。牛顿在序言中写道:"为避免对这些论点的无谓争论,我推迟了该书的公开发行,如果没有朋友的敦促,可能还要推迟一些时间。"书中的光学部分是用英文写的,《曲线论》一文是用拉丁文写的。两年后,应牛顿的要求,《光学》又译成拉丁文出版,因为拉丁文是当时学术界通用的文字,而英文在欧洲大陆还很少有人掌握。

《光学》中,牛顿以8个定义和8个公理开始,按逻辑顺序阐述他关于光和颜色的主要发现和理论。全书共分为三编,第一编主要是几何光学,阐述了光的反射、折射、太阳光的组成与反射望远镜。他把光的射线理解为光的最小部分,在同样的线中的相继部分,有几条线中同时出现的部分。文中描述了关于反射以及色散现象的实验。第二编约占《光学》全书的三分之一,主要阐述了光的干涉现象,即牛顿环等实验及其讨论,薄膜颜色、自然物体的颜色与光的性质。在文中,牛顿利用一张诺模图(参见图4-5),总结了他的测量和计算,并且证明了他对环现象的分析与他较早从棱镜实验中得出的结论是一致的,即"白色是所有各种不同颜色的混合,而光是赋有这些颜色的各个射线的混合"。

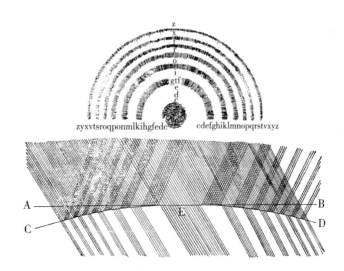

第三编,主要阐述光的衍射、晶体内的双折射。论证了"当多束光线照射在与其有一段距离的某个物体上时,该物体会对这些光束施加作用力"。在书的末尾论述了科学研究方法论,还对光学的一些基本问题提出了31个发人深省的"疑问",并对这些问题进行了广泛的讨论,从中可以看到牛顿在当时对光学问题进行探索和讨论时思考的深度和广泛,它对后来的研究是很有启发性的。例如，在疑问5—11中，牛顿谈到物体内部光的吸收和光转变为热的问题。他写道："物体和光相互间不发生作用吗？物体向四面八方发射光，也能使光反射、折射和弯曲。而光呢？可以使物体变热，并把热振动传给物体的各部分。"他还讨论了视觉和以太的性质，当时许多人认为光是靠以太媒质传播的。19世纪末才弄清了以太并不存在。当时牛顿关于以太也有许多设想，但总的说来对待以太比较谨慎，他说"我不知道，这以太是什么"。在最后一个疑问中，牛顿又重新提出在自然界中发生作用的那些力的本性是什么。他写道："万有引力、磁力和电力能延伸到相当远的距离，因此可以直接用眼睛观察。但是，还可能存在另外一些力，它们只能延伸很短的距离，所以在至今观察中都被疏忽了。可能电引力传播很小的距离并且不用摩擦激励。"当时，人们只认识到摩擦起电，可是牛顿设想到，即使不摩擦，电的吸引力也会在很小的距离内起作用。这是用电的作用来解释微小质点的相互作用的最早尝试。这微小质点就是后来的科学家所说的分子和原子。

在《光学》中，牛顿还总结了他的科学研究方法。在书的一开头，他写道："在书中我的意图不是用假说来解释光的性质，而是用讨论和实验来叙述和证实它们。为此我先讲下列定义和定理。"他又写道："我只打算进一步写出那些我认为是普遍适用的原则。这些叙述，对于非常聪明和有很好理解能力、但对光学缺乏经验的读者，作为入门是足够的了。"可见，他对自然界普遍适用的原则的叙述，是建立在实验的基础之上进行讨论的，而不是单纯地依靠臆想的假说来解释光的性质。13年以后，1717年，在《光学》新版本中，牛顿又补充道："这些原则我不认为带有什么神秘性，而是使万物形成的自然法则。虽然人们还没有发现真理的原因，但真理却在用现象昭示人们。现象是客观的，但是引起现象的原因显得有点神秘。"这些叙述表明，牛顿在他的著作中所论述的不只是光学方面的具体知识，而是写出了普遍适用的自然法则，这些法则的得到，是通过观察客观现象以认识真理。在《光学》的结束语中，牛顿还概述了进行科学研究的普遍方法，即分析和综合的方法。牛顿的光学研究是他成功地应用分析和综合方法的典范。

总之，牛顿是17世纪光学的集大成者。他在大量实验的基础上，做出了新的发现和创造。他的科学巨著《光学》一书，总结了17世纪以前光学的发展，论述了"迄今为止光学中谈论过的一切"，也记述了他自己在光学方面的创造性活动和卓越贡献。该书于 1717 年、1721 年、1730 年连续再版。1931 年第四版重印,这时爱因斯坦为该书写了序言,高度评价了牛顿的科学活动及贡献。爱因斯坦这样写道:

> 幸运啊牛顿,幸福啊科学的童年! 谁要是有闲暇和宁静来读这本书,就会重新生活于伟大的牛顿在他青年时代所经历的那些奇妙的事件当中。对于他,自然界是一本打开的书,一本他读起来毫不费力的书。他用来使经验材料变得有秩序的概念,仿佛是从经验本身,从他那些像摆弄玩具似的而又亲切地加以详尽描述的美丽的实验中,自动地涌溢出来一样。他把实验家、理论家、工匠和——并不是最不重要的——讲解能手兼于一身。他在我们面前显得很坚强,有信心,而又孤独;他的创造的乐趣和细致精密都显现在每一个词句和每一幅图之中。反射,折射,透镜成像,眼睛作用的方式,光的分解为各种颜色以及各种不同颜色的光的再合成,反射望远镜的发明,颜色理论的最初基础,虹霓的初步理论,都历历在目,而最后出现的,是作为下一步理论巨大进展起源的他对于薄膜颜色的观察,这一步要等一百多年以后由于托马斯·杨的到来才得以实现。
>
> 牛顿的时代早已被淡忘了,他那一代人的充满着疑虑的努力和痛苦遭遇已经从我们的视野中消失;很少一些伟大的思想家和艺术家的作品留下来了,这给我们以及我们的后代带来了欢欣和高尚的情操。牛顿的各种发现已进入了公认的知识宝库;尽管如此,他的光学著作的这个新版本,还是应当受到我们怀着衷心感激的心情去欢迎,因为只有这本书,才能使我们有幸看到这位无比人物本人的活动。[1]

---

① 《爱因斯坦文集》第 1 卷,商务印书馆 1983 年版,第 287—288 页。

第五章
天才的智慧之花

在艾萨克·牛顿一生的科学贡献中，数学成就无疑占据着相当突出的地位。人们常常将他与古希腊伟大的智者阿基米德及数学家高斯相提并论，称他们为人类历史上三位划时代的最具才华的数学家。牛顿的数学研究遍及 17 世纪后半叶数学前沿的各个领域，在作曲线的切线、求二次曲线面积、解多元高次方程、发明二项式定理、发明微积分和微分方程等方面，都有重要贡献。事实上，一个人一生中仅仅完成牛顿这些发明中的一项，就足以使他在整个数学史上最伟大的数学家行列中发出独特的光芒，然而牛顿的诸项发明竟只在短短两年之中完成，这实在不能不令人叹服。不仅在数学研究方面有突出贡献，更可贵的是，在科学方法上，牛顿巧妙地将归纳法和演绎法相结合，强调一切从实验和现象出发，并且把实验和数学推理相结合作为治学之道。他的伟大科学成就是在他所处的时代背景下和许多科学巨人的基础上，通过勤奋学习、分析和扬弃，逐渐形成的。

1. 奠定数学基础

17 世纪,是人类数学史上群星灿烂和重大转折的时代,即从常量数学向变量数学转折的时代。笛卡尔和费马(法,P.Fermat,1601－1665)分别创立了解析几何学,使得几何学问题可以转化为代数学问题来解决,并且解析几何还将变量和函数带进了数学;牛顿和莱布尼茨则独立创立了微积分学,为现代纯数学和应用数学奠定了基础。耐普尔(苏格兰,John Napier,1550－1617)发明的对数,其理论意义虽不如前二者重大,但却极大地简化了计算,使数学家们深受其益。此外,还有许多科学家在解析几何与微积分的创立上进行了有益的探索并做出了阶段性贡献。

"如果我比别人看得更远些,那是因为我站在巨人们的肩上。"牛顿的这句至理名言,不仅仅是自谦之语,事实上,正是借助他的前人及同代大师们搭起的学术之梯,牛顿才得以登上数学这座美妙殿堂中更为辉煌的宝座。

博览群书和独立思考是牛顿早期取得科学成果的重要原因。1664 年是牛顿开始他的科学生涯、进行知识准备、思路大开、思想活跃的一年。他广泛阅读了数学、光学、力学、天文学和多种著名哲学著作,对近代科学革命以来各种主要的科学发现如饥似渴地进行了学习和钻研,并开始用实验和数学计算验证前人的看法和得出的结果,在光学与数学上相继有所发明与发现。这一年对他后来的发展起了决定性的作用。

前面我们曾经提到,在 1664 年至 1666 年,由于伦敦流行鼠疫,牛顿返乡度过了他一生最富有科学成果的时期。牛顿充分利用了这段瘟疫流行时期。在一篇与大约 50 年后有关微积分的争论有关的文章里,他再次提到瘟疫肆虐的岁月:

1665 年初,我发现了近似级数的方法和二项式简约成该级数的法则。同年 5 月,我发现了格里高利和斯留修斯的正切法,11 月我发现了直接流数法;次年 1 月发现颜色理论,5 月开始研究逆流数法。那些日子我正处于发明的最盛时期,对数学和哲学的研究也比以后任何时期都要多。

根据这些叙述不难看出,牛顿的数学天才很早就显现出来。当然,这与他的勤奋好学是分不开的。牛顿在数学上很大程度都是靠自学,而他的数学兴趣是由一本类似于算命的占星书激起的。

1663 年,牛顿阅读了一本占星书,这引起了他对天文学的浓厚兴趣。然而由于缺乏三角知识,他无法看懂书中的天象图,并且为了深入了解天体位置和观测知识,他购买并学习了三角学。据说去世时,在他的书房里发现了1657 年出版的三角学竟达 7 种之多!因为欧氏几何是三角学的基础,为了了解三角学的各种证明,他又阅读了欧几里得的《几何原本》和巴罗著的《欧几里得原本 Libri xv 简证》一书。然而研究的结果使牛顿得出占星学一书内容空洞、言之无物,是伪科学。

研究占星术没有收获,但学习数学的激情从此高涨起来。只要是数学,牛顿就如饥似渴地汲取,他沉浸在浩瀚的数学海洋之中。

"1664 年圣诞节前夕,当时我还是一个高年级生,我买到了范·舒滕(Van Schooten)的《杂论》和笛卡尔的《几何学》(半年前我已读过笛卡尔的〈几何学〉与 W.奥特雷德的《数学入门》),同时借来了 J.沃利斯的著作。"

牛顿呈现出极度兴奋的状态,他废寝忘食地阅读着这些书籍。据记载,在牛顿刚去世几个月,J.康杜伊特回忆牛顿曾向他谈及阅读笛卡尔的《几何学》的情景:

读了大约 10 页,然后停下来,再开始,比第一次稍进步一点,又停下来,再从头开始读下去,直至他自己成为全书的主人,到这程度时他对笛卡尔几何的理解比对于欧几里得几何要好些,再读欧几里得,然后第二次读笛卡尔的几何,其次读沃利斯博士的无限算术,在将插入法用于圆积法(*a quadrature of circle*)时,发现了令人钦佩的既定次方二项式的理论……

到 1666 年初,在过去的 18 个月中,数学几乎占据了牛顿的全部注意力。牛顿丰富的想象力套上了数学严谨的缰绳,使杂乱无章的狂想转变为硕果累累的发现成为可能。威廉·惠斯顿后来评论说,在数学领域,牛顿"有时几乎只凭直觉就能提出见解,甚至不需证明……"不到一年,牛顿已消化了17世纪分析学的成果,开始按自己独立的思路探寻更高深的分析。牛顿的数学研究有着很明显的特点,其中之一就在于他能博采众长,在汲取前人精华的基础上,融会贯通,加以综合和发展,并进而做出上述诸多的重大成就。根据怀特塞得的考证,牛顿采用了奥特雷德的著作中的算术符号,从笛卡尔的著作中引用了代数符号。传统的几何证明方法是他从欧氏几何和巴罗的几何著作中学到的,这与他在中学及后来在剑桥学习的逻辑学相结合,为他应用归纳法和演绎法证明问题打下了坚实的基础。牛顿还应用了 F.维埃特(F.viete)、奥特雷德及笛卡尔等人提出的变量符号、概念和变量数学于自己的数学研究之中。同时,他也学习了笛卡尔和沃利斯的切线法计算过程及后者的求积法(qudrature)、级数、极限和极大与极小概念。总之,牛顿在1664－1665 年间,认真地学习了当时数学两大分支——几何与代数上的最新概念与成就。正如他自己所说的那样:

"……在 1664 和 1665 年间的冬天,我有了像休德(J.Hudde)、格里高利(D.Gregory)和斯留修斯(R.F.de Slusius)那样的画切线方法,以及在任一既定点上求曲线曲度(crookedness)的方法,由考虑怎样插入沃利斯博士的某项级数我发现了这个规则……以便化任何次方的二项式成为一个近似的级数。在随后的春天,疫症在那年夏天袭击我们并在迫使我离开剑桥之前,我发现怎样用连续相除和根的开方去处理同一问题的方法。不久后,我把这个方法推广到求解各种方程的根,并由这一切我得知从曲线图形的既定面积或弧推导其纵坐标和横坐标,以及从纵坐标和横坐标推导面积或弧。这样,一直进行到疫症迫使我离开剑桥之时。并且,在 1665 年 11 月 13 日的一篇论文中,我发现了用一些例子和一个证明处理最初的流数的直接方法。"①怀特赛德曾将牛顿这个时期的工作概括如下:

"在短短的两年中(1664 年夏至 1666 年 10 月),数学家牛顿诞生了。从某种意义上说,他此后的创造性生涯主要是,在微积分和整个的数学思想方面,努力开拓他在智力成熟初期萌发于心中的大量思想幼芽,接着是数学方面显得沉寂的两年。"②

---

① 牛顿讲的这个日期有误,应为 1665 年 10 月 30 日或稍前些日子。
② [美]I.B.科恩:《牛顿传》,科学出版社 1989 年版,第 14 页。

2. 发明二项式定理

前面我们提到,二项式定理的发明起源于牛顿学习并发展了沃利斯用级数法求曲线的面积。自 17 世纪初,数学家们开始对数论和数量求和产生了兴趣。沃利斯对变量及其简单函数的 n 次方求和并用以求曲线面积做了必要的探索。沃利斯用不可分量法,求出 $n=0,1,2,3$ 等正整数时的积分 $\int_0^1 (1-X^{2n})dx$,从而得出一些求曲线形面积(即曲线下区域的面积)的方法;为了求出单位圆的面积,他探索了用插值法计算积分 $\int_0^1 (1-X^{2n})dx$,并证明了

$$\frac{4}{\pi} = \frac{1}{\int_0^1 (1-X^2)^{\frac{1}{2}}dx} = \frac{3 \cdot 3 \cdot 5 \cdot 5 \cdot 7 \cdot 7 \cdots}{2 \cdot 4 \cdot 4 \cdot 6 \cdot 6 \cdot 8 \cdots}$$

他还提出了一个可以求解抛物线面积的一般法则:

$$\int x^n dx = \frac{1}{n+1} x^{n+1}; n \neq -1$$

但这个公式对于双曲线($n=-1$)面积来说是不适用的。

1664—1665 年,牛顿深入研究了沃利斯的《无限算术》一书,并写下了《沃利斯著作的注释》一书手稿。这部手稿共分三节,分别是关于不可分性的早期注释、讨论求面积和体积、关于抛物线和双曲线曲廓图形的求面积问题及关于沃利斯著作的注释。特别值得一提的是文稿的第三节,牛顿根据沃利斯的无限级数,把它细分为算术级数和几何级数、这些数的倒数级数、有理数级数和无理数级数等,并求无穷级数的上下限。这些思想和方法是他发明二项式定理的基础。同时,在该节中,牛顿阐述了以沃利斯的方式发明二项式定理的全过程,这是牛顿创造性数学生涯的重要一步。沃利斯用

级数求曲线面积的方法大大启发了牛顿,于是他试着将沃利斯的整数幂有限项级数计算推广到分数幂无穷级数。在推广中,牛顿发现新的无穷级数用于求解面积问题特别方便,就进一步用无穷级数作除法和求开方。在此过程中,牛顿突破了沃利斯从假设半径为1的圆出发的观点,而改从半径为 x 的圆入手,得出圆(二项式)面积的展开式,并将它纳入各种曲线面积的表示式所展开的级数行列之中,发现了二项式的展开式的普遍系数关系。约在 1665 年,牛顿发现了

$$\sin^{-1}x = x + \frac{1}{6}x^3 + \frac{3}{40}x^5 + \cdots$$

这一幂级数,更重要的是他还发现了对数级数,并求得双曲线面积是级数

$$x - \frac{x^2}{2} + \frac{x^3}{3} - \frac{x^4}{4} + \frac{x^5}{5} - \frac{x^6}{6} + \frac{x^7}{7} - \frac{x^8}{8} + \cdots$$

在 1664 年底至 1665 年初,牛顿根据沃利斯的极限概念和级数发现了无穷级数,然后又发现了用以求双曲线图形面积的其他无穷级数。牛顿写道:他在 1664－1665 年间的冬天,"已发现了无穷级数方法","1665 年夏,由于鼠疫被迫离开剑桥,在布斯比用同样方法计算了双曲线形的面积,直到 52 位数字"。这里,将沃利斯级数的上限从 1 变为自由变量 x,被认为是牛顿发明二项式定理的关键。同时,他还得出了适用于任何级数的普遍的插入方法,解决了沃利斯博士的圆积法在求解圆面积时由于插入项选取不合适而未能成功的问题,最终发现了二项式定理——关于二项式的 n 次乘幂的定理,用公式表示为:

$$(x+y)^n = x^n + nx^{n-1}y + \frac{n(n-1)}{1 \cdot 2}x^{n-2}y^2 + \frac{n(n-1)(n-2)}{1 \cdot 2 \cdot 3}x^{n-3}y^3$$

其中 n 是正整数。同时,他还引出了一个新概念,即小数,它可以用来计算一个量(如 π),通过延伸数位,可以精确到任意程度。他后来解释说,可以用二项展开式将量计算到无穷级数,"就像是在用小数解方程,用除法、开方或维也塔的解析分解幂都行;这种运算可以任意延长,越长越好。从这种运算产生的各项都可以推出 y 的一部分值"。有了二项式定理,任何难以求积(或积分)的量(如等效于对数的面积)都可以用能够逐项自乘的无穷级数来表示,加上已形成的单幂自乘与多项式方法,牛顿有了一套完整的、可以求解当时数学家所知道的任何一条代数曲线下的面积的计算方法。

二项式定理是今天中学数学课本中的一个重要定理,我们应用它,大大

简化了烦琐的代数运算和方程化简。二项式定理不仅能用于数字本身的乘法,还用于任何事物数字的乘法,如计算分子里的原子个数、银河系星球的数目等。在对二项式定理的应用中,牛顿还发现可以把对数计算用无穷级数展开进行,这就是牛顿所说的他在 1664－1665 年冬天发现的"无穷级数法"。这一发现对他日后进行极其繁杂的天文计算,起了很大的帮助。二项式定理的意义如此重大,即使牛顿的一生只完成这个二项式定理,也足以使他在人类科学史上留下光辉灿烂的一页,然而他发现这个定理时,年仅22 岁。

3. 微积分的发明过程及其他数学成就

微积分的创立,是牛顿在数学方面最为重要的贡献。它成为数学史上几个主要里程碑之一,在数学乃至科学的发展史上,都有着重大的影响。微积分的发明是在前人的数学研究基础上得出来的。

17 世纪,无论是科学的发展还是实践的需要都向数学提出了这样一些问题:求任一曲线上某一点的切线、求瞬时速度、求曲线下的面积以及求极大、极小值等。在解决这些问题的征途上,笛卡尔、费马、巴罗、沃利斯、罗伯佛尔和卡瓦列利等人都从不同方面进行了卓有成效的探索并做出了自己的贡献,他们实际上都运用了微积分的某些概念和方法。

数学中需要处理的上述问题都与变量有关,单纯用几何学的方法求解往往是十分困难或者十分繁琐的,而用代数学方法加以解决就可化繁为简。费尔玛是最早采用这一方法的人。他用代数方程来表示曲线的性质,在《空心与实心概论》(1629 年)一书中,他写道:"每当我们在最后的方程中求出两个未知数时,我们就有一条轨迹,其中之一的顶端描出一直线或曲线。"此外,他还给出了一些轨迹的方程,如过原点的直线方程、任意直线方程、圆的方程、椭圆方程、双曲线方程和抛物线方程等。

笛卡尔则被认为是创立解析几何学的主要奠基人。他在《几何学》一书中提出了解析几何的一个主要原则,即"每个几何问题都可以归结为这样几句话:为了构成这个问题,所要知道的无非是关于若干直线的长度知识,并且在确定这些长度时,只需要四五步计算。正如一个算术运算可以包括加减乘除和开方(开方也可以看成是除法的一种变化形式)一样,几何学也是如此,如果我们想要确定若干直线的长度,那只要加上或减去别的直线,而在两条线相乘的情况下,只要求出单位线与两条已知线的第四比例项,依此类推"。根据此原则,笛卡尔就把几何学问题转化为代数学问题来解决。这样,只需要进行一些不太复杂的代数运算,就可以使得那些用传统的几何学方法难以解决甚至无法解决的问题变得容易解答。笛卡尔把代数学和几何学结合起来,把数和形统一起来。同时把变量和函数也带进了数学。他把几何图形(如直线或曲线),看作是依照一定的函数关系运动的点的轨迹,这些点的坐标值是随着另一个坐标值的变化而变化。笛卡尔的变量是数学中的转折点,有了变量,运动进入了数学,辩证法进入了数学;有了变量,微积分的创立也就成为可能。笛卡尔的方法对微积分的发明有着无可估量的作用。

在求曲线的切线问题上,笛卡尔和费马都把切线看作是割线与该曲线的两个交点无限接近时的极限情况。罗伯佛尔(G. P. de Roberval,1602—1675)则从运动的观点把切线方向看作是描写沿此曲线运动的点在该处的运动方向。巴罗在解决这一问题时使用了微分三角形的方法和无限小量的概念。在确定曲线下的面积时,他的方法与后来牛顿使用的方法相似。

卡瓦列利(B. Cavalieri,1598—1647)和沃利斯的贡献在于求曲线下的面积。卡瓦列利是意大利著名的数学家,他受伽利略和开普勒的影响,认为线是由点构成的,正如链是由珠子串成的一样;面是由线构成的,就像布是由线织成的一样;立体是由平面构成的,如同书是由页组成的一样。不同的是,组成线的点,组成面的线及组成立体的平面的个数是无穷多个。他把构成线、面、体的基本元素即点、线、面称为不可分量。运用上述观点,卡瓦列利证明了一个平行四边形的面积是它的一条对角线所分成的两个三角形中任一三角形面积的两倍。用同样的方法,卡瓦列利考察了两条曲线下的面积。他把面积看作是曲线各点的纵坐标的和;如果两条曲线的纵坐标的比是常数,那么这两条曲线下的面积也有同样的比。卡瓦列利使用的虽然是几何学的方法,但他把几何图形看作是组成这一图形的不可分的单元的无穷多个数的堆积,在这一点上,他利用了古代的穷竭法并将其过渡到了微积分。沃利斯则用类似的方法成功地解决了求坐标轴、X 点的纵坐标和函数$(1-x^2)^n$ 所围面积的问题;他把 $y = x^n$ 的曲线下的面积写成 $\dfrac{x^{n+1}}{n+1}$ 的形式。此外他还用级数插入法求出了圆和双曲线的面积。他的工作对牛顿有很大的推动,甚至可以说是导致牛顿发明微积分的最后一步。

牛顿在笛卡尔等人的工作基础上,于 17 世纪 60 年代创立了微积分。1665 年 5 月 20 日,牛顿开始有流数术的记载,这是他创立微积分的最早记载。他把自己的微积分方法叫做流数术。正式的《流数术》一书写于 1671 年,而到 1736 年才出版,时间相隔了半个多世纪。离返乡躲避鼠疫的 1665 年,已过去 60 多年了。流数术的基本原理取自力学,是把数学中的量看作是由连续的轨迹运动而产生的,通过类比和调整以同样的方式产生其他的数学量。例如一条曲线是由点连续运动而产生,一曲线的连续运动则产生一个曲面,立体由面的运动生成,角由边的旋转生成,而"时间的段落由连续流(Flux)生成"。牛顿把生长中的量叫流量(变量),流量的增长率叫做流数(变率),流数在无穷小的时间间隔内所增加的无穷小部分叫流量的"瞬"(无穷小增量)。牛顿认为,对于有固定的、可确定关系的量,其生长时的相对速度一定有增有减,速度的这种变化,相关对应着两类问题,一类是已知诸流量之间的关系来确定这些量的流数的关系,即微分问题。另一类是由流数去确定流量,即积分问题。按牛顿的说法,即构造给定流量的流数及其逆过程。这两种运算之间成互逆关系。

运用上述方法,可以解决很多当时无法解决的问题。例如,极大值和极小值的求解问题,曲线上任一点的切线求法,以及其他物理学所研究的自然界中各种变化的量,也都可以用微积分来研究。用牛顿自己的话讲:"这是一个特例或是普通方法之一补充。其应用范围不仅限于几何的、力学的曲线方面之直线,并可用于解决其他种种困难问题,如关于曲率、求曲线形之面积、求曲线之长以及求曲线之重心点,等等,而且其可及的方程,亦不限于没有未知数的一种(赫德尼之极大与极小值方法就有此限制)。我将此方法补于该项方法上,用此方法,我可将方程化为无限级数然后研究之。"牛顿运用他的流数术解决了许多力学问题,特别是在开普勒定律的基础上最后总结出万有引力定律。

微积分的发明是他从点在曲线上运动的变量观点出发,用求极限的方法发展出来的。1664 年冬季,他发明了根据极限概念做曲线的切线和求曲线上任意拐点曲率的方法,并提出了化任意次方二项式为近似级数的规则等。其中的增量和无限小量概念早在牛顿的作切线法中,就已有应用。这些概念以及无穷级数有上下限概念是导致牛顿发明流数或微分的先导。导致牛顿发明微积分的另一重要前提,就是牛顿用动力学的观点来考虑和处理变量数学中的问题。这种远见卓识使牛顿在他同时代的科学家们之中脱颖而出。他为求积和求切线提供了一种新方法,而在此之前,沃利斯把面积看成是各个微元的静态相加,牛顿则用动态处理,就像是有一条线扫过这块面积。精通动力学和数学的牛顿,将不同学科的新成就相互渗透与结合。从数学与自然科学(特别是力学)和实践的关系着眼,致力于数学与应用的相互补充、渗透和印证,最终发明了流数,从而使数学成为活跃的和有生命力的学问。

1665 和 1666 年,牛顿在《流数的介绍》(UlC.add.4004:152γ/153v)和《用运动解决问题下述命题是充分的》中,系统介绍了流数、积分和解流数方程的方法及公式图表。其中,在后一篇文稿中,他列出了八个命题:第一,圆周上一点向圆内运动时,它指向圆周上各点的速度与弦长成比例;第二个是平行四边形法则;第三,物体中一切点保持与物体平行运动时速度相等;第四,绕轴线进行圆周或角运动的物体上各点的速度与距轴线的距离成比例;第五,一切物体的运动是平行的、角动的或者二者的混合运动;第六个是关于物体以交叉线运动的;第七个是关于 a、B、C 等物体在同一时间描绘 x,y和 z 等线段时求其流数的;第八个则是关于解微分方程的。[①]

1669 年 6 月,牛顿写出了《论用无限项方程所做的分析》的长篇手稿,系统地总结他过去的流数和二项式定理研究成果。在文中他提出了求积分的方法:

假定有一条曲线且曲线下的面积为 z,已知

$$z = ax^m, \tag{1}$$

称 x 的无限小增量为 x 的瞬,并用 o 表示,这样围成的面积

① D.I.Whiteside,The Mathematical Papers of Isaac Newton,Vol.1,Cambidge,(1967),P.403.

$$z+oy=a(x+o)^m; \qquad\qquad (2)$$

其中 oy 是面积的瞬,运用二项式定理将右边展开(m 是分数时得一无穷级数),(2)式减(1)式再用 o 除方程的两边,略去仍然含有 o 的项,就得到:

$$y=max^{m-1}$$

这里牛顿不仅给出了求一个变量(在上面的例子中是 z 对 x)的瞬时变化率的普遍方法,而且证明了面积可以由求变化率的逆过程得到。因为面积也正是用无穷小面积的和来表示而获得的。牛顿比他的前驱者前进了一步,前人认为是特殊的例子并且只是模糊预见到的事实,牛顿看出了它的普遍性。他应用这个方法得到了许多曲线的面积。他还给出了一个法则:如果 y 值有若干项的和,那么面积就是由每一项得到的面积的和。用现在的话来说,就是函数之和的不定积分是各个函数的积分之和。他还把逐项积分扩展到无穷级数,但当时他对级数的收敛性还没有明确的概念。

在上述牛顿对他的流数法的推导中,用了无穷小增量(无穷小概念)的概念,但他对符号 o 这个"无穷小量",没有给出明确的规定和严格的数学证明,因此他不能解释为什么可以把含有无穷小增量的量全部当作零加以舍弃。

牛顿曾对这个量作过三种解释:一是把无穷小量看作是一种固定的量,即它是一个不等于零却又小于任何给出的量的实实在在的定量,这种观点在他的《分析》中已被应用;二是对无穷小量赋予动力学的解释,并且把 o 看作是时间的无穷小增量,即一个"趋于零的瞬"。他企图用运动的直观来排除静止的无穷小量;三是用"基本的和最后的比"来替代这一概念,希望以此消除所有关于无穷小的痕迹。在他的《曲线形求积法》一文中,牛顿声称他已放弃了微元或无穷小量,并认为他的新观点与古代的几何是相容的。

牛顿对无穷小量的这三种解释都只不过是一种遁词,他始终无法摆脱一个逻辑的困境:符号 o 究竟是不是零? 他在这个问题上面临着严重困难并遭受了攻击。对于他的第三种解释,有人认为,趋于零的量的最终比是不存在的,因为在这些量还没有等于零的时候,比值并不是最终的,而等于零时,又什么都没有了。牛顿虽然使用了极限的观念来回答这一责难,但当时他还没有也不可能建立严格的极限概念,并给极限作出一个严格的、能被普遍接受的定义。因此很难认清无穷小量和零之间的正确关系。正因为如此,在他的《分析学》中,牛顿本人也不得不承认他的方法"与其说是精确的证明,不如说是简短的说明"。

微积分的另一发明者莱布尼茨与牛顿一样,尽管建立了计算方法,但在解释"无限小微分"时,基本观念也是含糊不清的。因此,他也始终没有跨越有限量和无穷小增量之间的鸿沟。这样,尽管牛顿和莱布尼茨发明了微积分方法,并且在应用中非常有效,结果也十分正确,但是它的基础却是如此令人生疑。他们对微积分的基本观念,缺乏清楚的了解,也未给出严格的定义。尤其是无穷小的概念,是零还是非零? 如果是零,则 dy/dx=0/0,没有意义;如果不是零,那么他们舍弃了高阶无穷小,得出的结果应是近似值,但为什么经过物理实验验证,却又是准确的结果? 微积分理论所遇到的这个无穷小逻辑难题,也被称为"无穷小悖论",引起了长达一百多年关于微积分基础的争论。直到 19 世纪,经过德国数学家维尔斯特拉斯(K. Weierstrass, 1815－1897)和法国数学家柯西(A. L. Cauchy,1846－1940)等人的工作,才用极限概念把微积分和无穷级数的概念严密化了。

1669 年 6 月,牛顿把这篇手稿交给巴罗。巴罗在 20 日给考林斯(J. Collins,1625－1683)的信中称赞道:"这是住在剑桥的一位朋友的作品,他对于这个问题有优秀的才能",并在下月底寄给了考林斯。考林斯抄了一个副本后退还给巴罗,并且在信中告诉了他在英、法、意及荷兰的许多朋友,因而后来在微积分发明权的问题上,产生莱布尼茨是否从这些通信中知道甚至看到考林斯抄本的争论。

1670 和 1671 年之交的冬天,牛顿又写了《级数和流数方法论著》长篇论文手稿,这是一篇比《论用无限项方程所做的分析》更加概括的流数计算方法,系统而全面地总结并发展了过去多年关于微积分的研究成果,为牛顿的流数——微积分法的一般性提供了更加完备、全面的阐述,对后来的数学发展产生了巨大的影响,被公认为是牛顿数学成就的代表作。遗憾的是,这本著作在他去世 65 年后,即 1792 年才由科尔逊(J. Colson)译成英文首次发表。科尔逊在译文中为其加了评注。他在序言中这样写道:

在这里,流数法得以建立的主要原理,是取自理论力学的一个很简单的原理,这就是数学量,特别是将增量设想为由连续的轨迹运动产生的。并且,至少用类比和调整的办法可以把不论哪种量都想象为由类似的方式产生的。因此,这种情况产生时必须对增加和减小的速度有个比较,其关系是不变的和确定的,所以可以作为一个问题提出如何求出它们。我们的作者在这里借助其他同样清楚的原理解决这个问题,这个原理就是假定量是无限可分的,或者(至少在理论上)到最后它完全消失之前,会连续地减少,达到可称之为消失的量或者无限小,并且小于任意指定的量。①

在这篇论著中,牛顿从运动物体的速度这个论证不严的概念模型转向假设一个基本的、均匀流动的时间变量作为衡量一组连续改变其大小的因变量的流数的尺度。“均匀流动的时间”这个概念牛顿在《原理》中使用过两次,分别以“数学时间”、“随着连续运动或流动而变化不定并不断增加或减小的(量)”出现在该书中。他后来在对《通报》的一篇评论稿中说明了他的见解:

我认为时间是连续流动的或随着连续流动不断增加的,而把其他量看作是随时间连续增加的量,并从时间的流动性出发,把所有其他量的增长速度命名为流数。又根据时间的瞬息性,把任何其他量在瞬息时间内产生的那部分命名为瞬(moments)。我揭示了时间不论多少都是均匀地流动着的;因此,用单位 1 表示时间的流数,并用任一别的适当符号表示其他量的流数,再用另外的符号表示它们的流数以及用其他合适的符号表示这些流数的流数。至于这些流数所产生的瞬,则是将这些流数的符号添上字母 o 或它的幂 o^2, o^3 等等来表示:即它们的一阶瞬用它们的一阶流数添上字母 o 来表示,二阶瞬用它们的二阶流数添上字母 o^2 来表示⋯如此类推。我研究一个事实或解一个问题时采用各种近似法,并忽略字母 o,但在证明一个命题时则总是写上字母 o 并完全按照几何学规则进行,不允许任何近似。而且,我发现这个方法用的不是总和与差分,而是依赖解下述问题:通过获知随时间产生的各个量去求它们的流数。要做到这一点,不是求原初(prima)的瞬,而用的是产生可计数的瞬的原初⋯⋯②

这里,牛顿所说的原初就是不可分和不可变的原子,它没有“瞬”却可产生“瞬”,它不能产生或消灭,却能产生可计量的东西。由此得出,牛顿的微

① J.F.Scott,A History of Mathematics,London,(1958),PP.147−148.

② D.T.Whiteside,The Mathematical Papers of Isaac Newton,Vol.1,Cambidge,(1967),PP.17−18.

分思想是以原子论为基础的。因此,科尔逊在译文序言中认为牛顿的流数概念来自力学上的运动变量和速度的比较是正确的,但说牛顿借助的原理是"假定量是无限可分的和消失的量",并依此理解无限小,显然有悖于牛顿的观点。

牛顿在《级数和流数方法论著》中,提出流数及其应用的 12 个问题:

(1)给出一些变量的相互关系,确定其流数之间的关系。

(2)给出含有变量的流数的方程,确定变量之间的相互关系。

(3)论极大和极小。

(4)画曲线的切线:运用求极大极小原理作曲线的切线"按照曲线跟直线的关系",即按照曲线赖以确定的"模式"或坐标系,画切线的不同方法。

(5)求任意曲线上既定点的曲率。

(6)确定任意曲线既定点曲率的性质。

(7)求面积可由有限项方程表示的多种任意方程。

(8)求面积等于某既定曲线面积的任意多曲线,用有限项方程表示其关系。

(9)确定所提出的任何曲线的面积:主要是三次以上的方程,并用替换法解。列出很多圆锥曲线方程目录及替换方法。

(10)求你愿意用有限项方程可表示其长度的多种曲线。

(11)借助有限项方程求任意数量的曲线,其长度等于所提出的曲线长度或面积除以既定线长度。

(12)确定曲线的长度。

此外,他还列出流数的 5 个定理和积分的 13 个定理。可见,这是他论述流数法的一部专著。

1687 年,牛顿在《原理》中首次公开讨论数的性质,并第一次刊印了在专门意义上的流数这个词。因此,有作者认为,流数是在《原理》中最先发表的。在一篇为 1671 年版《级数和流数方法论著》写的附录中,牛顿建立了另一种可供选择的关于直线与曲线的"最初和最终"比的几何理论(即作为流数法逻辑基础的无穷小概念)。这一理论后来部分地纳入 1687 年版《原理》第一卷第一节和《曲线形求积法》的引言中。在《原理》中,牛顿声称,第一卷的所有命题都是用"最初和最终"比这一理论证明的,并且第一卷中所提出的 11 个前提都是利用"最初和最终"比处理与曲线有关的问题。因此,虽然《原理》没有明确地应用流数分析法,但却通过"最初和最终"比和增量法将流数的概念用于物体运动的几何关系上。将"最初和最终"比和增量法作为处理《原理》中一切问题的数学基础,足以证明流数法对《原理》创作的重要性。

《曲线形求积法》是与另一篇数学论文《三阶曲线的计算》于 1704 年作为《光学》第一版的两个附录出版发表。1713 年《原理》第二版出版前后,牛顿曾几次想将他的《求积法》与《原理》出版发行,他曾说过"借助于这个求积法,我找到了开普勒定律,即行星绕椭圆轨道旋转所扫过的面积与时间成正比这一定律的证明",还说过"用反流数法,我在 1677 年找到了开普勒天文学定律的证明……"牛顿的《三阶曲线的计算》一文,包含了一些几何学结果。该文初稿写于 1667 年或 1668 年,修改稿作为 1704 版《光学》的附录发表。文中主要阐述了"按照表示横坐标与纵坐标关系的方程的维数",把三次曲线分成七十二个"类、种或级,这和按照它们被一直线相截所得出的交点数分类基本上是同一回事"。在该文的结尾,牛顿补充了关于"由五个给定点描绘圆锥曲线"的"曲线的有机描绘法"的内容。其中有这样一句话,"在几何学中,曲线的运用取决于它们的交点问题能否解决",同时附有一个九次方程的例子。特恩布尔认为牛顿在此论文中奠定了"研究高次平面曲线的基础,阐明了渐进线、结点、尖点的重要性";而博叶尔也断言它"是最早的专门用代数方法研究高次平面曲线图形的文章……"

在《自然哲学之数学原理》写作中,牛顿的数学天才又一次大放光彩。他在《自然哲学之数学原理》第一版序言中写道:

"……因此我在这部论著中,就根据数学与哲学的关系,致力于数学的研究。古人从两方面研究力学,即从理性方面和实用方面,从理性方面在于准确地证明,全部手工技艺都属于应用力学,这就是力学名称的由来。但是,由于工匠不能完全准确地进行操作,就产生了力学与几何学之间的巨大差异。完全准确者称之为几何学,不完全准确者称之为力学……由少数几个原理,从无而来,竟能产生这么多的东西,这是几何学的光荣。所以,几何学是在力学的实践中建立起来的,并且只不过是一般力学的那一部分,这个部分准确地提出并论证了测量的技艺。"①

---

① [英] I. Newton, Mathematical Principles of Natural Philosophy, trans, by A. Motte, Cambridge,(1947),P17.

这段话谈了几何与力学和实践之间的相互关系,由此不难看出,数学在《自然哲学之数学原理》写作中所起的重要作用。《自然哲学之数学原理》中到处用的是几何证明,同时也渗透着分析法。有一种说法:如果不用流数或微积分,牛顿不可能发现万有引力定律和写出《自然哲学之数学原理》。

牛顿在晚年,由于从政等其他原因,已停止了创造性的数学研究工作,但他那数学家的智慧光芒依旧光彩夺目。1696 年 6 月,约翰·伯努利(瑞士,John Bernoulli,1667－1748)在《资料汇编》杂志上发表了一个难题,向所有数学家们提出挑战。他给这一问题规定了半年的征答期限。问题是有关"力学——几何的":重物从一点以最快速度下落到另一不在其垂直下方的点的轨迹是什么,即求出最速下降曲线。到 12 月时,伯努利未收到一个令人满意的答案。这时,莱布尼茨给伯努利寄来一封信,声称他已解决了这一问题,但要求将时限推迟到复活节,并希望伯努利在全欧洲发表这一问题。伯努利答应了莱布尼茨的要求,将该问题连同增加的另一难题寄给《哲学学报》和《学者之刊》发表。同时还给沃利斯和牛顿各寄了一份。他们甚至在一份公开发表的公告里,直言不讳地声称将在复活节公布问题的答案。"我们可以确信……有能力解答我们提出的难题的人极少,而在那些大话连篇的数学家中具备这种能力的就更少了。"显然,伯努利和莱布尼茨都认为,牛顿这下肯定要被难住了。

1697 年 1 月 29 日,牛顿收到伯努利提出的两个挑战性问题。当时,牛顿正为重铸货币这件事奔忙。这天从伦敦塔造币厂回到家,已是下午 4 点多钟了。牛顿带着一身疲惫,顾不上休息,就全身心地投入到难题当中。约凌晨 4 点钟牛顿解出了这个困扰全欧洲数学家们整整 6 个月的难题!仅经过一夜的计算,就给出了漂亮而简洁的回答:"最速降线是摆线"。牛顿的最速下降曲线的分析解是十分有意义的。它是形成变分法的一个例子。尽管牛顿以匿名将结果寄给了伯努利,但伯努利一眼就从论文的权威性判断出,作者非牛顿莫属。正所谓"利爪识雄师"。1716 年,莱布尼茨又提出一难题:要求找出单参数曲线族的正交轨道。74 岁的牛顿依然宝刀未老,又在很短的时间内解决了这一当时世界级的数学难题。

通览牛顿的一生,在数学领域里,除了微积分的发明这一巨大贡献外,他在代数和数论、古典几何和解析几何、有限差分、曲线分类、计算方法和逼近论以及概率论方面也都进行了卓有成效的创造性工作。

4. 关于微积分发明优先权的争论

牛顿和莱布尼茨之间为了争微积分的发明权发生过激烈的争吵。这场争论扩大到英、德两个国家之间,因而更为激烈,而且旷日持久。

牛顿最早对微积分的研究,像万有引力定律的发现一样,也是开始于1665 年至 1667 年伦敦流行鼠疫期间,并且最早在 1665 年的笔记中就使用了自己确定的术语和记号来叙述和解决问题。牛顿把那些随时间的变化改变的物理量,称为"流量";把流量的变化率,称为"流数"。如果用 X、Y、Z 来表示流量,则用 x、y、z 分别表示它们的流数。例如,如果距离是 S,则距离的增长率 s 就是位移速度 V,而速度的增长率 v,就是加速度 a。牛顿用"流数法"研究了曲线的切线、函数的最大值和最小值,曲线的曲率和隐函数的处理问题。牛顿所用的流数的方法,就是微积分的方法,流数是牛顿所用的特有的术语,他用符号 x、y、z 表示,即"在字母上加符号"的记法。并且牛顿一开始就认识到有两类互逆的流数问题,第一类问题,是已知诸流量的关系求它们的流数(变量的变化率)之间的关系,是微分问题。例如:第二类问题,与第一类问题相反,是已知一个包含流数在内的方程,求那些流数的流量间的关系,是积分问题。但是牛顿迟迟没有发表他的新方法以及其独特的记法和完备的正式说明。他只是在 1669 年首先写信给巴罗教授,大略地告诉了他的方法及其几何应用。第一篇关于微积分的论文初稿在朋友中散发,但是这篇短文的发表却推迟到 1711 年。在 1672 年 12 月 10 日,牛顿在写给考林斯的信中,也提到了他的方法及其对方程论的应用,这封信在后来与莱布尼茨的争论中处于极为重要的地位。牛顿在 1671 年写的《级数和流数方法论著》的手稿中,更为详细地论述了他关于流数的思想,但是这本书在牛顿死后才译成英文发表。不过这部手稿的基本内容曾以《曲线形求积法》为题,作为 1704 年《光学》的附录发表。

　　牛顿在 1676 年给奥尔登伯格的信中,曾间接提到他的流数方法,但是最重要的部分是以字谜的形式隐蔽起来的。

　　在 1687 年出版的《自然哲学之数学原理》中,并未出现流数的记号,他所采用的是从亚历山大时代延续下来但略加修改的纯粹几何的证明方法。但《自然哲学之数学原理》中首次公开地讨论了流量的性质,并且使用了流数这个词。

　　1673 年 1 月—3 月初,莱布尼茨访问伦敦,见到皇家学会秘书奥尔登伯格,并向其申请加入英国皇家学会。牛顿学派后来认为他可能在考林斯那里看到牛顿的《分析》一文的抄本,使微积分发现权问题更复杂化。莱布尼茨研究数学源于 1672 年与惠更斯的接触,双方交流并探讨了各自的研究成果,致使他对数学产生了兴趣。次年首次访问伦敦之后,他开始了数学研究。据考证,他在此后主要研究用无穷级数求圆的以及其他曲线的面积,并在 1674 年"考察了构成曲线的多边形基元之和的一般方法,发明了微积分学"。

　　1676 年 10 月,莱布尼茨第二次访问伦敦,看到牛顿的数学论文手稿,并抄录了一些关于级数展开式的材料,而不是有关流数方面的。

　　莱布尼茨主要是通过研究曲线的切线和面积问题建立微积分的,他所创立的记法和符号一直沿用到今天。莱布尼茨的微分表示法是模拟帕斯卡(B.Pascal,1623－1662)直角三角形三边 dx、dy、ds 的表示法,并将其推广到任意曲线上。在 1675 年 10 月的一封信中,他根据 J·伯努利的建议,以"summa"(总面积)的字头 S 作为符号"$\int$",表示总和"Omnia",并称之为积分(Calculus integralis)。他当时把积分 $\int$ dy 写作 $\int$ y,并看作定积分。他的第一篇微分学论文,于 1684 年 10 月在《学术学报》上发表,这篇论文奠定了他的微分原理,在表示方法上,以 dx 表示微分,并将它看作变量而不再是常量。但在与微分有关的部分中却不提牛顿的作用。1686 年,他又在《学术学报》上发表了有关积分原理的论文并看作是自己的发明。在文中,他第一次公开发表积分符号"$\int$",并取消了它表示定积分的限制。至此,莱布尼茨发明微积分的过程完成。然而,却埋下其优先权争论的导火索。

　　在 70 年代中期,牛顿和莱布尼茨这两位皇家学会成员曾通过学会秘书长奥尔登伯格彼此通过书信,对对方的工作都表示了一定的认可。

1675 年 3 月,莱布尼茨在写给奥尔登伯格的信中诉说他已经发展了他自己形式的微积分。他提到"事实上我搞出有理数的无穷级数,实际很简单,其总和精确地等于一个圆",并在信中给予牛顿很高的评价,他这样说道:

"您写道,你们卓越的牛顿有一个表示所有求积的方法,测量一切曲线的面积及其旋成体的体积和求重心的方法,这是用渐进的过程求出的,因为这正是我所要推导的。这一方法如果是普遍的和方便的,值得奖励,并且我毫不怀疑这将证明他值得称为最才气焕发的发现者。"

牛顿在《自然哲学之数学原理》的第一版(1687)中,也适当地承认了莱布尼茨在这个领域的成就,他写道:

"十年前在我和最杰出的几何学家 G.W.莱布尼茨的通信中,我表明我已知道确定极大值和极小值的方法,做切线的方法以及类似的方法,都同样适用于有理量和无理量,但我在交换的信件中隐瞒了这方法……这位最卓越的人在回信中写道,他也发现了一种同样的方法、他并叙述了他的方法,它与我的方法几乎没有什么不同,除了他的措辞和符号而外。"

牛顿的这段提到莱布尼茨对创立微积分作出贡献的话,在 1713 年《自然哲学之数学原理》的第二版中还保留着,但在 1726 年出版的第三版中,却被删掉了。而这第三版也是在牛顿生前出版的。

由此可见,早期时,牛顿和莱布尼茨这两位学者对对方的研究成果都作了一定程度的认可,表达了彼此对对方的尊重。然而,后来发生的争论风波却大大超出了他们之间的默契。

自从牛顿在 1687 年承认莱布尼茨的贡献以后,长期以来,人们一直认为这两个人独立地发现了各自的系统。但是后来,他们各有一批拥护者,都积极提出对自己有利的证据,你来我往,交换了不少怒气冲冲的信件,激烈地争论了许多年。一方攻击莱布尼茨的思想获自牛顿;另一方攻击牛顿的"流数"是对莱布尼茨的"差分"的改制。

这里所提到的两篇文章使发明权之争进一步公开化。一篇是继牛顿的《光学》发表(1704 年)之后,匿名(牛顿认为是莱布尼茨本人)刊登在《学术学报》上的对其附录《曲线形求积法》的评论文章。文中谴责牛顿的流数及《自然哲学之数学原理》中的数学是从莱布尼茨等人那里剽窃来的。这种匿名攻击在皇家学会内部引起一片哗然,更使牛顿的维护者群情激愤。1708 年,牛顿的一名学生、牛津大学天文学家凯尔(J.Keil,1671－1721)在《哲学学报》上发表了两篇文章,一篇是关于微积分发明优先权的,另一篇是关于万有引力性质的。在前一篇文章中,他反唇相讥,坚持牛顿是微积分的最早发明者,并认为"这同样的计算后来被莱布尼茨发表,只是名称和符号的样式被改变了"。这篇文章深深激怒了莱布尼茨,毅然对这个指控提出上诉。为了表明自己的清白,他多次给皇家学会写信,请求为他主持公道,要求凯尔公开向他道歉。在 1711 年 12 月 18 日给学会秘书斯劳恩(H.Slaone)的信中,莱布尼茨写道,"对此我相信即使牛顿本人也不会赞同的,他是一个卓越的人,透彻地了解过去的事态"。与此同时,《学术学报》又发表评论员的文章,宣称"要以剽窃责难牛顿,并说每个人都知道他的意图是什么"。这种暗箭中伤使皇家学会的会员们激愤而起,强烈要求《哲学学报》表态。作为学会主席的牛顿对此也深感不快,敦促学会处理此事。

为此,皇家学会于 1712 年 3 月任命了一个专门的调查委员会,由哈雷等 6 人组成。审查了大量历史信件和有关争论的文件,于 4 月 24 日发表了一篇报告,作出四点结论,并最后肯定牛顿是微积分的第一发明者,莱布尼茨是第二发明者。且表明莱布尼茨是在同考林斯多年的通信中以及通过其他渠道事先得知了牛顿的研究成果。报告中这样写道:

"微分法除了名称和符号不同,其他与流数法一模一样……因此我们认为,问题并不在于谁首创了这种方法或者那种方法,而在于谁是首创这种方法的第一人。而且我们认为,那些相信莱布尼茨是首创者的人一定对于莱布尼茨与考林斯先生的通信以及很久以前他与奥尔登伯格先生的通信情况了解甚少或是根本就不了解;这些人也不知道在莱布尼茨先生开始在莱比锡《学术学报》上公布微分法之前 15 年,牛顿先生就已发明了流数法。

不管是以上哪条理由,我们都认为牛顿先生是首创者,并认为持同一观点的凯尔先生对莱布尼茨先生根本就不存在中伤之意。我们向学会仲裁委员会提出:相关信件与文稿的摘录以及现今尚存的、收入沃利斯博士著作第三卷中具有同一目的的那些文稿值得公开发表。"

这个委员会主要是由牛顿的朋友组成的,他们发表的报告肯定了牛顿的优先权,反驳莱布尼茨所指控的剽窃;而对莱布尼茨的独创性及攻击莱布尼茨剽窃的论断的真实性却没有表态,并且在报告里对莱布尼茨的语气里含有敌意,没有公正地对待莱布尼茨。对于事先未通知他向委员会提供证据,莱布尼茨心生怨气,尽管牛顿编排好自己的证据并写了个报告,也未让他提供证据。当莱布尼茨向皇家学会申诉对他不公正时,皇家学会否认对委员会的报告负有责任。后来,这个问题被提到皇家学会的一次有外国大使出席的会议上审议。根据一个与会者的建议,牛顿开始同莱布尼茨进行个别磋商。但是,直到1716年莱布尼茨逝世,还没有得出任何结论。

令人遗憾的是,在牛顿逝世的前一年,即1726年出版的《自然哲学之数学原理》第三版,删掉了前两版中正确评价莱布尼茨对数学贡献的那段话。此后,这场激烈的争论又继续了很多年,有的人甚至认为,严格说来,这场争论现在仍然悬而未定。但是一般人倾向于认为,牛顿和莱布尼茨是在各自分别研究力学和几何学时独立地发明了微积分,因为生活在同样的数学思想世界中的任何两位有创造性的数学家殊途同归的例子在科学史上也是屡见不鲜的。而莱布尼茨对微积分记法的宝贵发明从未遭到过质疑。他始终极为重视数学记法问题。他在引入新符号之前,总是先和数学家商讨。他创造的新符号大都流传到现在并仍被采用。当时人们也看到莱布尼茨的微积分远比牛顿特殊的微积分形式要简明易懂、使用方便。从时间上看,牛顿产生流数思想和表示法是在1665年5月,而莱布尼茨则是在1674—1676年间才形成微分的思想和表示法。因此,牛顿发明微积分的确比莱布尼茨早10年,完成论文则要早15年至20年左右。但在该方法的公开发表时间上,由于牛顿过于谨慎,迟迟不拿出发表,因而莱布尼茨先于牛顿发表,这也是造成这场争论的重要原因之一。

牛顿和莱布尼茨关于发明微积分优先权的争论,在数学史上造成了一些消极的影响。它在英国和欧洲大陆数学家之间造成了一种屏障。一般说来,英国的数学家在整个18世纪里一直沿用牛顿的流数术记法;而另一方面,莱布尼茨的记法主要为法国和德国的数学家所使用。当然也不是绝对如此。学术界的这种状况,给双方都带来了损害,特别是对英国那一派的数学家们。显然脱离数学发展的真正潮流的倾向,使英国数学家落后于欧洲大陆的数学家。直到1812年,剑桥大学的一些年轻的数学家建立了一个"分析学会",主张在英国也应推广莱布尼茨的微积分法。但是对于牛顿模式的物理学结构,直到19世纪末,人们还是坚信不疑的。

第六章
探索物质的奥秘

　　17 世纪 70 年代，牛顿开始从事除数学、光学之外的其他研究。那时，牛顿在微积分和二项式定理等数学研究上已经告一段落，在光学的实验研究上也已经得出了初步的结论和看法。因此，他在 1667 年返回剑桥后改变了研究方向，将大部分精力转移到炼金术和化学上。牛顿尽可能推掉别的事务，包括给莱布尼茨回信及推迟撰写关于颜色的总结性论文。"因为我想研究其他课题"。一些无法奉告的义务和"自己的事，眼下几乎完全占去了我的时间与思维"。研究课题之一就是化学。

·

1. 研究情况

与在自然哲学上的兴趣相比,牛顿在化学上的兴趣发展得迟缓些。他在 17 世纪 60 年代中期构写"哲学问题表"时,只有几条可以称为化学的条目。不过,当他把"问题表"里一些标题下的笔记扩充到一个新笔记本上时,化学的内容增多了。从笔记上看,是波义耳将他引到此学科的。前面我们提到,牛顿的特点之一,就是能将所学的东西融会贯通、组织整理后并加以运用。多年后,他在造币厂撰写的一篇论文中介绍用铅提炼金银的工艺,就是在这时记录的。这里,我们有必要介绍一下牛顿所处时代化学的发展状况。

化学这门学科最初孕育在美索不打米亚平原。近代化学的形成则是在 16 世纪至 18 世纪。化学作为一门科学可以说是从炼金术和化学工艺中脱胎而出的。因此,脱开了古老、神秘的炼金术,很难想象化学的形成和发展将会是什么样子。炼金术在本质上也可以说是化学实验,但其指导思想却是神秘主义。在炼金术士那里,化合物是由"土、水、气、火"四种元素组成的,他们用肉体与灵魂、男性与女性和成对的元素相比较。用原始物质的着色来说明形式与物质的统一,同时又把这种统一比喻为生命的开始、后代的繁衍、太阳月亮、皇帝皇后的联姻。

同时,炼金术士出版炼金术著作,书中既有思辨内容,也有关于化学实验的确切描述。然而书中大量使用的是神秘的、特殊的炼金术语言,以便将这些东西小心翼翼地掩饰起来。如硫酸就被称作"黑蛇和铜色鹰的血"。不过,由于使用的并不是十分纯净的化学药品,炼金术士们做相同的实验,却往往得出不同的结果。到中世纪时,炼金术士们开始逐渐改变理论思辨的方向,将注意力更多转向于实践。他们更加注重于做实验,并详细记载实验过程,还对实验方法进行公开的讨论。这样,古老的炼金术逐渐从炼金炉中走出来,一步步向化学迈进。

在从炼金术到化学的转变过程中,不少研究冶金化学和医药化学的科学家们都起到了重要的桥梁作用。如在冶金化学领域作出巨大贡献的代表人物毕林古齐(V.Biringuccio,意大利)和阿格里珂拉(Agricola,德国)以及对炼金术进行了改造的瑞士医生巴拉塞尔斯(Paracelsus)和比利时医生海尔蒙特(Helmont)。其中,对牛顿产生巨大影响的是英国的科学家罗伯特·波义耳。波义耳在物理学和化学上都做过许多著名的实验,例如我们熟知的"波义耳—马略特定律",就是他在 1662 年做了气体的膨胀和压缩实验后得出一定量的气体在保持温度不变时,它的压强与体积成反比这一规律的。他十分崇尚古希腊的原子论观点,认为"绝大部分的物质性质及因之产生的现象,决定于最小粒子的运动和组成","化学组合产生于基本的粒子之上"。他继承了此观点并对物质的组成和化学变化作了新的解释,在此基础上奠定了近代化学的基础。波义耳还是定性分析的奠基者。他在自己的著作中论述过许多检验位置成分的方法,除了以往常用的火法检验外,他特别强调利用物质的水溶液进行鉴定实验。此外,他通过沉淀反应发现特殊的沉淀物也是定性分析的重要手段。他和其他科学家对溶液检验方法的研究,使化学分析的方法从利用物理性质为主进行检验发展到利用化学性质为主的检验方法。他对炼金术十分感兴趣,并将自己的大部分精力投入其中。他相信自己能把水变成土,把黄金变成贱金属。他对旧有的化学观点如"四元素说"(土、水、气、火)和"三元素说"(盐、硫、汞)等观点进行了强有力的抨击,提出了不少新的见解,还为元素下了一个朴素的定义。但是,他始终没有能够提出一个清楚的化学理论来替代旧理论。17 世纪的时候,一个研究炼金术的中心在剑桥大学三一学院成立了。牛顿的导师巴罗就是该组织的成员之一。他们督促英国的出版商搜集和出版有关炼金术的典籍,逐渐形成一种新的炼金术理论。牛顿就是在这里开始了他的炼金术——化学的探索和研究。

牛顿大为关注炼金术是在 17 世纪 60 年代末和 70 年代初。那时,他几乎中断了与科学界的联系,退缩到学术圣殿的宁静中,潜心研究炼金术。他对此研究的目的,并不是炼制灵丹妙药以求长生不老,更不是为图金钱找到点石成金的秘诀。真理,只有真理,才对他有吸引力。正如他从占星术转向研究天文、力学和数学那样,他从传统的炼金术出发以探索万物形态区别与转变的机制,并从粒子和力的观点探讨物质组成及其转变和嬗变的根本道理。牛顿对物质的组成持非神创论的观点,认为物质和时空并非是上帝创造的,这就决定了他研究炼金术和化学是出于对科学真理的追求。因此,他既不是一个炼金术士,也不是一个单纯研究物质化合与分解的化学家,而是将物理、力学和化学甚至生命科学进行综合研究的科学家。

从牛顿化学笔记的记载顺序可知,他并不是首先陷入炼金术中,发现它的荒谬,再回到"理性"的化学。相反,他从冷静的化学开始,很快便放弃了,继而去研究他认为更深奥的炼金术。牛顿对化学现象的注意开始于1664年后期,那时,他还是剑桥大学的一名学生。在他的三一学院笔记中,"水和盐的问题"、"矿物问题"和"颜色问题"这三节内容分别对水的组成、金属和酸、碱成分与化合等问题作了说明。他提出了水不是由盐等组成的等六点看法,认为水银易于沉入金属溶液,铜与锡玻璃(tinglass)按4:1比例熔于一起构成金色的物体。他指出烧焦的硫不像化学家们所主张的是黑色,因为普通的硫熔解或升华后只变成红色或黄色。此外,他还观察过樟脑树燃烧物、蓝燃物与雄黄混合、酒石酸与法国铜绿的混合物和虫红溶于尿精(Sprit ofu-rine)等的颜色。这些实验和观察显然与化学有关并且引起了牛顿对化学研究的兴趣,成为他研究化学的先导。

根据道布斯(B.J.T.Dobbs)的介绍,牛顿在1667年开始研究炼金术,当时他写了化学字典(MS.Don.b.15),不久又读了波义耳的《形式和质料的起源》,开始对物质的嬗变产生兴趣,便寻找并抄录流行的炼金术手稿。这些手稿是他炼金术生涯中最令人感兴趣的方面之一。在炼金术方面,他读的不仅仅是印刷文字,手稿中有厚厚一捆炼金术论文,大部分是未发表的,至少出自四人之手。显然,性格内向、在三一学院不愿与同事交往的牛顿,却进入了秘密的英国炼金术士圈子并与给他手稿的炼金术士们保持联系。具有神秘色彩的是,牛顿抄录的大部分手稿,来源均不详。至今,这对公众依然是个不解之谜。因此,评价牛顿炼金术著作时,由于其中绝大部分不是他的原始著作,甚至也不是对他所读的文献的批判性论文,所以,必须了解炼金术文献的全貌才能断言哪一篇是牛顿亲自写的原始著作而不是一系列的节录或摘要。

从在凯恩斯收藏的两份手稿中可看出,牛顿对炼金术作家作了仔细的区分:一份是三页的炼金术作家的分类名单,另一份是两页的"最好作家"的选录。巴勃森收藏中的牛顿遗稿中,有一份两页的亲笔遗稿,分别按国籍列出 113 位炼金术作家的名单,还有一份 7 页的"化学作家及其著作"的手稿,其中牛顿对比较重要的作家都作了评论。事实上,牛顿还有一些不为人知的类似的文献作品。

大约从 1669 年开始,他大量阅读炼金术文献,写下了许多笔记(1936年,牛顿遗稿在伦敦索斯比拍卖会上流传出来,人们发现秘而不宣的炼金术手稿竟有 65 万单词之多)。他的读书笔记是从 17 世纪 60 年代后期,大约1670—1671 年开始的。对牛顿早期炼金术方面颇有研究的多布斯教授指出,牛顿"钻研了较早的(即 17 世纪以前的)全部炼金术文献,在这方面可谓空前绝后。"与同时代的化学家波义耳相比,牛顿并没有在此领域取得重大成果。可是这一时期,"他所取得的化学知识,对他后来到造币局去提高银币纯度却起到了一定的作用"。

70 年代末期,继他在《哲学学报》上就"特殊的汞"给罗伯特·波义耳回信后,牛顿开始与波义耳通信,一直持续到 1691 年波义耳去世。他们通信的话题始终围绕着炼金术这一课题。并且,自开始读波义耳著作到 17 世纪 60年代末,牛顿阅读的也都是炼金术方面的作品。继波义耳之后,直接受他的影响并运用原子论观点做大量化学实验以便研究化学的,就是牛顿。牛顿不仅接受了波义耳的合理部分,而且做出了重要的发展。1676 年 4 月 26日,牛顿在给奥尔登伯格的一封著名的信中,对波义耳描述的金和汞的增热现象作了解释,并且基于物质质点的大小及其力学作用而作出解释。

80 年代末,牛顿结识了另一位科学家约翰·洛克。除数学之外,两人有很多共同的兴趣和爱好,双方都认定对方为知识的权威。他们在 90 年代早期开始通信,对牛顿近 20 年间潜心研究的课题交换意见,进行讨论。1692年,牛顿在给洛克的一封信的附言中写道:"我知道波义耳先生跟您和我都讲到过他的红土和汞工艺,并在逝世前要为他的朋友搞到一些那种土。"接下来,在保守秘密的情况下,牛顿、洛克就有关炼金术研究保持联系,相互交换炼金术方面的信息。但大多数信件现已丢失。

无论炼金术对牛顿是否还有其他什么意义,他总是相信,他读的论文谈的是材料物质经历的变化。他的目的是,透过五花八门的想象,找出这门技艺的所有阐述都能通用的工艺。其中,波义耳的《形式和质料的起源》一书对牛顿产生了很大的影响,正是这本书,促使他开始做化学实验。同时,他还接受了波义耳在《怀疑的化学家》一书中所说的"这些粒子与另一种粒子相遇,同其中的一些粒子结合得比这些粒子的结合更加紧密"这一观点。从这些著作中,牛顿领悟到了,构成炼金术这门技艺的内涵,是化学工艺,而不是隐含在化学工艺术语下的神秘经验。于是,他在阅读炼金术文献的同时,在实验室开始做实验。大约在 1668 年 8 月,他去伦敦买了一套共 6 卷的炼金术文集——《化学论文集》,同时还买了炉子、玻璃装置及化学药品,在三一学院大门北面花园的东部建立了实验室。实验室内摆满了化学物品:材料、接收器、引线、坩埚等,牛顿自制并改装了熔炉,开始做化学和光学实验。

牛顿全身心地投入到实验中。在他的助手汉弗莱·牛顿的记忆当中,牛顿很少睡觉。"特别在春天和秋天,他常常在实验室一待就是 6 个星期,无论昼夜,灯光总是亮着。有一次,我在做另一个实验,他整夜未眠,直到完成他的化学实验。在实验中,他极为精确,严格,一丝不苟。他的目的是什么,我猜不透。在那段固定时期,他的刻苦,他的勤奋,让我觉得,他所追求的超越了人类的技术和工业范畴。"

牛顿做了大量的关于金属、合金及其特性实验以探索物质的嬗变。"我先把纯铜熔化,然后加砷,当它也熔化以后,我就将它们稍微搅拌一下,同时注意不要吸进有毒气体。然后,我加进锡,等它熔化之后(它化得很快),就把所有东西重新化一遍,然后马上把它们倒出来。"

1681 年春,牛顿的实验工作达到高潮。在他用英语写的实验笔记中,有两段是用拉丁文写的。这两段显然不是实验记录,倒像是对实验记录的解释。从他那与炼金术手稿中相同的神话的比喻中可以看出,兴高采烈的心情跃然纸上,似乎"我发现了!"的欢乐呼声就通过花园传了过来。

1681 年 5 月 10 日,我知道晨星就是维纳斯,她是萨杜恩之女,是一只鸽子。……5 月 15 日,我明白了"汞的确有某种升华现象",它也是一只鸽子。升华的过程是:完全污浊的升华物从物体中上升成白色,在底部留下黑色渣滓,用溶解的方法洗净渣滓,汞又从净化的物体中被精炼,直到底部再无渣滓留下……

5 月 18 日,我完成了这次理想的溶解实验,即,两个相等的盐分子形成铅。然后搬来石头,把它与有韧性的朱庇特放在一起(在此足可以称之为"锡"),还标有符号*(秘制卤砂?),比例的搭配让朱庇特处于主动。然后,鹰托起了朱庇特。这样铅在恰当的比例下，没有盐也能合成，火便失去其优势。最后，汞升华，秘制卤砂撒满盏上，溶剂使所有东西浮上来。

他从波义耳的实验开始，感到其工艺过程并不都是合适的，然后研究炼金术文献，将文献与实验联系起来，从实验结果提出一些新的想法，丰富了波义耳的嬗变思想，并运用酸或溶液的粒子浸入溶质粒子间隙并将它包围，以比溶质粒子之间更大的吸引力将它拉入溶液或酸中，说明溶解、化合和分解，进而用粒子力因距离变化和转变说明化学作用，从而使波义耳的化学思想进一步科学化。他对波义耳的带有炼金术思想的物质嬗变问题，用物理和化学相结合的方法加以发展，并进行更深入的研究。写下了实验笔记 MS.add.3975。他在约 1669 年写的 MS.12a,fol.1r 中，把炼金术的活力动因 "Megnesia"（磁质）一词引入他的命题，称之为"活化的唯一物种"，"这个动因的第一个作用是净化、集聚并混入混沌之中，然后进行创生（generation）"。

1669 年 5 月 18 日，牛顿在给阿斯顿（F.Aston）的信中，首次提到"嬗变"一词，并理解为一种物质变成为另一种物质。同时对炼金术表示了关注，他在信中写道：

至于我现在由这些能想到的特殊问题，如在匈牙利的施姆尼兹（Schemnitz）（那里有金、铜、铁、硫酸盐、锑等矿）他们是否将铁溶于硫酸盐水中使其变为铜，他们是在矿盐洞中发现这种水的，然后加旺火将胶质（slymy）熔解并冷却，证明它变为铜。据说这样的事在别的地方也做过，现在我不记得是什么地方了，或许在意大利也会做过。约 20 或 30 年前从那里来过某一种硫酸盐（是一种高效力的东西，现在称为罗马硫酸盐），这种硫酸盐现在搞不到了，因为他们用像变铁为铜这样的秘诀制成然后卖出，可能得到较大的利益。其次，在匈牙利、斯克拉夫尼亚（Sclavonia）、埃拉城附近的波希米亚或西里西亚附近的波希米亚山上，河水带有金子，或许金子被像王水这样的腐蚀性的水所熔解，其溶液随河水流过这些矿。河流中存在的汞在浸染上金子后，经过皮革滤掉汞就可以留下金子，这个秘密还是公开应用的。[①]

---

① H.W.Turnbull,The Correspondence of Isaac Newton,Vol.1,(1959),P.11.

牛顿的实验笔记证实,他最早的实验是以波义耳理论为基础的,或许还受了迈克尔·梅尔的影响,旨在从各种金属中提取汞。在炼金术的知识界里,汞——不是普通意义的水银,而是哲人之汞——是公认的第一物质,从它那里可以形成所有的金属。将它从金属的固定形体中解析出来,清除掉污染的渣滓,就等于是使它复生,使它适于"工作"。此处所发现的两个概念,即纯化与复生的概念,包括雌雄生殖,充斥着牛顿阅读的炼金术文献。他的实验笔记透露:他曾用不同方法,想提取哲人之汞,还曾用更高级的炼金术方法做过马尔斯星块,即铁制锑块的实验。

炼金术的哲学传统与机械哲学存在根本的差异。在机械哲学中,主张将肉体与精神截然分开,排除精神对自然的作用,纯粹用运动物质的粒子的机械学原理来解释这些作用。而炼金术则相反,它体现的是机械哲学所排斥的精华。它把自然看成生命而不是机器,用精神的活化力量来解释各种现象,宣称所有事物都是由雌雄结合而产生的。

牛顿在炼金术中还碰到另一个与机械哲学水火不相容的概念:机械哲学坚持物质的惯性,因而只有机械学原理决定其运动。而炼金术认定物质中存在活性成分,它是自然现象的主要作用因素。它认定存在一种活化剂——点金石——这正是炼金术的目标。各种形态都用于这种点金石,都表示一种激活概念,这与只以广延为特点的机械物质的惯性相去甚远。弗拉梅尔称它为"威力无穷战无不胜之王";菲拉利斯称它为"世界的奇迹","奇迹的主体"。在森迪沃格斯和菲拉利斯的著作中,这种激活有时表现为特定形式的引力,他们称之为磁石。对他们来说,磁提供了自然作用的一种形象。"他们把铅叫做磁石",牛顿在早期对森迪沃格斯做的笔记中写道,"因为它的汞吸引锑种,如同磁石吸引铁。"他还注意到"我们的水"是从铅中吸取出来的,"靠的是我们的铁的力量,它就在战神阿瑞斯的肚子里"。在一则笔记中,牛顿解释说,这意味着"我们的硫的力量藏在锑中"。

从根本上讲,牛顿从没有放弃机械哲学家的身份,他永远相信是运动的物质粒子构成了自然世界。然而,当机械哲学家们坚持认为构成物质世界的只有运动的物质粒子时,牛顿及早地发现这些范畴太局限了,无法表达出自然界的真实。从这个意义上来说,炼金术补充和完善了狭窄的机械学范畴,为牛顿打开了更广阔的前景。

在 17 世纪 70 年代初牛顿的炼金术论文中可以发现这样一个观点:机

械科学一定要用一种更深刻的、能探索运动粒子背后的活性成分的自然哲学来完善。后来,牛顿在 1675 年的"光的假设"中重复了这一观点。从表面上看,"假设"提出的是以宇宙以太为基础的机械宇宙论。三百多年来,人们一直将它看作 17 世纪机械哲学的代表作。但是它包含了一些新的内容。"假设"中几次提到"不相容性的秘密成分",因为这一成分,液体和酒精与某些东西不相溶,却能溶于别的东西。这里,活性成分也出现了。牛顿认为:

"自然是个永恒循环的工作体,它从固体中产生液体,从液体中产生固体,从挥发物中产生定形物,从定形物中产生挥发物,从稀薄中产生浓厚,从浓厚中产生稀薄。有些东西上升,形成地球上的液体、河流与大气;而另一些则下沉,形成与前者相反的东西。"

因此,有人将"假设"称为炼金术的宇宙学,是不足为奇的。

牛顿是在将他的力学原理与化学实验相结合的基础上,研究物质为什么和怎样才能具有相互转化的统一性,并且从最基本的粒子的排列与组合的观点探讨其机理,试图将嬗变思想科学化。他的关于一切物质都是变化的和相互转变的观点,虽然在个别问题上带有炼金术色彩(如铁变铜和金化为土),但是却与过去正统的炼金术不同。他追求的是科学真理而不是点石为金。牛顿的这种思想是与物质观上的形而上学和机械论相对立的,并且被科学的发展所基本证实。

从 1664 年之后,牛顿基本上接受了物质组成的原子论观点和光的微粒说,但是这种说法与上帝创世的教义始终存在着矛盾或不协调,如他在 1667－1669 年间写的《论流体的重力和平衡》一文手稿中写道:"如果我们仅仅假定物体是创造的,这就是说它们由于意志才得到存在,或者它们是神圣的原因的创造","我们只是将物体的形式和神的意志加以区分,因为这是矛盾的,物体将是意志作用或在空间中发生作用的结果之外的东西"。对于一个严肃的科学家来说,通过实验去探索解决这种矛盾的方法和寻求切实的答案显然是可以理解的。在 70 年代,由于在光和颜色理论上同胡克和惠更斯发生争论后,牛顿明显地向以太说妥协,思想发生了一些变化。他在 1675 年给皇家学会秘书奥尔登伯格的信中这样写道:

"或许自然的整个结构只会是按一种发酵原理凝聚的以太。只会是某种以太精或蒸汽像沉淀所形成的那样凝聚成各种结构,很像蒸汽凝聚成水或呵气凝聚成较粗大的物质那样,尽管并不是这样容易的。凝聚之后形成不同的形状,起初由创世主直接经手,以后则一直由自然力造成,那是因指令而增加和增殖的,使其变成按原形质进行复制的完善的仿造者。于是,或许一切事物都起源于以太。"①

2. 研究成果及作用

1684 年 8 月之后,随着对力学研究的深入以及发现万有引力定律等原因,牛顿放弃了以太说的物质观,重新回到坚定的原子论立场。相应地,他的化学思想也转变到以粒子和粒子力(推广了的引力理论)观点来研究化学变化和物质转变与嬗变,就是将他在《自然哲学之数学原理》中表现出来的力学研究成果加以发展,运用到化学研究上,从而开创了继波义耳之后在化学作用机理上进行实验和理论研究的新时期。

牛顿不仅接受了古代的原子论,而且做出了很重要的发展,试图将原子论科学化并用实验去证明。在这一点上,牛顿超出了包括伽利略、伽桑狄和波义耳在内的当时所有的哲学家和科学家。丹皮尔认为牛顿"承认了原子论,使它得到正统的地位"。贝尔纳甚至说,化学中的原子论"是牛顿原子臆测的直接结果",梅森则认为道尔顿的原子论来源于牛顿的原子论。由此可见,牛顿对原子论和后来科学的发展有着巨大的影响。

与波义耳一样,牛顿反对亚里士多德的"四元素说"(土、水、气、火)和帕拉塞斯(P.A.Paracelsus,1493－1541)的"三要素说"(盐、硫、汞),并且用化学观点将它们扬弃,摈弃"它们是基本元素"的错误认识,认同"它们都是化学作用中的重要原料或产物"这一观点。他认为硫代表酸,"盐"代表碱,汞代表金属,土代表矿物质和盐,水和气不过是化学过程中的两种物质,火则

---

① H.W.Turnbull,The Correspondence of Isaac Newton,Vol.1,(1959),P.364.

是化合和分解的一种手段。这样,他接受了前人在医药化学和炼金术研究中的一些有益成果,并用化学方法加以检验和发展,明显表现出他在炼金术向化学发展中所起的促进作用。

关于化学作用的机理是否在于粒子和作用力这一问题,牛顿在《自然哲学之数学原理》的《结论》手稿中提出,几乎一切自然现象将取决于粒子的力,并且认为金属的粒子受到引力和斥力的双重作用,因距离加大引力减小很快和斥力减小很慢,所以在某距离范围内引力大于斥力,否则斥力大于引力。牛顿以自己的力学原理为基础和指导思想,对于化学作用提出新的解释,批判了德谟克利特的带钩原子、亚里士多德的神秘的质等前人的观点,在《疑问31》中有这样一段精辟的见解:

"一切匀质的硬体的各部分彼此完全接触,很强地结合在一起,为了解释何以如此,有些人发明了带钩的原子,开始提出这个问题。其他人告诉我们物体被静止地粘在一起,这就是一种神秘的质或毋宁说什么也没有。另一些人则说它们被并协(conspring)的运动结合在一起,也就是被它们之间的相对静止结合的。我却宁愿从它们的内聚力推论出它们的粒子受某种力相互吸引,这种力在直接接触时是极强的,在小距离时形成上述的化学作用,并且达到离粒子不远处具有一些可感觉的效应。"[1]

显然,牛顿试图建立一种化学理论,以便科学地说明化学作用,这种早期的"理论"也只有精通力学、物理和化学的牛顿才能提出来。牛顿的这种观点比他之前的各种说法无疑是更合理的和科学的,而且成为道尔顿(John DaIton,1766—l844)之后化学理论的先导。

《论酸的性质》一文是牛顿的一份著名化学手稿,它是牛顿在1692年3月初写成的。文章这样写道:

"酸粒子比水粒子要大,所以不易挥发,但酸粒子比固体物质的粒子要小得多,因此内聚性要差得多。酸的吸引力很强,所以产生的作用也大……酸的特性处于水和团体之间,而且它可吸引它们。由于酸的吸引力作用,酸可以结聚在石粒子和金属粒子的周围……酸依靠吸引力可以破坏物质,溶化物质,并通过把一些粒子分割和变成气体,形成小气泡从而产生热量。这是溶解和发酵的原因。"

---

① [英]I.Newton,Opitics,London,(1931),PP.388—389.

在文稿中,牛顿进一步阐述并发展了关于物质的概念。他从传统的"机械论哲学"入手,补充了"质点主要是在他最初称为亲和力后来称为吸引力的影响下运动的这个假设"。他还考虑了质点的凝聚,在文章的结尾,甚至提出一种"区别反应和嬗变"的方法。对于王水溶解金而不溶解银,强水则溶解银而不溶解金这种现象,牛顿将质点的吸引力同酸质点的大小与金属质点间的"微孔"的关系结合起来给予了解释。然而牛顿没有给酸下一个合理的可用的定义,因而在《论酸的性质》中,只是从理论上把酸看成是"具有极大的吸引力的"物质,"它们的活性就存在于这种力中"。

牛顿后来同皮特凯尔(Pitcairne)关于手稿内容进行了交谈。在谈话中牛顿提到了物质组成的层次等问题。皮特凯尔后来在文稿中补充了同牛顿的谈话纪要,两个纪要中不但对物质的化学变化作了进一步的介绍,更重要的是,牛顿提出了十分重要的物质组成层次的思想,这种思想在本世纪中叶之后引起学术界的很大重视。

为了便于表示化学反应,牛顿还提出一系列化学符号和有关表示符号。它们是在中世纪炼金术士的一些符号表示法的基础上提出的。汇集了当时已知元素、化合物及其重量和用具的表示符号和表示方法。以下列表所示的,就是根据 J.M.凯恩斯(J.M.Keynes)编的牛顿手稿"Keynes MS.31"中收集的牛顿炼金术符号:[1]

元素符号

元素	金	银	汞	铅	铜	铁	锡	硫	锑
中世纪炼金术士的符号	⊙		☿		♀			♋	
牛顿的符号	⊙ ☊ ☤	☽ Ϋ Ⴇ ☿ D	☿ ☽ ⚳ ☊ ⚴ ⚶	♄ ♄ ⊕	♀ ⊕	♂	♃ ℓ	♁ ☊	☿

---

① 阎康年:《牛顿的科学发现与科学思想》,湖南教育出版社 1989 年版,第 260 页。

化合物符号

化合物	盐	硝石	酒精	卤砂	矾石	醋	水	锑矿 Sb_2O_3	锑	硝酸	酒石	升汞 氧化汞	钾盐	硫酸盐
本世纪炼金术士的符号	（符号）	（符号）	（符号）	（符号）	（符号）	（符号）	（符号）							
牛顿的符号	（符号）	（符号）	（符号）	（符号）	（符号）	（符号）	（符号）	（符号）	（符号）	（符号）	（符号）	（符号）	（符号）	（符号）

化合物	土	王水	生石灰	硝酸溶液	酒石酸溶液	汞合金	空气	火	铵盐水
牛顿的符号	（符号）	（符号）	（符号） C	（符号）等	（符号）等	aaa	（符号）	△	（符号）

重量和用具表示符号

重量和用具	1磅	半磅	1盎司	相似的数量	一层层	坩埚	玛利亚利料	马粪	取或准备
牛顿的符号	℔	℔ss	℥	ana $\bar{a}\bar{a}$	SSS	×	℥ BM B	♈	R

可以看出,牛顿的这些符号是采用象形和示意相结合的表示方法,还没有发展到用分子式来表示。因此,比较复杂,使用起来也不方便。尽管在他的手稿中(特别是前期的手稿)普遍使用,但在后来并没有得到推广和应用。即使如此,牛顿提出这些符号在化学史上仍然是一次可贵的尝试,为后期化学符号的创立和发展奠定了基础。

牛顿曾经写过一本关于化学的完整著作,从炼金术技艺的角度出发,系统解释了物质的原理和基本成分,并提供了翔实的实验证据和数学证明。他自己对这本书的看法很好。但遗憾的是,1692 年牛顿的化学书稿在实验室的意外失火中不幸被烧掉。从那之后,他一直未能再写这本书,这是一个不可弥补的损失。如果这部著作不是意外地烧毁的话,他很可能被作为一个声名卓著的化学家而彪炳史册。

　　有人认为,牛顿在炼金术及化学研究方面,花费了将近30年的时间却并未取得辉煌的成就,似乎徒劳无益。这种看法显然是片面而浅薄的。谁要是指责牛顿把他的无比的智力用于这些现在看来根本不值得他认真对待的事情上,那就是在指责他自己。如果仅仅用炼金术和寻求哲人石而将牛顿在化学史上的成就抹杀,既不符合历史事实,也忽视了化学从炼金术中艰难地蜕变出来的复杂历史过程。事实上,究竟应该把牛顿的炼金术看成是一个本来富于理性的人的一种非理性的奇想,还是应该认为他的炼金术主义作为他的理性科学的一种促进力量,起着积极的作用,今天,只能用苏格兰判词"尚未证实"来评价。但有一点可以肯定,牛顿是继波义耳之后做过化学实验最多和在化学理论上有突出贡献的化学家,在炼金术向化学转变过程中确实起着十分重要的作用。

第七章
最辉煌的乐章

　　牛顿在晚年回忆说：如果说我比笛卡尔等人看得远些，那是因为我站在巨人的肩上。像其他伟大人物一样，牛顿的成就也应当部分地归功于他生活的那个时代，以及在同一领域中作出贡献的先驱者和同辈。牛顿对万有引力定律的发现，就是在哥白尼、伽利略、第谷·布拉赫、开普勒等人工作的基础上，再加上自己的艰苦研究，才得以实现的；与同时代学者们的学术交往，也促进了牛顿思想的发展。这一伟大的发现，奏出了牛顿一生中最辉煌的乐章。

1. 从哥白尼到牛顿

从哥白尼到牛顿,是近代自然科学的革命时期。这期间,力学和天文学得到既迅速又系统的发展。先是哥白尼率先开始了天文学革命,于 1543 年提出了太阳中心说,反对被宗教神化了的地球中心说。以这一革命性的思想为发端,经过伽利略、开普勒等人的工作,最后导致牛顿做出近代自然科学史上的第一次大综合。

对牛顿力学影响最大的是伽利略和开普勒。

伽利略是意大利的物理学家,是近代科学革命时期的杰出代表人之一。在一代接一代、一代高于一代的近代物理学发展史上,伽利略和牛顿,犹如这场接力赛中的两个接棒人。伽利略是近代物理学的先驱者、经典力学的开创者、实验科学之父。他一生崇尚科学,对实验,他精心设计,巧妙安排,边搞实验,边自制仪器,努力摆脱实验条件的束缚。他开创了把实验科学和数学结合起来的近代自然科学的优良传统。伽利略的科学贡献很多。他的著作猛烈地抨击中世纪经院哲学,反对经院哲学把亚里士多德当做偶像崇拜。他指出,亚里士多德是很值得尊敬的大学者,但他的观点中也有许多的错误。伽利略以实验研究为基础,纠正了亚里士多德以来的一系列传统的错误观点。伽利略以科学为武器反对宗教神学和经院主义的斗争,遭到了教会的残酷迫害。

亚里士多德曾把运动分为两大类,一类他称为自然运动,仿佛是自然发生的,如天体在天上的运动,石头向下掉落,火焰向上腾窜。一类他称为强迫运动,例如马在地上拉车,陶匠转动轮子来制造陶器。在这种运动中,物体在外力的作用下,才能保持运动,外力作用停止,原来运动的物体回归于静止。也就是说,力是速度的原因,这种观点看来与对地面上物体运动的直观认识相符合,因为人们经常可以看到,物体的运动与对它的推、拉、提等动作相联系。亚里士多德还断言,自由落体在下落过程中,重的物体下落得快,轻的物体下落得慢,物体越重,下落得越快。

伽利略通过实验,也包括思想实验,又利用数学计算,研究了单摆运动、斜面运动、自由落体运动和抛物体运动,从而发现了摆的等时性原理、惯性原理、自由落体定律和运动的相对性原理;揭示了经典力学中十分重要的加速度的概念,论证了速度、加速度、力之间的关系。通过这些研究和发现,伽利略否定了亚里士多德关于重物比轻物先落地的观点,表明了力是加速度的原因,否定了亚里士多德关于力是速度的原因的观点。

伽利略的这些研究,是对经典力学的开创性的贡献。它使自亚里士多德以来,近两千年内一直没有重大进展的力学研究,取得了重大的突破,标志着经典力学的真正开端,也为牛顿总结运动三大定律和万有引力定律,完成经典力学的体系奠定了基础。

开普勒对牛顿的影响也很大,主要是他发现的行星运动三定律,是牛顿万有引力学说的最重要的前提。

开普勒是德国天文学家,信仰哥白尼学说。大学毕业后,任天文学讲师,业余时间研究行星问题。他把当时的思考成果于 1596 年发表于他的著作《宇宙的奥秘》之中。他把这本书寄给丹麦天文学家第谷·布拉赫。他的数学才能得到第谷的赏识,后来成为第谷·布拉赫的助手。第谷 1601 年逝世,留下了他 20 多年积累的天文观测资料。开普勒应用这些丰富的资料,研究天体运动体系。他努力工作,力图编制出一个更好的行星运行表,并致力于使哥白尼的日心说更加完善。经过 4 年的计算,他发现,根据新的观测数据进行计算得出的火星轨道,与哥白尼的图线正好差 8 分。开普勒相信第谷的观测数据不会有误,因为他生前精确地记录着行星的运动,其数据的误差往往只小于半分。经过反复的研究,他在 1609 年,终于得出了一个不同于哥白尼学说的结论:"火星绕太阳运行的轨道,不是圆形,而是椭圆形;太阳位于这个椭圆形的一个焦点上。"这个椭圆轨道与正圆轨道刚好只相差 8 个弧分。开普勒高兴地说:"就凭这 8 分的差异引起了天文学的全部革新。"又经过 10 年的艰辛研究,他先后总结出行星运动的三个定律。这三个定律的内容如下:

第一定律(又称轨道定律):所有行星分别在大小不同的椭圆形轨道上绕太阳运行,太阳位于这些椭圆的一个焦点上。

这个定律只描述了行星轨道的形状,没有谈及该行星沿轨道运动时不断改变的速率,因而不能告诉我们该行星在什么时候处于什么位置上。

第二定律(又称面积定律):每一行星的矢径(即连接太阳中心与该行星中心的直线),在相等的时间内扫过相等的面积。

这条定律告诉我们,行星沿着轨道运行的速率在离太阳最近时最大,行星离太阳越远,速率就越小。

这条定律也适用于围绕地球的月亮的运动,或围绕任何行星的卫星的运动。

第三定律(又称周期定律):行星绕太阳公转的周期(即沿它的轨道运行一周所需的时间)的平方,与它运行轨道的椭圆形的长半径的立方成正比。

这个定律揭示了各行星运动之间存在着的一个美妙和谐的简单关系。他高兴地写道:"……经过长时期不断的艰苦工作后,利用布拉赫的观测结果我发现了轨道的真正距离,最后终于找到了真实的关系……一下子消除了我心中的疑团,17年来我对布拉赫观测结果的刻苦研究同我现在的这个研究是如此相符,以致我起初还以为我是在做梦……"

开普勒三定律打破了天体必然作等速正圆周运动的传统观念,修正了哥白尼的学说,也使它更为简化,只用几个椭圆轨道代替30多个正圆。开普勒因对天文学的卓越贡献而获得了"天空立法者"的尊贵称号。

开普勒行星运动三定律,为引力问题的研究奠定了直接的知识基础。它描述了行星运动的现状,但没有说明行星为什么会按这三条定律运动,因而只是运动学的定律,尚未说明它们的动力学原因。这就为力学研究提出了必须进一步解决的课题。它吸引了许多人思考和研究一个共同的问题,即为什么行星绕日运动?是什么力量支持着行星的绕日运动?开普勒本人也在思考这个问题。起初,他设想在行星轨道的中心,即太阳上有一个运动着的精灵,它发出直的力线,像轮辐一样,随着太阳绕其轴自转,这些直线力对各行星施加一种推力,使它们绕着太阳转动。后来,开普勒想到,这个动力随距离的增大而不断地减弱,正如太阳光随着太阳的距离增大而不断地减弱一样,便认为这种力必然是实在的。他在1632年出版的《宇宙秘密》的新版本中,对他设想的"实在的力"又做了进一步的解释,他说:"我说实在的并不是按字面的意义,而是……像我们说光是实在的某种东西一样,意思是说:那是从实体发出一种非实在的存在。"这时开普勒已经前进一步,用从实体发出的实在的"力"来代替"精灵"的作用,设想行星是由于某种起源于太阳的作用力而绕太阳运动。他并且正确地指出,行星运动的定律必定是某种更普遍的定律的结果。

开普勒也曾考虑过重力的本性问题。他认为重力不过是物体之间相互结合之力,这种力有使物体结合在一起的趋向,类似于磁力。但是开普勒没有认识到重力就是使行星在其轨道上运行的引力,也没有认识到引力与距离的平方成反比。1645 年,法国天文学家布里阿德第一次提出平方反比关系,他推测从太阳发出的力应和到太阳的距离的平方成反比。牛顿受到开普勒和布里阿德的启发,又从天文学的角度思考行星与太阳之间吸引力的关系。这时,牛顿的思想比当初考虑地球对地上物体的引力与地球对月球的引力二者的比较,又进了一步。这时他已经把地上的物体落地、天上的月球绕地球运动和行星绕日运动等过去看作毫不相干的现象联系起来,寻找他们的共同原因和所遵循的同一规律。这对于自亚里士多德以来把宇宙区分为天上与地上的观点,是一种大胆的突破。

总之,主要是哥白尼、伽利略、第谷·布拉赫和开普勒,这四位分属于不同国度的科学家,共同促成了牛顿在近代科学史上实现第一次大的综合。

2. 对引力的研究

牛顿在前人工作的基础上继续研究,认识不断深化,逐渐形成了这样一个观念:是万有引力使行星不断地绕太阳作椭圆运动。

牛顿同时进行着多方面的研究:力学、光学、数学、化学等等。其中引力问题占据了他相当多的时间和精力,到最后公布他发现的万有引力定律,断断续续差不多历时二十年之久。这期间,牛顿对引力问题的探索和研究大致经历了如下两个阶段:

第一阶段,自 1665 年至 1669 年,牛顿开始是从圆形轨道计算引力问题的。

这时期,年仅二十多岁的牛顿,大学刚毕业,就开始研究引力问题。他大量阅读了哥白尼、伽利略、第谷·布拉赫、开普勒、笛卡尔和布里阿德等人的著作,他从地球对月球的引力着手,从动力学角度反复思索:地球的引力既然能对高山上的物体有效,那么这一引力能不能延伸到月球上去? 如果能够延伸到月球上,这种引力就是使月球沿圆形轨道运动的向心力。根据伽利略对抛物体的研究,随着物体被抛出的初速度的增加,抛物体回到地面之前在空中走过的距离也在增加,如果初速度加大到一定值,被抛射的物体将沿着一个圆形轨道绕地球旋转,永远不再回到地面上来。月球的运动酷似这样的一个抛物体(参见图7-1)。

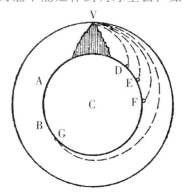

为了证明这一假设是否正确,必须弄清月球运动的向心加速度与引力之间的关系。荷兰物理学家惠更斯于1673年发表《摆钟论》,提出离心力定律。他的内容是:设有一个质量为 m 的物体,以速度 v 在半径为 r 的圆上运动,它像一个拴在一条直线上的石头旋转那样,必然有一个力向中心施加作用,那么这个力所产生的加速度 a,必等于 v^2/r,即 $a=v^2/r$。牛顿在1666年就发现了这个定律。但并没有先于惠更斯公布自己这一成果。他根据开普勒第三定律推算出一个物体绕一中心物体作匀速圆周运动时,它的向心力与两物体之间的距离平方成反比。依照上述两定律,牛顿分别推算出月球的向心加速度。一个是从得到的值,一个是根据 $\dfrac{g}{a}=\dfrac{R^2}{r^2}$ 得出的值(r 为地球与月球之间的距离 $a=\dfrac{V^2}{R}$,r 为地球半径)。比较这两个值,牛顿发现将月球维持在轨道上运行的引力与地球表面的重力极其接近。但是从乡间回到剑桥后,这些最初结果并未公布,而是长时间的搁置起来了。直到1684年哈雷向他提出一个疑难问题后,牛顿才回到引力问题上来。

为什么牛顿迟迟不发布他最初的计算结果? 这在历史上是一个不解之谜,各家解释不一。概括起来主要有两种看法:一种说法是:牛顿在1666年在乡间思考引力问题时,由于"缺少必要的资料",他的记忆又出了差错,便采用了根据地球表面一度纬度相当于60英里的粗略估计,而得出地球半径值。这导致计算上的严重误差,大约比他预期的数字大了百分之十五。奇怪的是为什么牛顿回到剑桥以后没有立即查找正确的数据并重新计算。直到1679年才由胡克的信使他又回到这个问题上来。其间,法国天文学家皮卡特于1671年在巴黎北面通过精密的大量测量得出地球的纬度是一度69.1英里,不是60英里,从而计算出了地球(看作球形)半径的较为精确的数值。后来皇家学会得知了皮卡特的改进数值。牛顿怎么没有注意到呢?1682年,牛顿在皇家学会的一次闲谈中谈到皮卡特的成果时,他才记下确切数值,重新修改了他的计算,得出的结果与理论值相符合。这才最后确认使苹果、石头落地的重力与使月球绕地球运动的力是同一种力。

科学史上的另一些人不同意这种说法。他们认为,牛顿从未说过他最初设想的地球半径是多少。1666年,地球半径已有好几种相当精确的估计值,牛顿很容易知道这些,即使不是在老家乡间,至少是在回到剑桥之后。所以他们倾向于认为,牛顿之所以推迟发表他的计算,是因为他在前进的路上遇到了几个障碍:第一,他的计算是以天体的圆形轨道为前提,这样极大地简化了论证工作,但开普勒发现的天体轨道却是椭圆形的。如何使这一事实与根据圆形轨道计算得出的、和距离平方成反比递减的万有引力的假定相一致。第二,天体是实体,如何计算地球各部分对它表面附近的小天体的引力的总和?地球对它附近的小大体的吸引的有效距离,究竟应当从地球表面看起,还是从地心或是地球的某个点算起呢?对于这个问题,直到1685年,牛顿才能够证明地球吸引外部物体时,它就像一个集中在其中心的质点,即距离从地球的质心算起。第三,如果所有的天地是在相互吸引的,那么太阳、行星、月亮组成的体系就是一个运动着的、互相干扰各自轨道的错综复杂的体系,这样计算就要复杂得多。性格内向又治学态度严谨的牛顿,肯定会充分地估计到这些复杂的方面,逐个地加以解决。因此他不露声色地、踏踏实实地埋头研究解决这一系列的问题。这些大概就是当时牛顿把初步的研究结果搁置起来的原因。回到剑桥,他没向任何人透露他的重大发现。

第二个阶段,从1670年至1685年。

这个时期,牛顿的学术地位已经大大地提高了。他制成了反射望远镜,发现了太阳光是由单色光合成的性质,于 1672 年把这一发现报告了皇家学会,并在前不久被选为皇家学会的会员。这时与科学界的朋友们的联系增多了,与他们的学术往来、谈话、通信,使牛顿的注意力不时地回到引力问题上来。所以,除了先驱者们提供的知识条件和影响,牛顿也得益于同时代的一些研究家们的工作的启发和推动。当然,更重要的还有他自己那些创造性的研究工作,这一切促成了牛顿对万有引力定律的发现。

当时,在英国和欧洲各国,致力于引力问题研究的人数迅速增加。他们提出了许多有价值的见解。与这些学者频繁的学术交往,促进了牛顿思想的发展。

意大利学者博雷利(1608—1678)曾指出,行星的椭圆轨道是由两种相反的力合成的,一个是太阳对行星的引力,一个是行星离开太阳的离心力。但他只是一种猜测,没有做出数学论证。

与牛顿同时代的英国物理学家根据吉尔伯特对磁力的见解,探讨物体之间的引力。1661 年后,胡克曾在山顶上和矿井下做实验,通过测定不同高度所具有的重量,寻找物体的重量随着物体与地心距离而变化的关系。但是这在当时的条件下,通过这种办法是不可能找到的。1677 年,他还根据观察指出,一切天体都有倾向于其中心的吸引力,越靠近吸引中心,其吸引力也越大,但此力的数量级在实验中尚未解决。胡克说:"我推测,我们所居住的那一部分宇宙的中心太阳的万有引力,对所有星球和地球产生一种吸引力,使它们围绕太阳运动;同时,这些星球中的任何一个又会产生一种相应的作用力……"1678 年到 1679 年,胡克和英国天文学家哈雷、数学家雷恩(英,C. Wren,1632—1723)等人,根据开普勒第三定律和惠更斯离心力定律所指出的向心加速度公式,推导出如果把行星的椭圆形轨道当做是圆形的进行计算,则维持行星运动的向心力和距离的平方成反比。所以在牛顿发表万有引力的著作出版时,胡克曾声明:平方反比定律是他首先发现的。

可见在 70 年代,不少科学家在研究引力问题,并且已经认识到,在天体之间存在着一种和距离的平方成反比的作用力,也认为开普勒三定律是正确的。这就需要进一步证明,行星沿椭圆轨道运行时所受的吸引力,也遵从平方反比关系,以及它的逆问题,如果吸引力遵从平方反比关系,行星的运行轨道可能是椭圆形的。但是,当时没有一个人能够作出证明,包括当时最有名望的数学家、天文学家、物理学家,都不能做到。他们由于思路不对头或者数学造诣不够,都遇到障碍。只有牛顿由于确立了机械运动的三个基本定律和制定了以变数观念为基础的新的数学方法微积分,才有了发现万有引力定律的强有力的手段。

以前,胡克和牛顿曾在光学问题上有过不愉快的争论。奥尔登伯格逝世以后胡克当选为皇家学会秘书,他主动与牛顿和解。1679年,胡克给牛顿一封信使牛顿又重新回到引力问题上来。在胡克与牛顿的书信往来过程中,牛顿在答复了胡克的信之后,又向胡克提出了一个问题,请求解答,以示友好。牛顿提出了一个证明地球自转的事例,即如果地球不作自转,那么一个从很高的高处掉下来的物体就会呈直线下落;若地球存在自转,则物体下落的路线就不会是很直的,而将以逐渐收缩的螺旋线轨道下落,并且物体应偏离垂直方向而倾向东方。胡克收到牛顿的信以后,对这个实验着了谜,以前还没有人提供过地球转动的直接数据,人们只是用观察太阳和星星的位置变动来间接地证明。仔细研究之后,胡克发现牛顿并不完全正确,如果石头是在地球赤道上的某个点的高处往下掉落,牛顿的观点是对的;然而假如石头是在北半球的一个点上,例如在伦敦,往下掉落,石头的落地点就不只是朝东一点,而且会稍南一点,即掉落在所在纬度的东南一点。胡克进一步指出,这一掉落的轨道不是螺旋形,而是椭圆形。牛顿的错误很快被胡克抓住,胡克不愿意错过这次胜过牛顿的机会,便向会员们指出牛顿在理解上的错误。但是,原来胡克和牛顿曾有约在先,不宣布他们之间的讨论。所以胡克的违约使牛顿非常反感,同时牛顿对自己计算上的疏忽也很生气。这种学术上的交锋却促使牛顿承认并改正自己的错误,更进一步深入研究引力问题。后来牛顿在回忆录里提到这件事说:"由于胡克改正了我提出的螺旋线的错误,使我在以后的研究里特别注意椭圆轨道……我应当感谢他的倒不是他在这问题上给我的教训,而他把我从别的研究里拖出来,给我一个改换工作的机会……"当时牛顿正忙于制造反光镜面的一种合金。

胡克得到的胜利是暂时的。尽管实验表明胡克的说法是正确的,然而胡克不能证明自己所述的观点。这件事促使牛顿进一步独自研究,最终成为真正的发现者。因为牛顿在数学上比胡克高出一筹,他能提供数学上的论证。

牛顿又回到引力问题上来。以前在计算地球引力作用下的月球运动时,曾在计算上有15%的误差。月球怎样绕地球运动还不能做出正确的解释,又怎么能说明行星的绕日运动呢？这两者的原理必然是一样的。1666年的初步计算放置了 16 年之后，牛顿利用皮卡特改进了的地球半径值重新计算，高兴地发现新的答案是正确的。精确的结果证明了吸引苹果、石头等物体从空中落到地面上来的重力与吸引月球绕地球运动的引力是同一种力。正是这个时候，他也解决了在平方反比定律的力的作用下的轨道是一个以吸引体为一个焦点的椭圆这一问题。这样，行星的椭圆轨道就得到了一个合理的解释。接着牛顿又进一步证明了，反过来说，围绕处于一个焦点的一个力的中心的椭圆轨道，必然意味着力的平方反比定律。这样，牛顿的计算与 73 年前开普勒由天文观测所推得的结论相符合。他解决了当时天文学上的最重大的问题。但是，牛顿却又一次悄悄地把它放在抽屉里，既未与人谈起，也未及时通报皇家学会公布他的重要发现。

恰好有另外三个人正在努力解决这个问题，这就是英国科学家雷恩、哈雷和胡克。雷恩是当时最知名的建筑师和数学家，哈雷是英国天文学家兼物理学家，对引力问题也有研究。他们根据开普勒第三定律和惠更斯离心定律指出的向心加速度，得出了推论：如果把行星的轨道看作是圆形的，则维持行星运动的向心力和距离的平方成反比。但是他们不能从数学上完善地证明引力平方反比关系式。1684 年 1 月某日下午，哈雷和胡克、雷恩会面时，哈雷又提出了这个问题：假如一个行星按照平方反比的关系在引力作用下运动的话，那么，它是否又能按照开普勒第一定律那样在椭圆轨道上运行？

雷恩态度谦逊，自己虽有极敏锐的数学头脑而且也经常思考物体运行轨道问题，但是承认自己没有办法解决这个问题。聪明而又骄傲的胡克则夸耀自己早已证明了这个问题，但是说答案要保密一个时期才肯拿出来。雷恩见此情景，想出个友好又机智的办法，他建议友好地打一个赌，规定期限两个月，谁先对这个问题做出解答，并能提出数学论证，他不仅可以获得很高的荣誉，而且他将给获胜者以奖励，奖给一本价值 40 先令的书。据说，这就是有名的"咖啡馆打赌"。当然其价值绝不在于这本 40 先令的书。

时间过得很快，哈雷没有解决，胡克也仍然拿不出论证。到 8 月份，哈雷等得不耐烦了，决定去向牛顿求教。他亲往剑桥三一学院，向牛顿提出了问题："先生，当一个行星受到太阳以和距离的平方成反比递减的力吸引时，它的运行轨道应是一种什么样的曲线？"

牛顿马上毫不迟疑地回答："椭圆。"

哈雷惊喜地问牛顿怎样知道的。

牛顿简单地回答："计算出来。"

哈雷要求看牛顿的计算稿，但是牛顿已经记不清原稿放在哪儿了，他一时找不到，但是答应给他。牛顿根据记忆重新做了计算。3 个月过后，牛顿履行了自己的诺言，将许诺的那份计算，题为《论运动》的论文副本托人带给哈雷。哈雷充分认识这份计算的重要价值，于 1684 年 11 月，再次去剑桥，说服牛顿公布这份科研成果。这篇《论运动》短文是发现万有引力定律的关键性文件。哈雷还要求牛顿把研究继续下去并请牛顿以后把研究成果寄给皇家学会，以便将它们及时登记备案，确立其优先权。此后，哈雷不断地向科学界宣传牛顿的成就，哈雷的诚恳和热情使牛顿很感动。牛顿欣然同意了他的要求。

在《论运动》一文发表不久，牛顿又在《论物体在均匀介质中的运动》一文中定义了质量是物质之量，由体积和密度共同度量。文中并探讨了力与质量的关系，得出了"加速力等于质量乘加速度"的规律，这个定律的发现也是确立万有引力定律所需要的。1685 年，牛顿还成功地证明了实心球体的引力恰等于球心处一个质点的引力。实心球体的全部质量都可以看作是集中在球心。这是又一个重大的突破。那一天，牛顿原安排接待一个委员会，但是出人意料的是在一次马车撞车事故中，整个委员会的成员都遇难了。牛顿怀着沉闷的心情在葡萄园中漫步，在他的脑海中这时出现了计算这个问题的崭新方法。有了这个方法，牛顿把太阳、行星、地球、月球以及地面上的物体，不管它们的体积有多大，半径有多长，都简化为一个质点看待，这样使复杂的问题简化，从而把以前的计算更加精确化。

至此，牛顿完整地确立了万有引力定律。这个定律的内容是：

所有的物体(质点)都相互吸引，吸引力的大小跟两个物体(质点)的质量的乘积 $m_1 \times m_2$ 成正比，跟它们之间的距离 r 的平方成反比，即：

$$F = G_0 \frac{m_1 \times m_2}{r^2}$$

式中 G_0 是万有引力恒量，经后人测定 $G_0 = 6.67 \times 10 - 11$ 牛顿·米^2/千克^2，万有引力的方向是在两个物体的连线方向上。

概括起来，牛顿在万有引力定律的确立方面有两大贡献：第一，是他找到了万有引力定律的正确的数学表达式;第二,是他确立了这一定律的普遍适用性。他表明万有引力定律不仅适用于一切天体,还适用于地面上的一切物体,论证了地球上的重力与物体间的引力本质上是同一种力。在引力定律的研究过程中,牛顿还根据这一定律说明了岁差、视差、潮汐的涨落,研究了天体的摄动和地球的形状。当时牛顿年仅 42 岁。

万有引力定律确定之后,牛顿当时没有去深入探讨引力的根源问题。他说:"我还未能从现象中发现重力所以有这些属性的原因,我也不作任何假说。"他只是说道:"可以肯定,这种力量只能来自这样一个原因,它能穿过太阳和行星的中心,而不因此受到丝毫的减弱。"这表明牛顿谦逊诚实的科学态度。

哈雷是牛顿所遇到的一位能够真正理解他的工作意义的青年。他本人是天文学家和数学家,不但本人科学造诣很深,而且能实事求是地、心悦诚服地承认别人和尊崇别人比自己更伟大。他不仅能够完全理解牛顿科学成果的重要性,而且力促和资助它尽快出版。在哈雷和皇家学会的其他会员的敦促下,1685 年,牛顿开始用拉丁文撰写他的科学巨著《自然哲学之数学原理》。

3. 万有引力定律的推论和验证

毛泽东曾指出:"许多自然科学理论之所以被称为真理,不但在于自然科学家们创立这些学说的时候,而且在于为尔后的科学实践所证实的时候。"[1]牛顿所发现的万有引力定律,也经过了尖锐的斗争和科学实践的检验,才逐渐被普遍地承认。这里仅举出三例说明从万有引力定律作出的推论得到验证。

---

[1] 《毛泽东五篇哲学著作》,人民出版社 1980 年版,第 15 页。

第一,关于地球的形状。

地球的形状问题,是对牛顿理论的第一个重大考验。牛顿按照万有引力定律和惯性离心力的概念,从理论上推测,地球绕轴自转应该是扁球体,赤道部分突出,两极部分较为扁平,即赤道处的半径略长些,在两极处的半径略短些。由于当时人们对地球的构造毫无所知,牛顿只是假定地球的密度是均匀的,近似地计算出地球的扁率为1/230。但是,当时在欧洲科学界占统治地位的笛卡尔物理学派却持相反的观点,他们认为地球的两极方向的半径长些,赤道处的半径短些,地球是一个伸长的球体。1699年至1784年先后担任巴黎天文台台长的意大利籍的卡西尼一家是持反对意见的主要代表人物。所谓卡西尼一家,即第一任台长卓·多·卡西尼(意,J.D.Cassini,1625—1712)、他的继任者儿子雅·卡西尼(意,J.Cassini,1677—1756)及孙子塞·弗·卡西尼(1714—1784)。卓·多·卡西尼仍然相信地心说,反对牛顿学说。雅·卡西尼根据不准确的实际测量,断言地球形状是两极凸出、赤道较平而并非扁平,类似于梨形。由于他们的反对,18世纪30年代,巴黎科学院曾就地球形状问题展开了激烈的争论。

不同观点的争论,最后由进一步的大地测量得到了解决。法国国王路易十五授权巴黎科学院于1735年、1736年先后两次派出两支远征队对地球形状进行测量。一队奔赴炎热的赤道地区别鲁安(在秘鲁),另一队冒着极寒冷和遭遇狼群的危险,到拉普兰(现今芬兰的北部地区)。他们分别在两地的经度圈上各测量一度等角的弧长。结果表明,纬度一度的长度,在赤道地区是五万六千七百三十七法国古尺(法国古尺每尺约合一点九四九米),而在极地则是五万七千四百一十九法国古尺,比赤道地区约长一点三公里。这个测量结果证明了牛顿关于地球是扁平形状的推论是正确的。为此,伏尔泰写信给参加拉普兰地区测量的法国数学家德·莫泊特斯,跟他开玩笑道:"你为了证实它,在不毛之地奔跑,而牛顿坐在家里就已知道。"原来怀疑地球为扁平状的巴黎天文台的第四任台长、老卡西尼的曾孙雅·多·卡西尼(意,J.D.Cassini,1748—1845),这时才改变了他的前辈和自己的观点,承认牛顿学说的正确性。

但是由于拉普兰地区的测量有错误,使得计算结果在数值上和牛顿的理论推算相差很大。直到1810年,经过新的较为精密的测量,得知法国纬度一度之长的平均值为五万七千零二十五法国古尺,将此值与赤道地区测得的数值加以比较,求得地球的扁率为1/334,比较接近了牛顿的理论计算。这个数字后来又有所修正。

第二,关于彗星的运动。

彗星出现的时候,人们看到它拖着长长的尾巴,样子奇特,与其他天体的形状不同。长期以来,彗星被看作是奇怪而神秘的现象,不相信它和其他行星一样遵循着同样的力学规律。到牛顿的时候,依然如此。而牛顿一反传统的看法,指出万有引力定律同样也适用于彗星。天文学家哈雷根据牛顿的论断,认真计算了自1337年至1698年间出现的24颗彗星轨道。他立即注意到,1531年和1607年出现的两颗彗星同1682年出现的这颗有相似的轨道。而且相隔都是75至76年。他根据计算指出这是同一颗彗星,并且进一步预言说这颗彗星在四分之三个世纪以后的1758年,还会再次出现。1743年,法国数学家克雷罗(法,A.C.Clairaut,1713—1765)计算了木星和土星等行星对彗星的摄动作用(即由于这些行星的引力作用而使该彗星偏离其原来轨道的现象),指出由于这种摄动的影响,该彗星将稍稍推迟一些时候出现。果然,这个彗星基本上是如期而至。这对万有引力定律的正确性,又提供了一个有力的证明。可惜这时牛顿和哈雷都已经逝世了。由于哈雷根据万有引力定律准确地预言了这颗彗星,所以,后来人们称这颗彗星为哈雷彗星。

第三,海王星的发现。

按照牛顿的引力理论,不仅太阳和行星之间由于万有引力的作用使行星沿椭圆轨道运动,而且可以推论,在行星之间也存在有万有引力,它使行星又要偏离其椭圆轨道。只是由于太阳的质量比行星的质量大得多,行星间的引力导致的不规则偏离是很小的,这种微小的不规则偏离,称为行星的摄动。牛顿在世时,天文观测还没有测出行星摄动的存在。1781年,英籍德国人威廉·赫歇尔(F.W.Herschel,1738—1822),这位职业音乐学家兼业余天文学家,运用他自己制作的望远镜,发现了位于土星轨道以外的天王星,它的大小是地球的一百倍,离太阳的距离是当时已知离太阳最远的行星土星的两倍。这个意想不到的发现引起人们很大的轰动,大开了人们的眼界。由理论计算确定的天王星运行轨道是84年公转一周。过了很多年都没有发现它的轨道有什么差错。但是到了1830年,人们越来越清楚地看到,天王星的实际轨道同理论计算的轨道之间有偏离。这种偏离是重复地、有规则地出现的。而且这种偏离不能用离它最近的土星、木星的摄动作用来解释。有些人便认为，牛顿的理论毕竟不能精确地应用到这么遥远的距离，但是又提不出更好的理论解释。另一些人则坚持万有引力的观点，认为在天王星的轨道之外，很可能还存在着另一个有规则地运动着的行星，由于它的影响，造成天王星的摄动。有些科学家就寄希望于发现新的行星，例如德国天文学家和数学家贝塞尔(1784—1846)就说过：我认为借助新行星揭示天王星秘密的一天终将到来，因为这个新行星的轨道参数可以根据它对天王星的作用计算出来。但是，他们都没有做出定量的预言。在当时，从已知的行星去计算它的摄动作用，这个问题已经解决了，但是反过来从已知的摄动效果去求未知摄动行星的质量、周期和距离，在当时还是个困难的问题。

在天王星的轨道之外还有一颗未被发现的行星，这个猜测是很激动人心的。它引起了英国年青的大学生亚当斯(英，J.C.adams，1819－1892)和法国天文台的勒维烈(法，U.J.J.Leverrier，1811－1877)的兴趣。在1843年到1845年，他们各自独立地根据牛顿万有引力定律及其他经验定律进行了这一复杂的计算，确定了这一未知行星的质量、轨道和位置。亚当斯的计算结果于1845年9月交到剑桥大学天文系转英国格林威治天文台的台长、天文学家爱里(G.Airy，1801－1892)。爱里表示收到了亚当斯的信，并询问了详情，但却无视这个"小人物"的计算，根本不打算用天文台所拥有的大望远镜去寻找这颗未知的行星。研究报告被搁置起来了。到1846年7月29日，才开始进行某些观测。

勒维烈在1846年8月31日，把他最后的研究报告交到法国科学院。9月18日，勒维烈写信给当时拥有详细星图的柏林天文台的加勒(德，J.G. Galle，1812－1910)。信中写道："请你把你们的天文望远镜指向黄经326度处的宝瓶座内的黄道的一点上，你就将在离此点约1度左右的区域内，发现一个圆面显明的新行星，它的光度约近于九等星。"加勒在接到信的当天，即1846年9月23日夜间，亲自观测寻找，在非常靠近预言位置的天区找到了这颗新星，位置离勒维烈指出的黄道点相差不足1度，只有52'。第二天晚上，他又观察到这颗新星相对于恒星的背景有了移动，这正是那颗待找的行星。9月25日，加勒兴奋地给勒维烈写回信说："你给我们指出位置的行星是真实存在的！"这就是海王星。

海王星的发现,为证明牛顿万有引力定律的存在,提供了新的证据。

牛顿的万有引力贡献是巨大的。劳厄(Max Von Laue,1879－1960)曾经高度评价说:"没有任何东西像牛顿对行星轨道的计算那样如此有力地树立起人们对年轻物理学家的尊敬。从此以后,这门自然科学成了巨大的精神王国,没有任何权威可以忽视它而不受到惩罚。"

第八章
科学史上的里程碑
——《自然哲学之数学原理》

　　1687 年出版的《自然哲学之数学原理》是牛顿的主要著作之一,也是自然科学史上的重要文献,标志着经典力学体系的完成。它是自然科学史上一座伟大的丰碑,代表了整整一个时代的科学成就,对自然科学和哲学,都产生了广泛而深刻的影响。

1. 写作过程

在皇家学会的一些会员,特别是在哈雷的热情关怀和敦促下,1685 年,牛顿开始编写那部百世流芳的科学巨著《自然哲学之数学原理》(以下简称《原理》)。牛顿这部巨著的题名是针对笛卡尔的。笛卡尔在 1644 年出版了一本《哲学原理》,书中用假想的存在于物质微粒之间的力学关系来解释自然现象,只可说是一种描述自然的哲学。而牛顿则对自然界的规律进行了精确的定量和研究,用抽象的数学进行计算,并使之与观察和实验的结果相符合。

牛顿用拉丁文撰写《原理》一书,从 1685 年至 1686 年,用时 18 个月,恰同牛顿在 1665 年至 1667 年在家乡躲避瘟疫时,作出早期发现和发明所用的 18 个月时间相同。牛顿在写作期间,专心思考,精确计算,严密论证,把他的重要发现写进这部科学巨著里。1683 年,牛顿雇用了一位青年助手,名叫汉弗莱·牛顿,他帮助牛顿把杂乱不清的手稿抄写清楚,再送去付印。牛顿的写作紧张到废寝忘食的地步。汉弗莱记述了牛顿在这段时间里紧张工作的情形。他写道:

牛顿的全部时间都用在工作上,很少运动和休息。他饮食很少,有时甚至忘了进餐。有些日子我走进他的房间时,发现他的膳食还没有动过……他经常在半夜两三点钟上床,有时一直工作到天亮以后……当我提醒他忘了吃饭时,他一下子惊觉起来,含糊不清地问道:"我真的没有吃过饭吗?"于是,他拖着懒洋洋的步子走近餐桌,但仍呆呆地站在那里,用手拿起一点儿食物……我从来没有看见他坐在桌边吃饭,也没看见他喝过酒。口渴时只饮一杯清水。除非在节日的宴会,他很少到公共餐厅去。他常常忘记去聚餐。经我提醒之后,他头发不加梳理,鞋子没有穿正,便失魂落魄似地走出屋去。

汉弗莱还写道,牛顿常常夜不成眠,有时连着几夜在房间里踱来踱去。他还常常在花园里散步,但是总是在沉思。有时会突然停下来奔回楼上去,匆匆记下他当时想到的东西。此外,汉弗莱还记述了牛顿既注重理论思考和数学计算,也重视实验观察。他写道:"那时期他待在实验室里大约有 6 个星期,炉火日夜不熄,他做一夜,我守一夜,直到他做完化学实验为止。"

从这些生动细腻的记述中,我们可以看到牛顿如何进行艰巨的科学研究工作,他所取得的伟大科学成就,付出了多少艰苦的脑力劳动。在他编写《原理》感到疲倦时,他就到实验室去做些炼金术实验,也借此调剂一下紧张和疲劳。即使如此,牛顿的紧张工作还是使哈雷和雷恩为他的健康担心。

牛顿按照逻辑排列,将《原理》分为三编,第一部分是他早期写出的《物体运动论》的扩充,所以很快就写成了。第二编也于 1685 年写好。第三编遇到困难较多,因为要运用天文观测资料。在 1686 年 4 月,哈雷向皇家学会宣布,牛顿关于运动的卓越论文即将写好,以备出版。其实,初次送到皇家学会的手稿只是第一编。学会认识到牛顿著作的重要性,请哈雷负责联系出版印刷的具体事宜,并且认为不应作为论文发表在《哲学学报》上,而应出版单行本。5 月,皇家学会又作出决定:"牛顿先生的论文应立刻付印。"可是经费遇到了困难。皇家学会的经费不够支付牛顿著作出版的费用。热情无私的哈雷不忍心看着牛顿的书稿再拖延下去,便欣然倾囊资助,独自支付印刷出版费。虽然哈雷自己当时经济并不富裕,又有家庭负担,但是他决心不惜代价,使牛顿的研究成果公之于世。在哈雷的诚挚友谊的支持下,牛顿的科学专著得以问世。哈雷在科学史上也赢得了崇高的赞誉。

原稿送到皇家学会,胡克横加刁难。他向一些会员说,他在牛顿以前已经提出过万有引力定律的某些部分,有关万有引力定律的发现不把他的名字列进去是一种无礼的行为。哈雷热心从中斡旋,矛盾才得以解决。事实上,引力定律的基本思想的确有好几个人各自独立地思索和探讨过。但是哈雷生怕胡克的表白会使牛顿不愉快,便和新任皇家学会秘书弗朗西斯·埃斯顿(F.aston,1645－1715)商量。后者也是牛顿的朋友,他们都深知牛顿的脾气,便决定暂不告诉牛顿。后来又觉得牛顿迟早会听说,还不如用一封委婉的信告诉牛顿。当他们这样做了之后,牛顿果然非常气愤。牛顿对于谁先发现了这个定律倒不十分介意,他不能忍受的是听人传说这个定律是他从胡克那里剽窃来的。牛顿回信详细地叙述了他发现定律的经过,以他和朋友们的往返信件作为证明,并且一如既往,逐点驳斥胡克的种种说法。哈雷努力缓和这场争论,阻止它继续扩大。他向牛顿解释胡克所希望的只是在《原理》的序言里适当地提到胡克的名字。这使牛顿更加激愤。牛顿不仅更猛烈的攻击胡克,并且再次写信给哈雷,措辞强烈,声称他不仅不能在第三编里提及胡克的"功绩",而且决定连第三编也不发表了。哈雷于是极力劝说,使牛顿情绪平静下来,著述按原计划继续进行。事后,牛顿也觉得他给哈雷的信太过于意气用事了。经过冷静的思考,他在著作中适当肯定了胡克和哈雷的贡献。对于哈雷所付出的辛劳和无私的支持帮助,牛顿在书中特别表示感谢。他写道:埃德蒙·哈雷,目光敏锐、博学多才的学者,为本书的出版付出了艰辛的劳动。他不仅为勘误和制版操劳,而且从根本上来说,他也是鼓励我撰写本书的人。因为正是他要我论证天体轨道的形状,正是他要我把这项论证呈报皇家学会,而皇家学会的作用则是鼓励我、要求我,使我开始想到去撰写这本书。

《自然哲学之数学原理》于 1687 年 7 月出版,版本 32 开,篇幅约 500 页。书中图文并茂,文字之外,还有许多木刻图表说明。负责编辑工作的哈雷愉快地写信给牛顿说:"我终于将你的书编毕出版,我希望能使你高兴。我将以你的名义送给皇家学会,以及波义耳、佩吉特、弗拉姆斯蒂德三位先生各一册。如果城里(指伦敦)还有别人需要,你愿意由我代送,请告诉我,自当照办。随信奉上 20 册,你可以赠给剑桥的朋友们,大学书店的经理人会帮你办理的。"信中提到的三位先生,分别是当时的化学家、数学家和天文学家。

《原理》第一版很快就销售一空,有位苏格兰人无奈竟手抄了一本。牛顿在世时,共出了三版。第二版纠正了若干错误后,由英国数学家 r.科茨于 1713 年出版。第三版于 1726 年出版。

牛顿的《原理》是一部不容易理解的著作,因为他编写时使用的方法是经典式的几何学方法。这部著作的拉丁文原版或英译本在通常的书店里已经买不到,只有很少的书店或大图书馆里才能找到。自这本书出版以来,用以表达科学知识的语言文字和表达方式,都已经发生了很大的变化。到 1934 年,《原理》经数学家卡乔里用当时的数学和语言文字改写出版。这部改写本的内容和牛顿的原著是一样的。现今所流行的《原理》一书的版本,便是这种改写本。

2. 主要内容

牛顿把自己的力学著作题名为《自然哲学之数学原理》,这里他所说的"自然哲学"指的是什么意思?牛顿在《原理》的序言中解释说:"我讨论的是哲学,而不是技艺;我写的不是关于人手之力,而是关于自然力方面的问题。"这里牛顿把哲学和技艺加以区分,却没有把自然科学和哲学加以区别。可是从该书的内容上看,这里所说的自然力方面的问题,就是自然科学中力学方面的问题。所以,牛顿这里所说的"自然哲学",就是指的自然科学。那么,为什么牛顿又把它称为"自然哲学"呢?这不是因为到了17世纪自然科学与哲学还没有分家,而表现了名称的滞后性。大概在牛顿所处的时代那些自然科学大师也觉得这个名称不那么好,与古代自然哲学不易区分开,所以有时他们又称自己的"自然哲学"为"实验哲学"。在皇家学会的宗旨中,也是称为"实验哲学",以此表示他们所研究的学科是实验的科学。

1683年5月8日,牛顿在为《自然哲学之数学原理》所写的序言中,对该书的内容做了如下概述:

由于古人(如帕普斯所告诉我们的)认为在研究自然事物时力学最为重要,而今人则舍弃其实体形状和隐蔽性质而力图以数学定律说明自然现象。因此,我在本书中也致力于用数学来探讨有关的哲学问题。古人从两方面来探讨力学,一方面是理性的,用论证来精确地进行;另一方面是实用的。一切手艺都属于实用力学,力学之得名就是因为这个缘故。但由于艺匠的工作并不完全精确,所以力学和几何学就此区分了开来,凡是完全精确的就称为几何学的,凡是不那么精确的就称为力学的。然而差错并不出在手艺,而是出在艺匠。凡是工作不太精确的,就是一个不完善的力学家;凡是工作得完全精确的,就是一个最完善的力学家……古人所研究的力学部分,只涉及同手艺有关的五种力,他们认为重力(由于它不是一种人手之力)无非是这些在移动重物时所表现出来的力。但是我讨论的是哲学,而不是技艺;我写的不是关于人手之力,而是关于自然力方面的东西,而且主要是探讨那些与重力、浮力、弹性力、流体阻力,以及诸如此类不论是吸引或排斥的力有关的事物。因此,我把这部著作叫做哲学的数学原理。因为哲学的全部任务看来就在于从各种运动现象来研究各种自然力,然后用这些力去论证其他的现象。本书第一、第二两编中的一些普遍命题就是为了这个目的而提出的。在第三编中,我为此举了一个例子,那就是用它来说明世界这个体系;因为我根据前两编中数学上已论证了的命题,在第三编里,我从天文现象中推导出使物体趋向太阳和几个行星的重力,然后根据其他同样是数学上论证了的命题,从这些力中推演出行星、彗星、月球和潮汐的运动。[①]

《原理》一书的内容极其丰富,它的主要内容是:第一编,首先提出并定义了一系列奠定力学基础的基本概念,例如质量、动量、惯性、力及向心力、绝对时间、绝对空间等等。然后系统地阐述了运动三大定律。接着提出天体力学的理论,论述了向心力的回转轨道之间的数学关系,并证明了这样一条中心定理:如果有一个同距离平方成反比的力起作用,一个物体就呈圆锥曲线(椭圆、抛物线、双曲线)运动,引力的中心就在圆锥曲线的一个焦点上。第二编,论述了物体在有阻力的介质中的运动,阻力和速度或速度的平方成比例。在该编中,以独立的章节分别讨论了每一种想象的阻力条件。第三编,是牛顿力学在天文学上的具体应用。运用第一编和第二编中已阐明的一些数学哲学原理和推导出来的普遍规律来解释自然界中的一些实际问题。例如,根据当时测得的天文数据,研究了行星的运动、月球的运动、潮汐、岁差和彗星的运动等等。

由于牛顿的《原理》标志着经典力学体系的完成,而经典力学体系的核心是著名的牛顿运动三定律,它的基础是一系列物理概念,这些基本概念也是由牛顿给出了定义。所以,我们在这里着重介绍一下在《原理》一书中所论述牛顿运动三定律和构成经典力学体系的六个基本概念。

这六个基本概念是:

---

① [美]H.S.塞耶:《牛顿自然哲学著作选》,上海人民出版社1974年版,第10—12页。

(1)质量。是物质多寡之量度。牛顿定义为:"物质的量,是用它的密度和体积一起来量度的。"[1]所以,空气的密度加倍,体积加倍,它的量就增加 4 倍;体积加 3 倍,它的量就增加 6 倍。因压紧或液化而凝聚起来的雪、细小的尘埃或粉末,以及由于其他原因而凝结起来的物质都是如此。用现代的语言来说就是,任何给定物质的质量,等于其密度和体积的乘积。

牛顿对质量概念的界定,是牛顿力学中的一个关键性贡献。此前人们一直习惯于用重量来确定物质的质。但我们知道,重量是一个随位置而变化的矢量,同一物体在不同的位置其重量是不一样的。牛顿首先发现了这一问题的严重性,因此,他根据波义耳关于空气容积与压力的实验,从物质的密度入手,推衍出质量的概念,这样界定后质量才是一个不变的标量。

(2)动量。运动多寡之量度。牛顿定义为:"运动的量是用它的速度和物质的量一起来量度的。"[2]这里所说的"运动的量",指的是机械运动的量,用现代的科学语言来说,就是"动量"或称为"机械动量",它等于运动物体的质量与速度之乘积。

牛顿解释说,整个物体的运动是其所有部分的运动的总和;所以,对于一个其量为 2 倍(质量为 2 倍)的物体,具有相同的速度时,运动(机械动量)是 2 倍;具有 2 倍的速度时,运动(机械动量)为 4 倍。

(3)惯性。牛顿定义为:"vis insita,或物质因有的力,是一种起抵抗作用的力,它存在于每一物体当中,大小与该物体相当,并使之保持其现有的状态,或是静止,或是匀速直线运动。"[3]

牛顿解释时指出,这种力总是与具有该力的物体(的质量)成正比,而与物质的惰性毫无区别,只是说法不同而已。由于物质的惰性,物体要脱离其静止状态或运动状态是困难的,基于这种考虑,这种表示惰性的力可以用另一个最确切的名称,叫做惯性力或者惰性力……

(4)力。牛顿定义为:"外力是一种对物体的推动作用,使其改变静止的或匀速直线运动的状态。"[4]

外力只存在于作用的过程中,作用一旦过去,它就不复存在。仅仅由于

① [美]H.S.塞耶:《牛顿自然哲学著作选》,上海人民出版社 1974 年版,第 13 页。
② [美]H.S.塞耶:《牛顿自然哲学著作选》,上海人民出版社 1974 年版,第 13 页。
③ [英]牛顿:《自然哲学之数学原理》,王克迪译,武汉出版社 1992 年,第 2 页。
④ [英]牛顿:《自然哲学之数学原理》,王克迪译,武汉出版社 1992 年,第 2 页。

惰性,一个物体才可以保持它所获得的新的(运动)状态。但外力的来源可以不同,例如可来自碰撞、压力或向心力等。

这个力的定义已开始向近代物理转变,即认为力是运动状态改变的原因。也就是说,从力的效果上看,物体受引力的作用,就要改变自己的运动状态,即产生加速度或形变。这样,牛顿就结束了自古代和中世纪以来关于力的争论。自古代亚里士多德以来,人们一直认为力是运动速度产生的原因。

(5)关于时间。牛顿提出了绝对不变的时间概念,把它与相对的时间加以区分,并分别给出了定义。他写道:"绝对的、真实的和数学的时间,由其特性决定,自身均匀地流逝,与一切外在事物无关,又名延续;相对的、表象的和普通的时间是可感知的和外在的(不论是精确的或是不均匀的)对运动之延续的量度,它常被用以代替真实时间,如一小时,一天,一个月,一年。"①

牛顿还指出,自然界中天然的每一日实际上并不都是相等的,虽然人们通常认为它们是相等的,并且用以作为时间的单位。所以天文学家要根据对天体运动的比较精细的研究,对这种不相等性做些修正。可供我们作为精确测量时间的标准运动,可能并不存在。所有的运动,可能是加速的或是减速的。但是,绝对时间的真正的或标准的流逝过程是没有变化倾向的,事物存在的延续性或持久性始终是相同的,不管运动是快,是慢,或者根本没有运动。这表明,牛顿所说的真正时间,即绝对时间,不依赖于任何物质实体,是与物质和运动无关的。它是一维的、单向的均匀流逝。不管发生什么事也好,不发生什么事也好,绝对的时间总是在均匀地、不变地流逝着。

(6)空间。在空间问题上,牛顿的看法与对时间的看法类似。他写道:"绝对空间:其自身特性与一切外在事物无关,处处均匀,永不移动。相对空间是一些可以在绝对空间中运动的结构,或是对绝对空间的量度。我们通过它与物体的相对位置感知它;它一般被当作不可移动的空间……

但是,由于空间的这一部分无法看见,也不能通过感官把它与别的部分加以区分,所以我们代之以可感知的度量。由事物的位置及其到我们视为不动的物体的距离定义出所有处所,再根据物体由某些处所移向另一些处所,测出相对于这些处所的所有运动。这样,我们就以相对处所和运动取代绝对处所和运动,而且在一般情况下没有任何不便。但在哲学研究中,我们

---

① [英]牛顿:《自然哲学之数学原理》,王克迪译,武汉出版社1992年,第6页。

则应当以感官抽象出并且思考事物自身,把它们与单凭感知测度的表象加以区分。因为实际上藉以标志其他物体的处所和运动的静止物体,可能是不存在的。"①

这最后一句话,使人觉得似乎牛顿并没有明确地肯定是否有绝对空间。其实不然。牛顿在绝对空间问题上的观点,与在绝对时间问题上一样,也是认为,绝对空间不依赖于任何物质实体,它也是与物质的运动无关的、是永远不动的大容器。它是三维的,如同一个无限大的空无一物的空盒子。放进物体也好,取出物体也好,空间总是不动地存在着。宇宙万物就是容放在这个空间之中,物体的线度和体积就是它所占的空间的线度和体积。

当然,牛顿去肯定绝对时间、绝对空间的同时,也认为有相对时间、相对空间。这说明他对时空的看法是相当全面的。不过,牛顿认为,绝对时间、绝对空间,不仅与物质、运动无关,而且彼此也毫不相干、互不联系。

为了论证绝对空间的存在,牛顿做了著名的水桶实验:使一个盛有水的水桶旋转,当桶开始旋转而水还未动时,水面是一个平面;几秒钟以后,当水随着桶一起旋转时,水同时沿桶边向上运动,水面就呈现出一个凹型曲面。根据这个实验,牛顿认为,根据水面上的平或凹凸,可以判定水对绝对空间是静止或旋转。

牛顿三大运动定律是:

定律 I:"每个物体继续保持其静止或沿一直线作等速运动的状态,除非有力加于其上迫使它改变这种状态。"②

这第一定律,也叫做惯性定律。它表明物体在不受任何外力的影响时,由于惯性的作用,就做最简单的惯性运动,即静止的物体永远静止,做匀速直线运动的物体,其速度的大小和方向都不会改变。对此牛顿举例加以说明,例如抛物体,在没有空气阻力妨碍,或因重力向下吸引降落,就会永远保持在它原有的运动状态中。又如一个陀螺,其各部分由于内聚力的作用而不断离开其各自的直线运动,除非受空气阻力而减速,否则,它绝不会停止运动。行星和彗星等较大的物体,由于在较为自由的空间中遇到的阻力较小,所以它们能在更长的时间内保持它们的前进和环绕运动。

---

① [英]牛顿:《自然哲学之数学原理》,王克迪译,武汉出版社 1992 年,第 8 页。
② [美]H.S.塞耶:《牛顿自然哲学著作选》,上海人民出版社 1974 年版,第 28 页。

在我们的日常生活中,人们经常可以体会到惯性定律的作用。例如,我们坐在快速行驶的汽车里,当汽车忽然刹住时,如果我们不抓住扶手,上身便会向前倾倒。因为身体原来随车向前运动,当汽车突然煞住时,我们上身仍处在运动状态。在行进的汽车突然煞车时我们所感觉到的这个使上身向前倾倒的力,便是惯性的表现。物体的惯性就是物体保持原有的静止或运动状态的特性。每个物体的惯性大小不等。一个物体所具有的惯性的大小,与用以使物体加速或减速、停止或改变运动方向所需要的力成正比。

如果设想有一个玩具小车,在平滑坚硬的铁轨上匀速前进,那么,按照牛顿运动第一定律,如果没有外力的作用,这个小车应当一直匀速的沿直线方向运动下去。但是,这只是理想的状态。因为这个小车在地球上,即使没有人为加给它力的作用,它也受到地球重力的作用,小车的车轮与轨道会发生摩擦作用,产生阻力,此外,还有空气的阻力等等。这些力的作用会使玩具小车慢慢地停止运动。所以,按照牛顿运动第一定律,物体自身在不受任何外来的影响时,就做最简单的惯性运动,速度的大小和方向都不改变,而如果看见一个偏离直线或沿任意方向作加速或减速运动的物体,那么,可以设想,必然有一个外力或几个外力的合力,作用于该物体上。但是这条定律不能帮助我们发现物体受外力的大小和来源,它仅仅表明物体具有惯性,力是使物体速度改变的原因。

伽利略在同亚里士多德学派的经院哲学家们的传统观点做斗争时,已经有了这个思想,他第一个科学地区分了速度和加速度,指出不是速度而是加速度才与力的作用直接相联系。而亚里士多德学派的经院哲学家们认为,力也是造成匀速(非加速)运动的原因。他们错误地把力的作用和物体的速度直接联系起来,认为物体运动速度的有无和大小,是由于它是否受到力的作用以及所受力的大小直接决定的。

亚里士多德学派的观点与现实生活中不了解物理学的许多人的观点是相一致的。这些人单凭直觉,看到摩擦力总是存在的,而且往往是对物体的运动起阻碍作用的真正的原因,因而自然而然地认为,必须有一个外力才能使物体运动,进而把力定义为"持续运动的原因"。牛顿在伽利略研究的基础上继续前进。但是第一次把惯性定律明确地表述为普遍的运动定律的,是牛顿。

惯性定律只是对物体的惯性及力的概念作了定性的解释,表明惯性是物体的属性,要改变物体的运动状态,需要有一个外力的作用。但是还不能定量地确定力和惯性的大小。

定律Ⅱ:"运动的改变和所加的动力成正比;并且发生在所加的力的那个直线方向上。"①

牛顿解释说,如果一个力产生一运动,则两倍的力产生两倍的运动,三倍的力就产生三倍的运动,而不论是这个力是一下子加上去的,还是相继地逐渐加上去的。如果物体起先是运动的,那么,上述运动(其指向总是与产生这运动的力指向相同)就要加到先前的运动上或从其中减去,这要看它们彼此是同向还是反向的;如果它们的方向彼此倾斜时,就要倾斜地连合起来,而产生一个由两个方向共同决定的新运动。

这个定律表明了运动状态的改变即加速度与物体所受的外力、物体的质量三者之间的关系。它不考虑力的性质和来源,而只考虑力的效应。

定律Ⅲ:"每一个作用,总是有一个相等的反作用和它相对抗;或者说:两个物体彼此之间的相互作用力永远相等,并且各自指向其对方。"②

这个定律被后人概括地称为作用与反作用定律。它表明,两个物体之间的作用是相互的,作用力和反作用力在一条直线上,大小相等,方向相反,分别作用在两个物体上。牛顿曾举例解释说,不论任何物体拉引或推压另一个物体时,同样也要被另一物体所拉引或推压。如果一匹马拉引一块系在绳子上的石头,那么这匹马(如果我可以这样说的话)也被相等的力往后拉向石头。至于被拉紧的绳子,由于它同样有使自己松弛或伸直的倾向,将以同样的力把马拉向石头和把石头拉向马,并且它阻止其中前进的力量和推动前进的力量是一样大的。

那么,为什么人们看到的是马拉石头而不是石头拉马呢?这是因为它们对地面的摩擦力不同。和被马拉的石头比较起来,四只马蹄更有力地附着地面上,如果不是如此,石头就会留在地面不动,而马蹄就会打滑。如果没有摩擦力,两个互相推或拉的物体的运动,也不会是一样的;除非它们有完全相等的质量,因为对于给定的力,加速度与物体的质量成正比。如果站在光滑的平面上,一个大胖子和一个瘦小的人面对面互相推一下,瘦小的人

① [美]H.S.塞耶:《牛顿自然哲学著作选》,上海人民出版社1974年版,第29页。
② [美]H.S.塞耶:《牛顿自然哲学著作选》,上海人民出版社1974年版,第29页。

向后滑的速度就会比胖人大得多。

牛顿第三定律更具有创造性,更加深刻,它从相互作用的高度对力的概念作了完整的概括,从本质上说明了力的产生是两个物体的相互作用,每一个存在的力都有其镜像孪生力,一个孤立的点本身不能施力也不能受力。每一个物体对另一物体的推力或拉力,正如另一个物体对它的推力或拉力,我们可以选定其中的一个为作用力,另一个为反作用力,这种命名是任意的,实际上它们是同时发生的,并不是其中的一个产生另一个;它们的大小相等,方向相反,分别作用在两个物体上。

牛顿第三定律也已经被广泛地应用。如喷气式飞机、火箭、轮船等等,在制造过程中就都应用了反冲原理。

牛顿在《原理》中简明叙述的三大定律,并不是仅仅由牛顿一个人独立发现的。牛顿本人曾一再表示,他从前人和同时代的科学家那里获得了许多知识,如开普勒、伽利略等人的工作为他的研究提供了必要的基础。牛顿第一和第二定律就是在伽利略所发现的落体定律和惯性原理的基础上,把它抽象地外推,使其带有普遍性,加以概括和综合的结果。第三定律则是牛顿独自的发现。牛顿不仅继承了前人和同时代人的研究成果,而且沿着伽利略的研究道路,把实验和物理学结合起来,把数学和物理学结合起来,从而能总结出力学中普遍的运动三大定律。只有牛顿深深地了解这些各自独立的理论知识之间的内在联系,把它们综合成为一个伟大的科学体系,并且用数学加以论证。所以,科学史上公认牛顿是创立运动三定律的科学巨匠,是经典力学体系的完成者。后人用牛顿的名字命名为三大运动定律,把它称为牛顿运动三大定律。

3. 发表后的影响

牛顿的科学巨著《原理》可能是近代物理学史上最伟大的一部著作,它汇集了牛顿关于经典力学理论体系的研究成果。牛顿由于完成了经典力学的体系而奠定了近代物理学的基础。《原理》是人类关于自然知识的第一次大的综合，牛顿把伽利略关于"地上的"物体运动规律和开普勒关于"天上的"星体运动规律完满地统一在他的力学体系之中。牛顿以他所确立的三大运动定律和万有引力定律为主线，由他所明确的质量、动量、惯性、力、时间和空间等基本概念为基础，依据他所提出的四条推理法则为基本方法，运用他所发明的微积分为工具，巧妙地构造了完整的力学理论体系。牛顿力学成功地解释了天上的行星、卫星和彗星的运动，也完满地解释了地上的潮汐以及一切物体的机械运动。它代表了 17 世纪自然科学发展的高峰。它对自然科学与哲学思想发展的影响是巨大的。

首先，牛顿的《原理》决定了后来力学发展的方向。后人把牛顿的质点力学推广到刚体和流体，并且逐步发展成严密的解析形式。到 18 世纪初，经典力学发展到十分完善的地步。

此外，由于牛顿力学体系的完美和不可思议的成功，牛顿的《原理》在 17 世纪、18 世纪、直到 19 世纪末以前，在相当长的历史时期内，又成为物理学在各个领域的研究纲领，成为科学家共同体中所一致遵循的"范式"，它影响了整个自然科学发展的进程。它的影响是那样的广泛，那样的持久，这在科学史上也是少见的。

牛顿建立的力学大厦以及他的力学研究纲领所获得的成功，使科学家们认为牛顿力学是整个物理学，甚至是全部自然科学的可靠的最终的基础。他们形成了一种信念，认为自然界中一切现象都能用力学描述，只要把牛顿力学体系的基本概念和基本原理稍加扩充，就能解释一切物理现象。在牛顿力学体系中，机械"质量"和机械"力"是两个最重要的基本概念，受到它的影响，仿效它的作法，当时的自然科学家们甚至企图用机械质量和机械力来说明其他一切自然现象，如解释燃烧现象的燃素说(1700 年左右)，认为燃烧现象是可燃物放出燃素的过程；解释热现象的热质说(18 世纪中叶)，把发生在冷的热的物体之间的热传导过程解释为热质(或称热素)的传递过程，热的物体失去热素，冷的物体得到热素，以达到热的平衡；解释电现象的电液说——单流质和双流质(18 世纪 30 至 50 年代)。在解释磁现象时有磁流说和磁分子说(1759 年)；解释光的本质，有光的微粒说，等等。但是，这些化学的以及热、电、光、磁的现象与牛顿力学所描述的机械运动毕竟是不同的。

设想出这些特殊的"质"(素),都不具有机械质量所特有的"可权衡(称量)性",于是,就牵强附会地称它们是"不可权衡物",如认为热质是没有重量、没有体积的流质,它不能创造也不能消灭,但可以渗透到一切物体中去。物质温度的高低就取决于所含热质的多少。对于燃素,甚至荒谬地说它有"负重量"。因为某些可燃物在燃烧过程中因氧化而增加了重量,可是又要说它是失去燃素的过程,于是只好说失去的燃素具有负重量。

仿效机械力学设想出的这些"质",虽然带有神秘的性质,但它是在近代自然科学初期,在高度发展的经典力学基础上,继续以自然界本身来说明自然界的一种努力和尝试,借助于它把上帝从自然界的各个领域驱逐出去,起了与神学争夺地盘的作用,并把已有的经验认识加以系统地整理和说明。这对当时自然科学的发展有一定的推动作用。恩格斯在谈到当时化学时曾指出,"化学刚刚借燃素说从炼金术中解放出来"。英国物理学家布莱克从热质说出发,发现冰雪融化和水沸腾而变为蒸汽时吸收了大量的热而温度并不变化的情况,由此他发现了"潜热"即物质由一种聚集状态变为另一种聚集状态过程中所吸收或放出的热量。如物质从固态转变为液态所吸收的溶解热,物质由液态变为气态时所吸收的汽化热,以及相反的状态变化所放出的等量的热。直到1824年,卡诺还根据热质说推导出重要的卡诺原理,对解决热机的效率问题做出了重要的贡献。它指出:"所有工作于同温热源与同温冷源之间的可逆机的效率均相当,与工作物质的性质无关;工作于同温热源与同温冷源之间的不可逆机的效率不能大于可逆机的热效率。"

此外,还有许多科学成就也是以牛顿力学作为科学研究工作的范式,在牛顿的科学方法的启示下取得的。电学和磁学的基本定律,当时就是按牛顿的模式建立的。如1785年至1789年间,法国物理学家库仑(法,Ch. A. Coulomb,1736－1806)通过实验发现了静电和静磁的库仑定律。该定律指出:一切带电物体之间(或具有磁性的物体之间)都相互吸引或相互排斥,这种相互作用力的方向沿着它们的连线,大小正比于两个带电体(或磁体)的电量(或磁荷量)的乘积,而和它们之间的距离的平方成反比。库仑定律在形式上与万有引力定律类似,即静电力和静磁力都具有平方反比的性质。又如,在迅速发展的热学理论中,气体分子运动论也是建立在牛顿力学的基础之上的。气体分子运动论以气体中大量分子作混乱的无规则运动的观点为基础,依据牛顿力学和统计方法说明气体的性质,它把热的宏观物理量归结为与之相对应的微观分子运动的统计平均值,即把热现象归结为分子机械运动的平均结果。指出气体对器壁的压力是由于大量分子与器壁碰撞产生的;气体温度的升高是分子平均动能增加的结果。除了解释了气体的压强、温度等宏观物理性质,它还揭示了气体的扩散、热传导和黏滞性的本质。

总之,牛顿力学的内容和研究方法,对自然科学,特别是物理学,起了重要的推动作用。

但是,我们也可以看到,由于牛顿力学的巨大成功和牛顿作为科学巨匠的无与伦比的声誉,特别是由于自然科学发展水平的历史局限,使人们不可能清楚地认识牛顿力学的适用范围和界限,因而在很长的历史时期内,在接受和运用牛顿的科学成果的同时,不适当地夸大它的适用范围,也接受了他的力学体系中体现出来的形而上学和机械论的世界观。这对人们的认识也产生了一定的消极作用。

牛顿在《原理》第一版的《序》中曾谈到,自然界的许多现象"都是和某些力相联系着"的,"我希望能用同样的推理方法从力学原理推出自然界的其他许多现象"。他还把自然科学的工作概括为"从各种运动现象来研究各种自然力,然后用这些力去论证其他的现象"。牛顿在这里表述的把力学夸大地应用于一切自然现象的机械论观点,影响了将近 3 个世纪。直到 19 世纪中叶,1847 年德国物理学家赫尔姆霍兹(H. von. Helmholtz,1821—1894)在《论力的守恒》中还认为,"我们最终发现,所有涉及物理学问题都能归结为不变的引力和斥力"。"只要把自然现象简化为力,科学的使命就终结了"。所以,在物理学家中间出现了把一切都归结为机械运动的狂热。对各种不同的现象,都认为是各种特殊的实体的纯粹机械运动的结果。于是,不仅提出一系列特殊的、神秘的机械的"质",而且设想出有各种各样的力,例如光的反射力、折射力、化学亲和力、电的接触力、生命力等等。总之,广泛地滥用"力"的概念,有多少种自然现象,就杜撰出多少种力,力这个字眼成了对现象和规律缺乏认识的避难所。这成了那个历史时期的时代特征。

这种把自然界多种多样的运动形式都归结为机械运动的倾向和做法,是牛顿力学作为共同范式的时代所特有的机械论的特点。这使 18 世纪的唯物主义只能是机械唯物主义。恩格斯曾经指出,马克思主义的辩证唯物主义和历史唯物主义产生之前的旧唯物主义,具有三个显著的特征,即机械性、形而上学性和社会历史观上的唯心主义。旧唯物主义的机械性和形而上学性的形成,一个很重要的原因就是 17、18 世纪自然科学发展的状况。从 15 世纪下半叶至 18 世纪,近代自然科学处于发展的第一个时期,恩格斯在总结这个时期自然科学发展状况时指出:"新兴自然科学的第一个时期——在无机界的领域内——是以牛顿宣告结束的,这是一个掌握已有材料的时期,它在数学、力学和天文学、静力学和动力学的领域中获得了巨大的成就,这特别是归功于开普勒和伽利略,牛顿就是从他们二人那里得出自己的结论的。"①而自然科学的其他部门如化学、地理学、地质学、生物学,则刚刚建立,离初步的完成相差得还很远。正是由于 17、18 世纪自然科学中只有牛顿力学系统的完成并获得了很大的成功,而其他领域的自然规律还很少认识,所以人们很容易将力学规律的适用范围不适当地夸大,认为在各个自然领域都普遍行之有效。这就使机械论和形而上学的观点的产生,有一定的历史必然性。

恩格斯在分析机械论的观点时指出,"它用位置移动来说明一切变化,用量的差异来说明一切质的差异,同时忽视了质和量的关系是相互的。"②而事实上,物质的运动形式是复杂多样的,各种运动有质的不同,有物理的运动形式,还有化学的、生物的、思维的和社会的运动形式;在物理的运动形式中,包括有机械的,还有热的、电磁的、原子的和原子核的、基本粒子的……多种不同的形态。在自然界所有的运动形式中,机械运动,即在时间过程中进行的物体的空间位移,只是最基本、最简单的运动形式。在较高级的运动形式中,包含着比较简单的运动形式,更包含着最简单的机械运动的形式,即位置移动。但是任何较高级的运动形式,却不能归结为比较简单的运动形式,更不能都归结为最简单的机械运动形式。正如恩格斯所指出的:"一切运动都包含着物质的较大或较小的部分的机械运动,即位置移动,而认识这些机械运动,是科学的第一个任务,然而也只是它的第一个任务。但是这些机械运动并没有把所有的运动包括无遗。运动不仅仅是位置移动,在高于力学的领域中它也是质变。"③

承认各种运动形式具有质的特殊性,承认高级的运动形式包含着较简单的运动形式又不能把它们归结为较简单的运动形式,这是辩证唯物主义

---

① [德]恩格斯:《自然辩证法》,人民出版社 1971 年版,第 173 页。
② [德]恩格斯:《自然辩证法》,人民出版社 1971 年版,第 231 页。
③ [德]恩格斯:《自然辩证法》,人民出版社 1971 年版,第 230 页。

与机械唯物主义运动观的一个原则区别。各种运动形式的特殊性,是各门自然科学之所以成为独立学科的客观依据。只有到了 19 世纪,各门自然科学有了更多的发展之后,这一点才有可能被哲学家和科学家所承认。

《原理》是牛顿在前人一系列科学成就基础上,加以综合和改革,并以他特有的才智、学识和勤奋,经过 20 多年刻苦的学习、钻研和创造性的劳动,写出的一部巨著。在近代科学著作中,不论是《原理》所呈现的一系列重大发现,还是它的论证与推理之严密及产生的巨大影响,都是无与伦比的。

《原理》是在笛卡尔的自然哲学基本上取代亚里士多德学派的教条,并在英国和欧洲居优势地位之时问世的。因此,出版之后虽然得到了哈雷、皇家学会主要负责人和国王的赞赏,但在国内和国外分别经历了 25 年和 40 多年的时间,才逐步取得学术界的广泛承认。特别是在国外,随着法国大革命的胜利及百科全书学派在法国取得优势,牛顿的理论体系在法国和欧洲大陆逐步居于统治地位,并对整个欧洲和世界的哲学和科学发展产生极深远的影响。历史上许多著名科学家对牛顿及其《原理》给予了高度的评价。

牛顿的第一个传记作者,法国的冯太纳尔约在 1728 年发表的《艾萨克·牛顿的墓志铭》一书中这样写道:

"在 1687 年,艾萨克·牛顿终于决定揭开面纱,现出他的真面目。于是,《自然哲学之数学原理》披露于世。这本以最深邃的几何学作为新哲学体系基础的书,起初全然没有取得它应得到的荣誉,这种荣誉是它后来才获得的……大批几何学家如不很专心就不能理解,并且那些下层的人直到这本书受到最精通的专家们的称赞所鼓舞之前,对它是不了解的。但是最后,当这本书受到充分了解时,它慢慢获得的这些称赞在各个方面爆发,并连成一片赞扬。每一个人都被整个著作所闪烁的创造精神所打动,都被大师般的天才所打动,这种天才在整个最愉快的年代期间,仅由一切最有学识的国家挑选出来的三四个人所分享。"[①]

法国著名天文学家和天体力学家拉普拉斯(P.S.M.delaplace,1749－1827)是在牛顿之后,对天体力学做出重大贡献的科学家,他还是根据牛顿的自然哲学原理和因果律提出"决定论"的人,被称为"决定论之父"。他对《原理》做出了很高的评价:

---

① [法]B.le B.de Fontenelle,The Elogium of Sir Isaac Newton,I.B.Cohen(Ed.).

"这些发现的重要性和普遍性,以及大量创造性的和深邃的观点,已经成为本世纪哲学家们极其辉煌的理论根据,并且全是以优雅的文字表述的,确保了《原理》这部著作成为超出人类智慧的一切产品的杰作。"①

他又说:

"《原理》将成为一座永垂不朽的深邃智慧的纪念碑,它向我们揭示了最伟大的宇宙定律。这部著作是高于人类一切思想产物之上的杰作,这个简单而普遍的定律的发现,因为它囊括对象之巨大和多样性,给予人类智慧以光荣。"②

他在名著《宇宙系统论》一书中写道:

"用地球的运动去解释天体运动所表现的简单性,得到天文学家一致的赞成,认为是万有引力原理的一种新的验证,使其达到物理科学可能达到的最高境界。"③

他在此书中又写道:

"如果考虑到没有一个现象不是可以从引力定律去得到解释的话,而且考虑到这个定律以很高的精度决定天体在每一瞬间和整个过程里的位置与运动,我们更不怕这个定律为某个还没有观测到的现象所否定;最后,天王星和它的卫星以及新发现的四颗小行星都顺从而且验证了引力定律;我们不能否定这一切证据,使我们不得不肯定,除地球的运动与万有引力(按与质量成正比,与距离的平方成反比)的原理之外,自然哲学里没有什么更完美的论证了。"④

与牛顿同时代的著名天文学家哈雷在 1687 年给牛顿的信中,这样写道:

"当世人尚未进一步经受经过证明的学说的教海之时,他们会为有一个这样深入的、最难理解的自然奥妙及殚精竭虑而使人类理性达到无比的高度,而感到自豪。"

谈到《原理》的发表时,他说:

"……我很高兴在某种程度上参与了把千秋万代将赞美的这本著作呈

---

① D.Brewster,Life of Sir Isaac Newton,London,(1855),P.162.

② D.Brewster,Life of Sir Isaac Newton,London,(1855),P.344.

③ [法]拉普拉斯:《宇宙系统论》,李衍译,上海译文出版社 1978 年版,第 319 页。

④ [法]拉普拉斯:《宇宙系统论》,李衍译,上海译文出版社 1978 年版,第 321 页。

现给世人。"①

不仅 17、18 和 19 世纪的著名学者们,对牛顿做出上述的高度评价,20 世纪科学的奠基者和著名学者同样给予了很高的评价。爱因斯坦就十分尊重牛顿的成就。他说:

"自从牛顿奠定理论物理学的基础以来,物理学的公理基础——换句话说,就是我们关于实在的结构的概念——的最伟大的革命,是由法拉第和麦克斯韦在电磁现象方面的工作引起的。"②

他在纪念牛顿逝世 200 周年时写的文章(1927)中是这样说的:

"我觉得有必要在这样的时刻来纪念这位杰出的天才,在他以前和以后,都还没有人能像他那样地决定着西方的思想、研究和实践的方向。他不仅作为某些关键性方法的发明者来说是杰出的,而且他在善于运用他那时的经验材料上也是独特的,同时还对于数学和物理学的详细证明方法有惊人的创造才能。由于这些理由,他应当受到我们最深挚的尊敬"。③

他在 1946 年写的《自述》中又这样感慨地谈起牛顿的才能、创造性及其与现代科学的关系:

"牛顿啊,请原谅我;你所发现的道路,在你那个时代,是一位具有最高思维能力和创造力的人所能发现的唯一道路。你所创造的概念,甚至今天仍然指导着我们的物理思想,虽然我们现在知道,如果要更加深入地了解各种联系,那就必须用另外一些离直接经验领域较远的概念来替代这些概念。"④

---

① H.W.Turnbull,The Correpondence of Isaac Newton,Vol.Ⅱ,(1960),P.474.
② 许良英等编译:《爱因斯坦文集》第 1 卷,商务印书馆 1976 年版,第 292 页。
③ 许良英等编译:《爱因斯坦文集》第 1 卷,商务印书馆 1976 年版,第 222 页。
④ 许良英等编译:《爱因斯坦文集》第 1 卷,商务印书馆 1976 年版,第 14 页。

第九章
科学与宗教之间

　　牛顿生活在 17 世纪教权衰落、科学抬头的时代,受到当时社会环境和文化的影响,牛顿在哲学和宗教方面的表现是矛盾的。他在自然科学研究中,坚持唯物主义的认识路线和科学的态度与方法。但是另一方面,牛顿又是一个虔诚的基督教徒,具有强烈的宗教情感。科学与宗教在牛顿身上这种融合,既是当时社会的折射,也反映了牛顿的思想观念的复杂性。

1．牛顿宗教思想的形成

　　牛顿在自然科学领域中的成就是辉煌的，在哲学方面也产生了深远的影响。牛顿在哲学方面的表现与他在自然科学方面成就的取得，一方面是植根于他本人严肃认真的自然科学研究实践，另一方面也受到当时的文化和社会环境的制约。

　　牛顿生活在 17 世纪下半叶和 18 世纪初，他所处的时代正是英国和世界政治、经济、宗教、哲学和科学处于重大变化和变革的时代。1588 年，英国海军打败了拥有海上霸权的西班牙，从此称雄海上，迅速扩展殖民地，一跃而成为世界上第一等强国，国内经济繁荣，工业发达。17 世纪的英国，资本主义经济和海外贸易都大大发展，对自然科学产生了迫切的需要。近代第一个重要的哲学家弗·培根的名言"知识就是力量"，充分表达了新兴资产阶级对科学知识的渴求和期望。同时，英国资产阶级革命取得政权前后，又进行了宗教改革运动，这是 15 世纪文艺复兴高潮之后的又一次重大的思想革命，它的主旨实质上是与文艺复兴运动一脉相承的。如果说文艺复兴彻底动摇了封建君权统治的基石，那么，宗教改革便是彻底震撼了传统神权统治的基石。狭义地说，宗教改革实质上是一场使神圣的宗教世俗化的运动。

　　所以在文化方面，近代与中世纪显著的不同，主要表现在，一是教权衰落，二是科学抬头。所以，一方面人们开始重视现实，不重来世；重实际不重玄想。另一方面神权虽然衰落了，但是宗教仍有相当的势力。改革后的宗教，是以英王为宗教首领的国教。资产阶级只是反对封建宗教，而把宗教改革得适合于本阶级的利益。特别是资产阶级取得政权、占据了统治地位以后，它既需要科学，也需要宗教。一些思想家们则致力于调和科学与宗教。所以，许多有伟大成就的自然科学家，一方面在自然科学研究领域坚持唯物主义的认识路线，另一方面又仍然保留着虔诚的宗教信仰，不仅信仰上帝，而且赞美上帝,论证上帝。但是科学所揭示的是客观自然界本身的事物运动变化规律,它在本质上是和唯物主义相一致的,而和上帝创造一切的传统宗教信条是矛盾的。所以恩格斯说:"上帝在信仰他的自然科学家那里所得到的待遇,比在任何地方所得到的都坏"。因为"在科学的猛攻下,一个又一个部队放下了武器,一个又一个城堡投降了,直到最后,自然界无限的领域都被科学所征服,而且没有给造物主留下一点立足之地。"①

牛顿在对待科学、哲学与宗教方面的态度,也体现了教权衰落、科学抬头的时代特征。牛顿自幼生活在宗教气氛深厚的家庭环境中,继父和舅父都是牧师,母亲和外祖母也都是笃信宗教,他们都希望牛顿在大学毕业以后去当有地位的牧师。在这样的社会和文化环境中,牛顿的哲学和宗教思想也是矛盾的。他虽然是国教徒,但在思想上又倾向于清教精神和伦理。在《原理》出版前的 30 年间,在复杂的政治和宗教斗争中,牛顿实际上是采取了超脱政治和隐匿清教思想的态度。在后 30 多年间,他大部分时间脱离开科学研究工作而从政,晚年曾有一段时间潜心于神学。

2. 牛顿对神学的研究

牛顿对神学的研究并非是在晚年才开始的。实际上,牛顿早在乌尔索普时就从他继父史密斯留下的著作中接触神学了。

进入剑桥以后,剑桥的清教仪式、观念和伦理对他产生了很深的影响。这个时期,牛顿接受了霍布斯等人的自然神论的观点。自然神论虽然也承认上帝的存在,但认为上帝在创造世界后就不再干涉它,自然界一切存在物就按照自己的规律发展变化。于是,上帝的作用被推到了背后,只是作为一个"初始原因"或"第一原因"而存在。因此自然神论具有明显的唯物主义倾

---

① [德]恩格斯:《自然辩证法》,人民出版社 1971 年版,第 178-179 页。

向。马克思曾对英国的自然神论作过这样的评价:"自然神论——至少对唯物主义者来说——不过是摆脱宗教的一种简便易行的办法罢了。"①

牛顿不只是接受了自然神论的观点,而且走得更远。他将自然神论与亨利·莫尔、巴罗倡导的新柏拉图主义融合在一起,认为时空和物质是客观存在的,与上帝共存。1664年—1665年间他在三一学院的笔记"运动问题"一节中写道:"确实,上帝向真空延伸得那么遥远。"②在"创世问题"中又写道:"据说上帝创造了大鲸,但是,大鲸得以创造所用的物质以前就存在。"③这些话表明,牛顿在刚刚开始从事科学研究时,就有了上帝与空间共存和物质先于上帝创世的思想萌芽。到1668年前后写"论流体的重力和平衡"一文的手稿时,这种思想变得更明朗、成熟了。他说:"上帝并不明显地包含广延于其中,因之不能创造它。"他还认为"物质之量、星体数目和其他一切东西是不确定的,一旦创造了宇宙,它们就被确定了。"④可以看出,至1668年左右,牛顿已经明确认为时空和物质都不是上帝创造的。他只是把物质如何形成原子、心灵和宇宙归之于上帝的创造。

从1669年牛顿任卢卡斯讲座教授到1687年《原理》发表,这一阶段他主要从事科学研究,写了许多关于数学、光学、力学和炼金术方面的手稿和著作以及信件。其中一个突出特点是,它们很少提到上帝和创世。《原理》第一版第三卷中只在谈到行星的安排上提到一次上帝,第二版中又删掉了。这明显反映出牛顿在科学研究上排除上帝干扰的倾向。

与此同时,牛顿也写了相当多的有关神学的著作和通信。其中具有代表性的是注释《约翰启示录》和"给一位朋友的信"(1690年11月14日)。前者原名为《关于旦以理预言书和圣·约翰启示录的意见》,过去许多学者都认为它是牛顿于1712年以后写的,并被作为牛顿晚年陷入唯心主义泥坑的代表作。近年来对有关资料的研究表明,这本著作应是牛顿在1690年11月14日前写成的。该书分两篇,一篇为旦以理预言书,另一篇为圣·约翰启示

---

① 《马克思恩格斯全集》第2卷,人民出版社1965年版,第165页。

② J. E. McGuire. Certain Philosophical Question: Newtons Trinty Notebook, Cambridge, (1983),P.447.

③ J. E. McGuire. Certain Philosophical Question: Newtons Trinty Notebook, Cambridge, (1983),P.447.

④ A.R. Hall and M·B·Hall Unpublished Scientific Papers of Issac Newton, Cambridge, (1978),P.135.

录。且以理是希伯莱的大预言家,他写的预言书以及使徒圣·约翰的启示录,是基督教的最早文献。但是后来罗马天主教否认它们是基督教义的起始文献。牛顿认为且以理预言书和圣·约翰启示录是基督教义的本原和真谛,而罗马教会只是一只走兽的多余的角。它抛开预言书和启示录另立教义,是违背上帝的意旨。牛顿在1690年11月14日给朋友的信中说:"罗马教廷给世界造成很多弊端,普遍相信的那些东西一再得到确认,将是徒劳的。在我们呼吁反对罗马教廷忠诚的欺骗和不承认那种东西时,在我们之间必须把它们看作一大罪恶,才有补于实际。"他还说:"与清除虚伪的东西相比,没有比为真理服务再好的东西了。"①

从这些话可以看出,牛顿写这些著作是为了清除罗马教廷对基督教义的歪曲、篡改和对教徒的欺骗,是为了唤起基督教徒认清罗马教廷的真实面目。牛顿认为,他这样做是追求真理。

我国学者阎康年认为:"牛顿写这本书的目的不能被理解为歌颂宗教迷信和简单地陷入唯心主义。"而是"出于对罗马教廷恣意篡改教义,欺骗人民,造成巨大的罪恶进行斗争的一种手段。"并且"不得不从教义本身的考察上,为科学的发展寻求一条相容的道路。"②这种看法是很有见地的。另外,由于这些著作不是写于晚年,自然也就不能作为牛顿晚年陷入唯心主义的证据了。

《原理》发表之后,有些科学家如哈雷、雷恩等赞同牛顿的力学体系,多数人则仍坚持笛卡尔的以太涡旋学说。此外,牛顿的观点也受到保守的宗教界及在科学界的卫道士们的猛烈攻击。贝克莱主教攻击牛顿的绝对时空观,认为它否定上帝创世。莱布尼茨也批评牛顿的绝对时空,认为把时空说成非上帝创造的是反对上帝创世,甚至直接攻击牛顿主张唯物主义。

面对这些反对意见,牛顿不得不思考科学与宗教的关系,以及上帝的本质和作用等问题。另外,本特雷担任波义耳资助设立的讲座教授后,想用已有的科学原理论证上帝的存在。他是牛顿理论的赞同者。因此他就引力和宇宙的性质写信向牛顿请教。在这种情况下,牛顿于1692—1693年间给本特(R.Bentley,1662—1742)写了4封信,阐述了自己的宗教观和科学观。在

---

① H.W.Turnbull, The Correspondence of Isaac Newton,Vol.3.(1961),P.43.
② 阎康年:《牛顿的科学发现与科学思想》,湖南教育出版社1989年版,第454、455页。

这些信中,牛顿共提到上帝、神和动因(Agent)9 次。后人曾认为牛顿是在这些信中论证了上帝的存在,并提出了"上帝第一推动"的观点。关于这个问题,将在第三节专门讨论。

1713 年,牛顿在修改后的《原理》第二版中,加写了一段"总释"。其中是这样描述上帝的:

"他是永恒的和无限的,无所不能和无所不知的;就是说,他由永恒到永恒而存在,从无限到无限而显现……他不是永恒和无限本身,但他是持续的和无限的;他不是时间和空间本身,但他是持续的并且总是在空间中显现自己。他永远存在,也无所不在;而且正因为如此,他就构成了时间和空间。"①

虽然牛顿极力赞颂上帝,却仍然坚持了他原来的观点,即时空不是上帝创造的,而只是上帝的表现形式。牛顿还说:

"一切事物都包容于上帝之中,并在其中运动,但并不彼此发生干扰。上帝并不因为物体的运动而受到什么损害,物体也并不因为上帝无所不在而受到阻碍。所有人都承认至高无上的上帝是必然存在的,而由于这同一个必然性,他又是时时处处存在的。因此,他也就到处相似,浑身是眼,浑身是耳,浑身是脑,浑身是臂,并有全能进行感觉、理解和活动。"②

显然,这样的上帝与人格化的上帝完全不同,更像是我们所说的自然。牛顿也确实这样说:

"……何况,我们有什么样的上帝实体的思想呢,我们知道他只靠他的最大明智、事物的精美设计和最终原因,我们因为他的完美而崇拜他;但是,我们因为他的支配权才敬重他和爱慕他,因为我们作为他的仆人才爱慕他,并且,一个没有支配权、神意和最终原因的神,只能是命运和自然。"③

而且在"总释"的 MS.C 手稿中,牛顿甚至这样说:

"上帝是一个代名词,与他的仆人有关……一个人要证明有一个完美的神(Being),却未同时证明他就是造物主或万物的创造者,则就尚未证明上帝存在。一个永恒的、无限的、全智的和最完美的却无支配权的神,不是上帝,而是自然……上帝的神性最好不由抽象的概念,而由现象,由它们的最终原

---

① [美]H.S.塞耶:《牛顿自然哲学著作选》,上海人民出版社 1974 年版,第 50 页。

② [美]H.S.塞耶:《牛顿自然哲学著作选》,上海人民出版社 1974 年版,第 50 页。

③ [英]I.Newton,Principles,(1947),P.546.

因来证明。"①

牛顿又做了进一步说明：

"……我们对上帝的一切想法，来自模拟人类的方法，虽不完全，却有些相像。于是，关于上帝的很多事情是从事物的表象去讨论的，肯定属于自然哲学的范畴。"②

上述这些话表明，虽然牛顿在"总释"中大力吹捧上帝，但这个上帝已不是宗教神学上的上帝，而是科学上的上帝，即他尚未了解的自然。他从上帝的"最聪明和最巧妙的安排，以及最终的原因"来认识上帝，实际上已把上帝虚拟化了。而且他认为从事物的表象讨论上帝是自然哲学的任务。只要是自然哲学能够解释的，他都不让上帝来插手。这实际上是对宗教和科学的界限作了划分。因此，牛顿在《原理》这样的科学著作中加入这样一段十分不协调的"总释"，很大程度上是为了应付当时对他的批评。

当然，牛顿的宗教信仰还是很虔诚的。他研究神学也不仅仅是消遣。朴茨茅斯收藏的牛顿手稿达 360 万字，其中关于宗教神学和年代学的就有 140 万字。根据对牛顿宗教手稿目录的统计，写于 1670 年代的有 17 种，写于 1680 年代的有 22 种以上，写于 1690 年代的只有 3 种，写于 18 世纪的有 17 种。18 世纪的 17 种主要集中在 1710 年以前，有 10 种。1710 年后只是研究了一些年代学和历史。因此，牛顿不是在晚年才开始研究神学、陷入唯心主义的，而是几乎一直在研究神学，并且中期研究得更多。他所写的神学著作，有些在很大程度上是揭露和反对罗马教廷对早期基督教义的背叛。即使在晚年的一些文章中，他也记叙了许多关于早期异教的情况。

1716 年，威尔士公主卡罗琳得知牛顿那些关于年表的新原则，便召见牛顿让他把所写的文章抄一份给她看。牛顿从不轻易拿自己的手稿给别人看，更不想让公主看到里面一些关于异教内容的文章。因为这些内容足以让他马上被造币厂解职。幸亏牛顿比较老练。他恳请公主宽限几天，说文章"还不完善，条理还不太清楚"。他知道不能违抗王室的命令，于是匆忙整

---

① A.R.Hall and M.B.Hall, Unpublished Scientific Papers of Isaac Newton, Cambridge, (1978), P.363.

② A.R.Hall and M.B.Hall, Unpublished Scientific Papers of Isaac Newton, Cambridge, (1978), P.363.

理了他的年表"摘要",将它修改成"最适于女王阅读的形式……"几天后交了上去。"年表"没有任何新奇怪异的观点,绝不会招致任何麻烦。它将激进的神学伪装起来,即使王室成员阅读也万无一失。

这个摘要在1724年被译成《简明年表》的法文译本出版,很快招致一些批驳。牛顿起初为避免争吵,没有理会这些攻击。后来他改变主意,要写一篇完整的年代学文章为自己辩护。直到去世前,他还在修改这篇文章。1728年,即牛顿去世后第二年,康迪特出版了名为《经修订的古代王国年表》全文。

牛顿还有一个更大胆的计划。在1710—1715年间,他写的手稿中有两份"导言——亚述帝国之前的年代"的草稿。但他没有完成它,很可能担心显得出格的宗教文章会影响他的地位。

当然,牛顿是相信全能的上帝的。万能的造物主这一概念,牢牢地占据了牛顿的思想。在他晚年的神学论文中反复出现这个词。在牛顿心目中,不是具有远见和亲切之感的上帝,而是在宇宙永恒的极其严厉的法则中的上帝。也许只有哲学家才崇拜这样的上帝。牛顿发表了许多言论,表明他对上帝的信仰。他不仅保留了自己宗教信仰中的非正统观念,而且还非常谨慎地在尊奉国教的幌子下掩盖了他的异教观。只有少数几个人知道真相。直到20世纪人们才逐渐了解。1936年拍卖的牛顿手稿中,存在耶路撒冷的"亚胡达"手稿近年来公布于众后,人们才真正完全了解了牛顿的宗教观。

纵观牛顿的一生,科学与宗教是他学术生涯中的两翼。对它们的研究有时是交织在一起,有时是交替进行。在科学研究中,他尽可能减少上帝的干扰,只是在当时的科学无法解释时才求助于上帝。在神学研究中,他又具有明显的异教倾向,而且还把他的研究看作是对真理的追求。因此,牛顿的宗教思想是很复杂的,恐怕不能仅以唯心主义一言以蔽之。也许他想在科学与宗教之间架起一座相融的桥梁。他所做的一切,可能是他那个时代唯一能做到的。

3. 不接受神职

对于宗教,牛顿不仅在思想观念方面有些与众不同,而且在行为方式上也不愿遵循惯例。他在就任卢卡斯教授之后,曾就能否保留三一学院主修课研究员的职位,经历过一场危机。

卢卡斯教授的席位和三一学院主修课研究员这两个职务的收入,足够牛顿的生活需要了。他对待朋友是和蔼诚挚的,朋友有困难,他常借钱或馈赠给他们。甚至对陌生人,有时也肯助一臂之力。牛顿自己花钱也很随便,尤其舍得花钱增添科研设备。然而到 1675 年初,他在经济上遇到了威胁。那一年,巴罗被任命为三一学院的院长,他要整顿学校的不良风气和松弛现象,按照学院创建人的建院宗旨来管理学校。这就要影响到牛顿头上。因为按照学院规定,主修课研究员的任期是 7 年,7 年中他要全面学习宗教课程,最后获得神职而成为一名教士。但事实上,许多主修课研究员在大学任职超过了 7 年。牛顿的任职也快满 7 年了,还没有取得神职。如果严格执行校规的话,牛顿除非同意去取得神职,否则将失去主修课研究员的职位。牛顿在听了巴罗院长的委婉叙述后,非常烦恼。他认真思考了几天后答复说:"巴罗博士,我不能接受神职,别人也许应该走这条路;但对我来说,我相信,不受教堂的正式约束,我能为上帝服务得更好些。"牛顿不接受神职,并不是因为他不信奉宗教,只是因为他热衷于自然科学的研究。这一点巴罗博士是十分理解的。他向国王写了一份申请书,同时把副本送给所有的有关当局,请求对牛顿这样一个杰出的人才作特别的例外处理。为此事牛顿还专程去伦敦呆了 5 个星期,等待宫廷的决定。

在伦敦,熙熙攘攘的闹市景象,宫廷里王公贵族、夫人小姐们的奢华生活,肮脏的街道上流氓乞丐、市民劳动者的贫穷、甚至悲惨的生活,都不能使牛顿为之所动。他怀着忐忑不安的心情思虑着他的申请书是否会被国王恩准。他还惦记着在学校那些没有做完的实验。但是在他有所失的时候,也有所得。他利用在伦敦的机会参加了皇家学会每星期三的例会。学会书记亨利·奥尔登伯格非常高兴,向他介绍了每一个值得认识的人。在这之前,牛顿虽然已是会员几个月了,但从未正式参加过皇家学会的会议。他越来越为自己的经济忧虑,甚至写信给奥尔登伯格,要求退出皇家学会,借口说剑桥离伦敦太远,不便参加每星期的会。奥尔登伯格向学会建议,免收牛顿先生每星期会费。结果,牛顿和其他几个人都被免收会费,其中也包括胡克。

最后,于1675年3月12日,牛顿获悉国王查理签发了一道赦令,允许牛顿在就仼卢卡斯数学教授期间可以不受神职而保留三一学院主修课研究员的职位。牛顿感激之至,如释重负,高高兴兴地回到了剑桥,继续埋头于研究工作中去。同时,他由衷地感谢巴罗博士又一次在关键的时刻帮助了他。

4. 第一推动

牛顿的自然科学成就是巨大的,它成为机械唯物主义的科学基础,成为唯物主义反对唯心主义和神创论的重要武器。牛顿的《自然哲学之数学原理》一书中的绝对时空观,曾受到宗教界特别是贝克莱主教和莱布尼茨的反对,他们指责他的绝对时间、绝对空间不是由上帝创造的,而是绝对的。

另一方面,虽然自然科学在本质上是与唯物主义相一致的,而与上帝创世说相矛盾,但是,牛顿时代的自然科学只是近代自然科学发展的前期,它所达到的水平还不足以彻底否定上帝。因为,当时只有力学达到了系统的完成,最重要的数学方法被确定了,自然科学其他部门则离这种初步的完成还很远;化学刚刚借燃素说从炼金术中解放出来;物理学则处于最初阶段;地质学还未超出矿物学的胚胎阶段;古生物学还不存在,生物学领域还主要从事搜集和初步整理大量的材料。在这样的自然科学发展的初级阶段上,还未能揭示客观自然界本身各种过程形成和发展的辩证本质。这种科学状况只能形成机械自然观,这种自然观在一些重要的问题上,有时必然要借助于超自然的力量。

在 16、17 世纪的自然科学中,力学率先得到发展是有其历史缘由的。一方面,由于从古代到 17 世纪,生产技术主要是机械性的,提出的主要问题是力学问题。另一方面,从认识发展规律看,人们对事物的认识过程都是从简单到复杂,从低级到高级发展的。在人类历史上,近代开始认识自然界的运动规律时,只能从最简单的机械运动开始,然后才有可能进一步去揭示较高级的复杂的运动形式。所以在这个发展阶段上,力学首先得到了系统的发展,对机械运动规律的认识较为完善。因而人们就习惯于用纯粹力学去解释一切自然现象,形成了机械论的观点。爱因斯坦概括地指出:"力学在它的一切部门所取得的伟大成就,它在天文学发展上的惊人成功,力学观念对于那些具有显然不同特征和非力学性质的问题的应用,所有这些都使我们相信,用不变的物体之间的简单的力来解释一切自然现象是可能的。在伽利略时代以后的两百年间,这样的一种努力有意识地或无意识地表现在几乎所有的科学创造中。"①而对于那些不能用纯力学去说明的问题,就难以回答了,如地球的起源、地球现有轨道的形成、物种的起源等等重大问题,就无法科学地回答,在宗教思想影响严重的情况下,就会导致求助于上帝。

此外,近代自然科学发展的初级阶段,是着重研究既成事物的科学。因为人们在认识事物时,开始总是先了解该事物是什么,现存状况如何,然后才能进一步地去考察事物的产生和变化、历史的演变。近代自然科学初期首先注意的问题就是现有恒星和行星的位置,行星和卫星现在运行的轨道,现有的动物、植物的品种和性状等等。在这种状况下,人们很容易把事物看成是固定不变的、僵死的,只看数量的增减而忽略性质的转变,只看位置的变动而忽略历史的演化。但是,深入一步的研究必然会思考事物的现状是如何形成的? 在缺少辩证思维的情况下,很容易把它看作是一下子造成的。在宗教气氛弥漫的社会条件下,很容易用上帝的创造来解释。

牛顿正是在这样的背景下研究引力问题的。前人已经记述了所观察到的天体的位置和运行轨道,牛顿则努力寻找行星按椭圆轨道运行的原因。

---

① 许良英等编译:《爱因斯坦文集》第 1 卷,商务印书馆 1976 年版,第 376 页。

牛顿的研究前进了一大步。他弄清了这个原因的重要部分是万有引力的作用。但是,仅仅有引力,还不能充分解释行星的椭圆形轨道。只有在行星已经按照椭圆形轨道运动起来,即有了切向运动,才能用万有引力去说明行星不断地保持椭圆轨道。那么,切向运动是从何而来的呢?由于当时科学发展的水平和状况,牛顿不可能有天体起源和演化的思想,所以无法对此作出解释。而不从太阳系的起源和演化来解释现存太阳系行星运行轨道的形成,牛顿就只有借助于某种"第一推动"。正如恩格斯在分析牛顿的万有引力时所指出的:"如果我们以现有状态的永恒性为前提,我们就需要有一个第一次推动,上帝。"[①]同样,在生物物种问题上,如果把现有动物和植物物种的千差万别看作永恒不变的,也就只有用上帝创造物种来说明这些差别的由来。

在牛顿运动观中,受到批判最多的就是"上帝第一推动"观点。这个观点使牛顿戴上了"唯心主义"、"完全沦为神学的奴仆"的帽子。所谓第一推动,是指行星绕太阳圆周运动的起因是上帝的推动造成的。牛顿之后的一些哲学家认为牛顿主张上帝是最终的原因和第一推动者。有的著作甚至认为牛顿的第一推动是指一切东西和运动的产生而言。其实这与事实不符。牛顿与第一推动相关的话,主要见诸一些通信中。

在 1681 年给布尔内特写的信中,牛顿说:"但是,我必须承认,我不知道地球周日运动的充分自然原因。在这一点上,自然原因是上帝将它们用作他随手工作的工具,但是我不把它们看作为了创世的原因才假定上帝逐步地及在最适于创世的时刻,在所有其他事物之中只给地球以运动,才是惟一充分的原因,这或许是允许的。"[②]

除此之外,牛顿关于第一次推动的观点,主要集中在 1692—1693 年给理查德·本特雷的信中。

1692 年,牧师本特雷要以《对无神论的反驳》为总题目作八次讲道。在准备讲稿时,他就万有引力和宇宙性质的一些问题,写信向牛顿求教。牛顿先后给本特雷写了 4 封回信,回答他的问题,阐述自己的观点。在第一封信的开头,牛顿直言不讳地说:"当我写作关于宇宙系统的著作时,就曾经特别

---

① [德]恩格斯:《自然辩证法》,人民出版社 1971 年版,第 250 页。

② H.W.Turnbull,The Correspondence of Isaac Newton,vol.Ⅱ,(1960),P.334,332.

注意到足以使熟思的人们相信上帝的那些原理;当我发现我的著作对于这个目的有用处时,没有什么事情能比这类东西更使我高兴的了。"关于本特雷提出的第一个问题,即太阳系最初物质如何把自己分为两类,发光部分聚成太阳,不透明部分结成行星不发光体,或者为什么所有行星都变成不透明体,而唯独太阳保持不变,对这个问题,牛顿回答说:"我认为这不是纯粹的自然原因所能解释的;我不得不把它归之于一个有自由意志主宰的意图和设计。"

在 1693 年 1 月 17 日给本特雷的信中,牛顿写道:

"我的回答是,第一,如果把地球(不连月球)放在不论何处,只要其中心处于轨道上,并且先让它停留在那里不受任何重力或推力的作用,然后立即施以一个指向太阳的重力和一个大小适当并使之沿轨道切线方向运动的横向推动,那么按照我的见解,这个引力和推动的组合将使地球围绕太阳作圆周运动。但是那个横向运动必须大小适当。因为如果太大或太小,就会使地球沿着别的路线运动。第二,我不知道没有神臂的推动,在自然界中会有哪一种力量能引起这种横向的运动。布朗代尔(F.Blondel)在他的关于炮弹的书中某地方告诉我们,柏拉图确信行星的运动是这样的,好像它们全都是上帝在离我们系统遥远的天区创造的,并让它们从那里向太阳落下,一旦达到它们的轨道,它们的落下运动便偏转成一个横向的轨道。并且,这是一个真正的假定,太阳的引力在它们达到它们的几个轨道上的那一瞬间加倍了,然后,在两个方面需要神力,例如把落下行星的下降运动转变成一个侧向运动,并同时使太阳的吸引力加倍。于是,重力把行星投入运动,但是没有神力,它就永远不能将它们投入这样的一个圆周运动,像他们把这个系统的结构归之于一个智慧的动因(agent)那样。"[①]

同年 2 月 11 日给本特雷的第二封信中表示,不能从重力推导出行星的周日运动"而需要一个神力加给它们,虽然重力可以给行星以直接的或有点偏斜的落向太阳的运动,但是它们在几个轨道上回转所凭借的横向运动,却需要神臂按照其轨道的切线加给它们"[②]。显然,牛顿是在无法用万有引力定律解释在垂直落下的运动过程中,为何行星会转向横的轨道运动时,才借

---

① H·W·Turnbull,The Correspondence of Isaac Newton,vol.Ⅲ,(1961),P.240.

② H·W·Turnbull,The Correspondence of Isaac Newton,vol.Ⅲ,(1961),P.244.

助神力的。而且在这封信中牛顿只字未提上帝。

在给本特雷的第三封信中，牛顿又提出"重力必定由按照某些规律持续作用的一个动因引起的。但是，这个动因是物质的还是非物质的，是我要留给我的读者去考虑的问题。"[①]而在第四封信中，牛顿甚至说："对于我视为很强有力的一个神，尚有其他的争论，但是直至它依据的原理被很好接受之前，我认为把它搁置起来更适当些。"[②]即使不是绝对肯定地归因于物质的一种根本而固有的属性，也不是绝对肯定地归因于上帝，他只是说："因为重力的原因是什么，我们不能不懂装懂，还需要更多的时间对它进行考虑。"[③]这表明，牛顿的未竟之事是试图揭示像万有引力这样的力，为何能存在和如何按照他发现的定律发生作用。总的说来，牛顿认为引力的本质和原因，尚待进一步的研究。

此外，值得注意的是，牛顿从来没写过或说过"第一推动者"这个词。他确实在《原理》第二版的"总释"中探讨过最终原因，可并非是关于运动的第一推动者，而且认为这属于自然哲学，不是求之于迷信和宗教。

从上面引证可以看出：(1)牛顿的第一推动只是涉及行星向太阳垂直下落时转变为椭圆轨道的起因问题，而未涉及其他运动。例如他从未把惯性运动归之于上帝或神臂的推动。(2)牛顿只是在写作《原理》时及多年以后，解释不了上述起因问题时才将行星的横向运动的起因归之于神臂或动因。(3)牛顿所说的上帝或神似乎不是宗教神学中的上帝，更像是对未知的最终原因的一种推测或假设，并且对这个最终原因是物质还是非物质保留怀疑，以致想把它搁置起来留给后人解决。从这里可以看出，牛顿是以科学态度对待最终原因的，这里的上帝很可能是他尚未了解的自然而已。(4)不可否认，牛顿作为一个信仰新教的科学家，对上帝是怀着虔诚情感的，不然也不会将最终原因归之于上帝。这反映了牛顿运动观的历史局限性，但只要在他的力学理论能够解释的范围内，牛顿就不让上帝插手，只是把科学上最后的未知领域假托于上帝，而且还敢于提出怀疑，这无疑是对宗教迷信的巨大冲击，因此，他的历史功绩是主流。所以恩格斯的话恰当地概括了牛顿的矛盾。他说："牛顿还让上帝来做'第一次推动'，但是禁止他进一步干涉自己

---

① H·W·Turnbull，The Correspondence of Isaac Newton，vol.Ⅲ，(1961)，P.254.

② H.W.Turnbull，The Correspondence of Isaac Newton，vol.Ⅲ，(1961)，P.234.

③ H.W.Turnbull，The Correspondence of Isaac Newton，vol.Ⅲ，(1961)，P.332.

的太阳系……这和旧的上帝——天和地的创造者、万物的主宰,没有他就一根头发都不能从头上落下来——相距不知有多远!"①牛顿在科学与宗教问题上的矛盾态度,只能由他所处的那个时代来解释。恩格斯还有一段颇有启发的话,他写道:"从历史的观点来看,这件事也许有某种意义:我们只能在我们时代的条件下进行认识,而且这些条件达到什么程度,我们便认识到什么程度。"②牛顿也不例外,他不能超越他所处的那个时代和自己生活的环境所带给他的局限。

总之,说牛顿完全相信上帝给世界"第一推动",并由此批评他是唯心主义者或宗教神学的奴仆,理由是不充分的。牛顿所做的很可能只是在不得已情况下的一种假托。认为牛顿的"第一推动"表明他最终陷入到宗教神学的泥坑中,实际上是许多人对他的误解。

关于牛顿在科学与宗教关系上的观点,各个时期的学者们都有不同的看法。尼科尔逊曾经提出,"牛顿宁愿有'神学家'这个名称,而不愿有'哲学家'或'科学家'名称"。曼纽尔认为牛顿是"宗教的恢复者"和"神学学者"。瓦维洛夫认为"牛顿无疑地是以宗教观点观察他的整个科学工作,他的两本主要著作——《原理》和《光学》都有着以极大热情写出的宗教结束语"。可见,他们的看法代表性地反映出在科学史上把牛顿视为唯心主义者这一概况。特别是以从社会和经济背景研究《原理》起源而著称的苏联代表亥森(B. Hessen),他的观点后来成为苏联学者的代表性观点。在一篇名为《牛顿〈原理〉的社会和经济根源》中,亥森对牛顿在科学上的宗教思想做过这样的评价:牛顿把行星的运动起因——第一推动留给了上帝;在给第二卷加的《总释》中,证明不可缺少的神力为宇宙创生的、运动的和指导性的要素;在给本特雷的四封信中,不难发现其中涉及的宇宙演化理论,在这个问题上"牛顿是唯物主义者的进化概念的坚决的敌手",在探讨宇宙结构时,一个全智的神作为要素是明显的;在讨论太阳系的稳定性问题时,"牛顿只能认为是神的思想创造的";这种概念和牛顿求助于神的思想作为"宇宙的最主要的要素、创造者和第一动力",不是偶然的,而是他的力学原理的概念的必然结果。在空间观问题上,他说,"在这个问题上牛顿也决定性地接受了宗教唯

---

① [德]恩格斯:《自然辩证法》,人民出版社1971年版,第179页。
② [德]恩格斯:《自然辩证法》,人民出版社1971年版,第219页。

心主义的观点"。综上所述,亥森这样写道:

"这样,牛顿的唯心主义观点不是偶然的,而是同他的宇宙观有机地联系在一起的。到《原理》的产生为止,主要是由时代的经济与技术要求和研究问题的运动定律决定的,这本书无疑地有着健康的唯物主义要素。但是,上面概述是牛顿哲学观点的总缺陷和他的狭隘的机械决定论,不仅不允许牛顿发展这些要素,而且甚至相反,把牛顿抛入他的普遍的宗教——神学的宇宙观背景之中。

"所以,在牛顿的哲学观上,像他的宗教观和政治观上一样,他是他的阶级的孩子。他强烈地反对唯物主义,并且不相信它。"①

在历史上,还有一些学者认为,牛顿在科学上的宗教思想是以科学改造宗教。圣西门曾经号召他的当代人去建立一个"在科学家—牧师支配下的新教会",他把这种新教会称为牛顿的宗教。韦斯特福尔(R.S.Westfall)在《牛顿的宗教手稿》一文中指出,他在研究了牛顿的所有神学论文后,表示"说神学的思想影响了牛顿的科学是不真实的。我特别地说'神学的影响'而不是'宗教的影响'。我相信这第二种说法是能够很容易地指出并得到普遍承认的"。② 这说明,他经过全面的研究,得出宗教思想可能影响了牛顿的科学思想,而不是神学的影响。他还认为在近代,"依我的意见,抹杀科学对牛顿的宗教观的影响是不可能的",其原因是普遍的概念以整个科学革命为基础。在这点上,正确的宇宙观与纯正的宗教信仰应当是协调的,从而有利于科学的发展。

以上两种看法,是从不同侧面来认识牛顿在科学上的宗教观点的。然而,法国的百科全书学派则把牛顿评价为机械唯物论的科学家,并且产生了广泛的影响。这种影响表现在拉普拉斯的《宇宙体系论》和《天体力学》中,其中曾先后用他发展了的星云说和天体力学理论,分别说明了太阳系的结构和行星轨道运动的起因,从而填补了牛顿留下的漏洞。贝尔纳对牛顿的观点作了比较合理的解释:"牛顿靠假设世界起源是上帝开始创造世界时的意志,来诚实地掩饰他对这一问题的无知。"

---

① Delegates of the U.S.S.R, Science At the Cross Roads, London,(1971),PP.190-191.
② F.E.Manuel,The Religion of Isaac Newton,Oxford,(1947),P.54.

第十章
从政的科学家

　　1687 年,牛顿的巨著《自然哲学之数学原理》出版,这是他科学创造性工作的顶峰。

　　1689 年,牛顿被剑桥大学选为国会议员。以后,他改变了自己的生活和工作,开始了从政生涯,在财政部造币局担任领导职务 28 年。同时,他作为科学界的泰斗,连年担任皇家学会的会长,直至逝世,并且陆续出版了过去的科学研究成果和再版已经发表的著作。

1. 剑桥大学选出的国会议员

《自然哲学之数学原理》出版以后,牛顿非常疲惫。哈雷认为牛顿应该暂时停止其科学活动,休息一段时间,最后牛顿接受了他的忠告。恰好于1689年,牛顿被剑桥大学选为代表剑桥的国会议员。于是牛顿决定离开剑桥,到伦敦去开始新的生活。在众多的教职员中,为什么唯独牛顿得到了校方如此的厚爱和信赖?一贯沉默寡言、酷爱科学研究工作的牛顿,为什么会舍得离开学术中心剑桥大学呢?这是由多种因素决定的。

牛顿从22岁起为躲避鼠疫休学返乡开始科学研究工作,已经20多年过去了。这期间,牛顿在剑桥从1670年开始担任卢卡斯讲座的教授,过着一种近似隐居的学者生活。他对学院的管理和权力之争极少过问,而把主要精力都放在科学工作上。除了平静的书斋,他在住房旁边建了一个实验室,直通一个小花园。牛顿常在小花园里边散步边思索。他还在小花园里安了一座用于化学和冶金试验的熔化炉。1685年,牛顿在写《原理》时,为了减轻一些负担,要求一名助手,也得到了满足,年收入也不错,估计有200英镑。总的说来,牛顿过的是愉快的学者生活。虽然创造性的科学工作要付出巨大的艰苦劳动,但科学上硕果累累也带给牛顿极大的喜悦。他出版了《原理》,整理了光学讲义,完成了万有引力定律的发现。牛顿对自己的发现和发明,是本想自得其乐的,但是他很难如愿。争夺优先权的争论实在使他烦恼,这类无聊的争吵,使牛顿对发现和发明的兴趣越来越淡漠。

但是,更为主要的直接原因,是与牛顿在奥尔本事件中的表现有关。

牛顿在编写《原理》一书时,英国社会十分动乱。1660年,逃亡国外的查理二世返英继位,斯图亚特王朝遂在英国复辟。查理二世死于1685年。查理二世的兄弟詹姆士二世继承了王位。他是一个虔诚的天主教徒,极力想把英国纳入罗马天主教会的势力范围,因而使政局动荡。查理二世在亡命法国时所生的儿子蒙马斯登陆英国,向詹姆士二世挑战。国王打败了叛军,蒙马斯等 150 人被处死刑,800 人被流放到西印度群岛。大多数英国人在詹姆士二世的残酷统治下,冒着杀身之祸反对国王重新恢复天主教特权的各种措施。这些令人生厌的事件也使牛顿的情绪变坏。他回到家乡想冷静一下脑筋,但树欲静而风不止。詹姆士二世的暴政使牛顿这位沉默寡言的教授也不能不挺身而出参加斗争了。

当时在大学中,改革后的英国国教占优势,大学有高度的自主权。这些大学当然成了反对詹姆士二世的堡垒。国王便推行使大学天主教化的政策,试图把天主教徒派进去,加强控制。1687 年初,正当牛顿忙于编写《原理》时,国王于 2 月 9 日,命令剑桥大学把文科硕士学位赠予天主教士奥尔本·弗朗西斯,并请他作为该校理事会的一员,以取得管理大学的权力。学校在过去曾收到许多类似的委任函,并很快地授予来访的宗教权贵们学位。然而,大家都清楚,奥尔本·弗朗西斯教士的情况与众不同。不像其他来访者,他是要以文科硕士身份留在学校,并参与学校事务。无疑,开此先河后,其他教士就会步弗朗西斯之后尘降临学校,最终使学校天主教化。夹在学校与教皇之间,剑桥大学副校长约翰·皮切尔方寸大乱。他为此急得焦头烂额,在给朋友塞缪尔·佩皮斯的信中,流露出自己的忧虑与担心,"……这对我真是一场特别的灾难与苦恼。在对王室人员、王权及继承者经过如此多的努力和影响之后,最后我将面临着上帝的不满……"

学校里的其他人也有着同样的忧虑。经过一段时间的商讨和考虑之后,学校决定于 3 月 11 日召开大学评议会。那时,牛顿已从《原理》中解放出来,哈雷拿到了第二卷手稿,汉弗莱正在抄写第三卷,牛顿也定于三星期之后坐船去伦敦。在评议会上,牛顿作为当选的两名代表之一,向副校长皮切尔转达了他们的意见:未经宣誓就授予弗朗西斯教士学位是非法的和危险的。于是,尽管国王一再施加压力,学校对此还是婉言谢绝。4 月,国王被激怒,命令皮切尔和理事会的八名代表到伦敦最高法院候审。牛顿便是这八位代表之一。

这个代表委员会的本意是在伦敦向宫廷提交呈文和请愿书,以制止正在开始的大学天主教化。但在粗暴的最高裁判官杰弗里斯的高压下,皮切尔受到免职处分,吓得不敢对答。多数代表因为过去在接受神职时宣过誓,表示过要绝对服从国王,因此亦不敢再申辩。这样一来,剑桥的委员会就准备破格接受国王的命令,把学位赠予弗朗西斯。然而向来一言不发的牛顿,这时却表现出异乎寻常的勇敢和坚定,他愤然起来反对妥协和屈服。他不是神职人员,并未宣过誓绝对服从国王,便受代表团推选,与对方展开了针锋相对的斗争。他诘难国王并大胆提出自己的看法。按照皇家批准的大学宪章,剑桥只能送给弗朗西斯以荣誉头衔,而一个荣誉头衔却无权在大学理事会里任职。牛顿后来曾亲口告诉康迪特,他孤军奋战,改变了一项可能会牺牲学校地位的妥协。在后来人们发现的一封信里,知道牛顿是这样谈到奥尔本事件的:

根据上帝和人类的戒律,所有高贵的人都有责任听从国王的符合法律的命令;但如果国王陛下执意提出一项不合法的要求,那就没有一个人会因拒不执行而感到苦恼。

牛顿在奥尔本事件中所表现的大无畏的精神,不仅仅是由于他信奉国教反对天主教的倾向,也表明他具有民主进步的倾向。由于他的勇气和坚定,使王的这次计谋遭到失败,使剑桥大学的尊严得到维护,牛顿也因此受到校方的感谢和更深一层的尊敬,被校方选为代表剑桥大学的国会议员,牛顿也就从剑桥搬到伦敦去了。

天主教徒詹姆士二世的作为,常使国教徒怨恨不满,再加上他政治上无能,也使一些天主教徒深为遗憾。原先,新教徒们希望天主教国王的统治只是短暂的,乌云不久即会过去。但是在 1686 年 6 月,国王的继承人降生了,新教徒的希望化为泡影。于是,英国上层的贵族们就要求请荷兰亲王威廉·冯·奥拉宁来接管政权,因为威廉亲王娶了詹姆士二世的女儿玛丽为妻。玛丽是王室宗亲。威廉接受这一请求,用武力把詹姆士二世赶出了英国。威廉和夫人于 1689 年被加冕为国王威廉三世和王后玛丽二世,从而王权又落到斯图亚特王室的英国国教派手中。从绝对君主制过渡到立宪君主制,为英国资产阶级的发展提供了更多的可能。国会的权力扩大,举行改选,牛顿因在奥尔本事件中表现得刚直不阿,不畏强权,便被选为剑桥大学的两名代表之一,进入议会。从 1689 年 1 月至 1690 年 2 月议会解散时为止,为时一年多的时间。牛顿是威廉国王的忠实支持者,是下议院里最有名望的议员之一。他政治倾向属辉格党(自由党的前身),主张宗教自由,坚决反对一切形式的压迫。但是,这位学者议员作为议员却是很拘谨的,他仍然是经常沉默寡言,既不是出色的演说家,也对公开讲演根本不感兴趣。据说他在议院里只开过一次口,就是对侍者说:"能不能把窗子关起来?"

牛顿在伦敦的生活不同于剑桥。他交往的人多了,经常被邀请出席皇家学会的例会,并和以前结识的朋友和学者们聚会。他多次和化学家罗伯特·波义耳会面,讨论气体定律的内容和种种化学问题。还经常和哲学家洛克会面,讨论有关神学的问题,并且把自己思考的神学问题加以整理,着手编写有关基督教《圣经》和自己的宗教信仰的著作。

从 1689 年移居伦敦之后开始的另一种生活,使牛顿的思想在慢慢地起变化。他已经接近 50 岁了。过去的时光几乎全部用在紧张的科学探索之中。他虽然已是社会公认的大科学家,尽管名声很大,却没有给他带来什么财富。与政界的官僚相比,他只不过是个相当穷的大学教授。寺院似的大学终究是不能与自由、热闹、繁华、富裕的伦敦相比的。这时的牛顿,开始思考过去从未想过的事情。此外,家属和亲戚越来越多地需要牛顿接济。随着环境地位的改变,牛顿开始渴望改善自己的地位和生活,希望谋求到更高的与自己的身份相称的公职,得到优厚的物质待遇。牛顿向自己的朋友洛克和皇家学会的会长佩皮斯(S.Pepys)表达了他的意愿。有人推荐他去担任伦敦的查特蒙斯公立学校的校长,这是一所英国贵族的上流学校。但他认为这个职位还不够高,便谢绝了。他在信中这样写道:

"我感谢你们让我去当查特蒙斯的校长,但我看不出那里有什么值得去争取的,除了一辆我并不怎么向往的马车外(显然这是应当给校长配备的),每年不过是 200 英镑,还是整天关在伦敦不出去,这种生活方式我并不喜欢;我也不认为参与这一竞争是适宜的,仿佛那是什么肥缺似的。"

牛顿的另一位朋友、下议院的蒙塔古(C.Montague,1661－1715)是国会中的出色人物,后来成为极有权势的哈里法克斯勋爵。他也鼎力相助。但是,虽有众多的人帮助周旋,政府出现的空缺却总未能补上牛顿。他只好又回到剑桥,重心恢复书斋生活,而心中难免郁闷不乐。

另一件事也使牛顿深受刺激。那时候他连夜整理光学讲义。有一天清晨,他吹熄了蜡烛休息片刻,便到教堂去参加礼拜。祈祷中忽然想到烛火可能没有完全熄灭,急忙跑回家一看,果然,烛火的余烬燃着了纸,把讲义原稿烧成了灰烬。不幸中的万幸是没有酿成大的火灾。但是牛顿苦心整理的光学讲义就这样付之一炬。化为灰烬的还有他研究化学的手稿。他的劳动,他的心血,就这样白白地失去了。牛顿深受刺激,他的眼神渐渐地失去了光泽。

牛顿的健康状况的损坏是由来已久的。在撰写《原理》一书时,他日日夜夜,聚精会神地思索、研究和写作,神经经常处于非常紧张的状态。他睡眠不足,饮食不正常,很少体力活动。长年紧张的研究生活,使他积劳成疾,也加重了他那因抑郁苦闷而忧伤的性格。后来再加上谋求荣升的努力连连受挫,沉重的失望情绪笼罩心头。还有和几个同事的争吵也使他大伤脑筋。有时候牛顿接连几个小时郁郁沉思,恰好在这时,他又在痴心钻研宗教和神秘的思想。总之,种种因素聚合于一身,终于导致了严重的后果。从1692年起,牛顿开始患严重的神经衰弱,经常夜不成眠、食欲不振、越来越激动,即使很小的事情,他也会大发脾气,慢慢地他开始精神紊乱,一时明白一时糊涂,一言一行显得怪异,抑郁和迫害妄想折磨着他。例如,牛顿相信有桩针对着他的阴谋,他指责洛克想用女人引诱他。他更加感到无比的孤独和苦闷,怀疑一些朋友已经抛弃了他。他给好朋友洛克、哈雷、佩皮斯写了一些信,说了一些莫须有的事情,充满愤怒地胡乱埋怨,指责他们没有情谊。例如在给佩皮斯的信中说:"我现在为精神错乱所恼。这一年饮食和睡眠都感不足,精神已大不如前。我从没想到用你和国王的力量获取利益。但是,今后我要与你断绝往来。我不想增加大家的麻烦,我认为不该与你、与朋友们再见面。"这位皇家学会的会长看了信大吃一惊,赶紧写信到剑桥询问,从侧面了解牛顿的情况,回信说:"9月28日我见了牛顿先生。他一见面就先说,给了你一封怪信,不晓得怎么办。据说担心之余,午夜不能入睡。有机会的话,要我转告请你原谅。"牛顿在给洛克的信中说:"你为女性的事情,企图使我困扰,一想起我就生气。你说你的病不会好,我想回答,你去死好了。"3个星期之后,洛克又接到牛顿一封信,信中说:"这个冬天,也许是睡在炉旁的关系吧,一直想睡。也许是这个夏天生病的关系吧,我好像脱了轨道。写上一封信时,两周才只睡了一个小时,五天前起就没有睡过觉。记得好像乱骂过你,但不记得有没有谈到你的书。"

朋友们对牛顿的健康状况深感不安,都想办法帮助他,安慰他。经过几个月的治疗和调养,牛顿逐渐恢复了健康。他对于过去曾给朋友们写过一些失礼的信,向朋友们表示歉意。病愈之后,再度投入研究工作,收集更多的资料,又着手研究月球运动的问题。月球除了受地球的引力之外,也受太阳的引力而作复杂的运动。在研究的基础上,牛顿为《原理》的再版做了补充和修改,并且再度忙碌于他所热爱的化学实验。但是,当时他万万没有想到,他一生中对金属和合金方面的兴趣和研究的收获,不久将付之于实际的应用。其应用的方面,也是他未曾想到过的。

牛顿继续拜托洛克、蒙塔古等友人在伦敦为他谋求理想的职位。时间一天天在期待中过去。他终于盼来了那一天。1696年,牛顿收到了蒙塔古于3月18日写给他的信。这封信给牛顿带来了好消息,它使牛顿无比的喜悦。随后,它急剧地改变了牛顿的生活方式和生活环境,使他从剑桥大学过着隐居式的宁静生活的学者,一跃而成为伦敦官场中颇有影响的要员,同英国皇室宫廷的关系越来越密切,直到被封勋爵,还获得了许多其他的荣誉。但是在他一生的最后25年,再没有任何重要的科学发现。

2. 皇家造币厂厂长和皇家学会会长

真可谓朝廷有人好做官。写信来的是牛顿的老同学查尔斯·蒙塔古,即后来的哈利法克斯勋爵。他是曼彻斯特伯爵的第四个儿子,在剑桥大学三一学院学习时就崇拜牛顿的科学成就。尽管年龄相差很大,他们还是结下了友谊。蒙塔古的政治生涯顺利,平步青云,很快就成为国王的亲信,于1694年升任财政大臣。在蒙塔古1696年3月给牛顿的信中,告诉他英国皇家造币厂督办的职务空缺,国王已同意他任命牛顿担任该职务。他在信中写道:

先生:

我非常高兴,因为我终于能向您证明我的友谊以及国王对您的功绩的赏识。造币厂督办弗顿先生被任命为海关监督,国王已应允我任命牛顿先生为造币督办。这个职位对您最合适,年俸为五六百英镑,而事情不多,花销不大……

牛顿欣喜地看到新职务的年薪比以前增加两倍,便立即高高兴兴地前去赴任。他从此迁居伦敦,先在蒙塔古那里住了一段时间,然后搬到豪华的威斯敏斯特区的杰明大街,靠近圣詹姆斯教堂和皮卡迪利广场,在这个高级住宅区度过了他一生中最后的将近三分之一的岁月。他满腔热情地投入了新的工作。

身为财政部长的蒙塔古,肩负着发展英国资本主义经济的重任。他首先面临的是改革货币的迫切问题。他深知牛顿是精通科学的人,又有相当强的办事能力,所以请他把知识用在货币改革方面。

当时在英国币制极为混乱,金币和银币都是合法的流通货币,但银币的价值因含有廉价的低品质的合金已经贬值。而且由于军费开支剧增造成通货膨胀,物价飞涨,连基本食品的价格也非常昂贵。几十年来人们想方设法偷偷地把贵金属硬币的边缘部分"剪去"一些,也就是从没有深刻花纹的银币边上刮下一点银子,把残缺的银币还照原价拿去使用,投入市场流通。这严重地扰乱了现金周转。当时欧洲的一些银行已经拒绝接受英国银币。财政部长蒙塔古决心采取措施,改革财政。他建立了英国银行,创设了发行公债和债券的现代化财政制度,并决心改革货币制度,决定收回全部旧有银币,发行新币代替旧币。这就要采用新的铸币技术,使新币没有办法被"剪去"一角,并且要求迅速实现银币更新的任务。

牛顿没有辜负蒙塔古的信任。他决定亲自投入重新铸造货币的工作,这完全是他自己的选择。因为造币厂督办大可不必这样做。按照1666年就已实施的造币厂规程,实权由厂长和工人掌管。牛顿的前任督办都将这一位置视为闲职。没过多久,牛顿就弄清了造币厂的实际情况。他对现有的管理模式极为不满。他认为督办"一职本身就是行政长官,而且是造币厂唯一的行政长官,负责处理造币厂员工的一切事务……"他向下院委员会递交了报告,试图重振督办的权威。当他发现修改造币厂章程的努力并未奏效后,牛顿采取了另一个策略,那就是力图将自己变成事实上的厂长。

他系统地研究了造币厂的历史,以及它目前的经营状况,了解和掌握的情况超过了其他任何人。牛顿收集了与造币厂有关的公告与授权证书,这些资料可一直追溯至15世纪爱德华四世时期。牛顿还掌握了有关造币厂厂长尼尔的情况,特别是尼尔对审计员詹姆斯·霍尔的负债情况。牛顿通览了旧账。因而对各种服务的支付标准了如指掌。他还仔细研究了造币厂每一班次的运转情况,记录产生的各种费用,如熔化锅的成本及其使用次数。他声称:"通过实验,我发现在镀锡过程中,每产生一金衡半克朗的硬币,就要损失三克半。"

牛顿还特别喜欢抄写。尽管牛顿手下的抄写人员不少,但他还是自己抄写了 1675 年关于铸币情况的报告,之后还重新抄写了一遍。牛顿对于铸币质量与数量的记录,不管是金是银,从 1659 年至 1691 年逐年抄录,而且全部再重新抄写一遍。甚至对一封无足轻重的信函,牛顿也要几易其稿,然后还要誊清两次。他对地方造币厂官员关于账目的指示中,提出了这样的忠告:"不要相信职员的计算,也不要相信别人的眼睛,只能相信自己的双眼。"

牛顿在数字方面的特长使他立刻就弄懂了造币厂的会计制度。但牛顿的天赋不仅仅局限于弄清账目。他生来就会将事情分门别类,使之井然有序。对于需要动用智力的任何一项新工作,牛顿第一步就是编制索引,以便易于组织相关的知识。牛顿似乎天生就是一个行政管理人才,由于他的到任,造币厂受益匪浅。

他出任造币厂督办以后,全力工作,在财政部花园的后面建起了 10 个熔炉,把旧币熔化掉,把熔化的贵金属运往伦敦塔,在那里重新铸币;同时在几处分设造币厂。1696 年初,市场上缺少零钱,经济周转困难,为了迅速扭转局面,牛顿集中力量提高新币的产量,再加上蒙塔古的组织措施积极有力,使产量在短时期内提高了 8 倍,起初每星期的铸币量是 15000 磅,到最后每周铸币达 12 万磅(约 5 万公斤)。截至当年年底,造币厂已造币 250 万英镑。此时,危机的巅峰已经过去,货币短缺现象开始缓解。1698 年夏,重铸货币工作已经完成,货币在 3 年之内完全更新了。那时,牛顿基本上已经控制了造币厂的经营活动,实际上已在行使厂长主权。牛顿在工作中表现了出色的管理才能,用他丰富的科学知识,对于机器运转、熔铸速度、金属纯度等技术不断加以改进。

在查处伪造货币犯罪的问题上,牛顿毫不手软且机智过人,取得了卓有成效的结果。当时,气焰嚣张的假币制造头子威廉·查那罗曾反咬一口,污蔑牛顿纵容高级官员制造和滥用假币,一度将牛顿置于十分被动的局面。但牛顿巧妙地通过收买和设置内线的方式,最终将查那罗送上绞刑架。在造币厂的职员和宫廷官吏贪污成风的环境里,在贿赂盛行的时代,据说牛顿表现了公正廉洁的品格,并无越轨行为。

币制改革运动于 1699 年宣告结束,财政部长大为高兴,牛顿的工作也受到赞扬,被任命为终生"皇家造币厂厂长"。这使他的年收入达到 2000 英镑,高达剑桥大学时年薪的十倍。这是一个可观的数目,其价值可以一比:建立格林威治天文台,即所谓"弗拉姆斯蒂德大厦"的基本资金才花去了 500 英镑多一点。

牛顿在伦敦的事务使他事实上已经无法担任剑桥大学的教育和科学研究工作。所以,于 1701 年,他辞去了剑桥大学的教授职位,把卢卡斯讲座让位给天文学家威廉·惠斯顿,自己退出三一学院。但是剑桥再次选他为国会议员,作为剑桥的代表进入下院。也许是因为他保持缄默,于 1705 重新选举时,他落选了。

这样,从牛顿的一生所从事的事业上看,他可分为两个时期,前 31 年,从 1665 年到 1696 年,除了短暂时间的生病以外,总的来说,他精力旺盛,身体强健,勇于探索,刻意创新,在科学研究的征途上做出了伟大的贡献;后期也是 31 年,从 1696 年到 1727 年,他担任国家公职,为发展英国的资本主义经济,效劳于财政部门。同时,也没有完全脱离英国科学界,他于 1702 年被选为英国皇家学会的会长,领导着英国科学界,也与欧洲大陆的科学家们保持着科学上的联系。在此期间,也对自己过去已有的科学发现和发明,作进一步的补充、丰富和发展完善,但没有新的创造。

在后期,牛顿不仅受到国内外科学界的赞扬,还被授予众多的荣誉。1699 年,他被选为法国科学院 8 个外国院士之一。1705 年 4 月,英国女王安娜授给牛顿勋爵称号。授衔仪式在剑桥大学举行,女王亲临剑桥,仪式结束后举行了盛大宴会,这是英国历史上第一个科学家得到如此特殊的荣誉。从此以后人们都尊敬地称呼牛顿为艾萨克·牛顿爵士。以后又过了整整一个世纪,化学家戴维(英,H.Davy,1778—1829)才成为第二个获得这种荣誉称号的自然科学家。牛顿从一个出生农家的普通孩子,通过自己的勤奋努力,得到了国家的最高奖赏和人民的尊敬。当时牛顿 62 岁。

自 1703 年到 1727 年牛顿逝世为止,他一直担任英国皇家学会的会长,相当于国家科学院的院长。他年年连选连任,几乎是在四分之一世纪的长时间内,一直担任科学界的最高领导职务。在同时期内,牛顿继续担任造币厂的领导职务,工作已经没有那几年大规模铸造货币时那样紧张繁忙了。

牛顿居住的官邸就在财政部附近,造币厂每星期只需去一次即可。因此牛顿还能继续做些科学工作。不过,由于主观和客观上的种种原因,他对科学的探索性、创造性的贡献在伦敦时期已经中止了。但是,他那善于敏锐思考的头脑有时也闪现出智慧的火花。例如,前面我们提到,1697年,他出色地解答了约翰·伯努利提出的一个很难解的数学问题。1701年,牛顿还写过一篇热学方面的著作《热的量度表》,在这篇文章中,他提出了热物体冷却的一种定律。此外,在牛顿担任皇家学会会长期间,欧洲大陆的科学家常就一些科学问题征求牛顿的意见。牛顿尽力帮助解决他们提出的问题,英国皇家学会因此成为欧洲主要的科学机构之一。

牛顿年年连任皇家学会会长,不只是由于他在科学上那些卓越的无与伦比的伟大贡献,也由于他的出色的组织才能。他虽然沉默谨慎,但善于把不同意见的人团结在一起,促进科学的进步,使学会的活动很是繁荣兴旺。这在当时英国政治斗争复杂的社会环境中,并不是一件简单容易的事情。当时保守党的势力致力于恢复绝对的君主制和上层贵族的统治,而自由党的前身辉格党却支持君主立宪制。各派不同的政治观点的分歧也渗透到皇家学会的会员之中。但是牛顿能够很好地协调会员们的关系和研究工作。

牛顿在担任皇家学会会长期间,还积极地向安娜女王提出重建格雷沙姆学院的请求。因为该学院原是英国皇家学会的发祥地,它由于驻扎军队而遭到了破坏。牛顿担任会长不久,努力为皇家学会建立一个新的巩固的基地。但当时英国因西班牙王位战争而消耗了国力,直到1710年经过再三请求才获得批准。

除了公务之外,牛顿在自己的科学研究工作方面,主要是出版和再版以前的研究成果。《光学》这部著作用英文写好了多年,只是由于与罗伯特·胡克的争论,牛顿不愿在他的老对手胡克在世时出版。1703年胡克死了,第二年这本书就问世,立刻获得成功。它包括了牛顿一生对光学的研究成果。该书于1717年再版,于1721年修订第三版发行。牛顿的另一部重要学术著作《自然哲学之数学原理》,于1713年再版,1726年发行第三版,这是牛顿在科学上留给后人的永放光彩的两座丰碑。这些都是他以前在剑桥期间获得的成果。牛顿在1673—1684年间讲授的代数由W.惠斯顿以《算术通论》的书名出版。

牛顿在移居伦敦后的生活是稳定、富裕而舒适的。他终生没有结婚。

为他料理家务的是他外甥女、牛顿同母异父的妹妹所生的女儿凯瑟琳·巴顿。这位 17 岁的姑娘仪表大方，容貌美丽，而且聪明机敏又诙谐，性格活泼又温柔。两年后嫁给了约翰·康迪特。新婚夫妇仍和牛顿住在一起。凯瑟琳好客又善于社交。她使牛顿晚年的生活并不孤独寂寞。她常常协助牛顿举行家宴，招待来自各方面的客人，如文学家斯威夫特、政治家蒙塔古等人常来牛顿家喝茶、聚餐，气氛融洽活跃。牛顿虽然待人很友好，但是总的说来显得比较冷淡。他在和人们一起时常常沉浸在自己的思考里，很少言语，有时候还心不在焉。尽管他真诚地感谢朋友们的帮助和支持，但也不善于表达这种内心的感谢之情。

牛顿成为著名人物生活变得优裕之后，更加乐善好施。过去他资助亲友也很慷慨。对于具有数学才干的年轻人，他更是愿意多加帮助。例如对年轻有为的数学家罗杰·科茨（英，R.Cotes，1682—1716）。他后来被牛顿选为助手，细心地协助牛顿修订了《原理》第二版。从 1706 年，科茨在剑桥大学任数学和物理学教授，但不幸早逝，牛顿深为惋惜。第二个青年是有名的医生兼数学家亨利·彭伯顿（英，H.Pemberton，1694—1771）。他后来协助牛顿修订了《原理》第三版。牛顿虽然生活俭朴，但不惜花钱购买实验用的各种工具和书籍，晚年生活富裕之后也常提醒凯瑟琳不要奢侈。

牛顿临终时留下了一笔可观的遗产。但是牛顿并没有设立奖学基金或科学基金。牛顿在任皇家学会会长期间，皇家学会的成员之一戈弗雷·科普利爵士设立了自然科学进步基金。这种基金直到牛顿死后才形成制度，由皇家学会把"科普利奖章"作为最高的科学荣誉奖授予科学家。后来，英国生物学家达尔文就获得了这种荣誉。

牛顿平时温和、沉默、为人谦和友善。但是一旦被人激怒，马上判若两人。他为了维护自己的发明优先权，不惜与胡克、弗拉姆斯蒂德和莱布尼茨激烈争吵，甚至有时对人怀恨在心，或发誓绝不发表自己的著作，以免引起更大的争吵。怒火燃烧时，处理问题也会不再那么和善和公正。在牛顿患忧郁症康复之后，这种情况更加突出，性格越来越固执和强词夺理。

1675 年，在伦敦附近的格林威治建立了"皇家天文台"，弗拉姆斯蒂德是皇家天文台的第一任"皇家天文学家"。他是一位靠自学成才的天文学家。他用的观察仪器大部分是自费置办的。在格林威治，他对月亮的升落和恒星的位置进行了十分仔细的系统观察。牛顿早在 1670 年就和他相识了。弗拉姆斯蒂德的观察结果,经过理论加工后,被吸收到牛顿的《原理》一书中。他们于1680年开始通信,讨论这一年将出现一颗彗星呢,还是两颗彗星? 而后者是牛顿的错误估计。从此就播下了以后不和的种子。牛顿也曾经想公正修正自己的错误和表示赞同弗拉姆斯蒂德的意见。但是在牛顿患过忧郁症之后,他绝不把这个"只会观察"的弗拉姆斯蒂德放在眼里。后来在牛顿的一封信中,表述了自己心中的愤愤不平。他写道:"我承认,金属丝比制成它的金子要值钱。但是我把这种金子收集起来,加以提炼和清洗。因此我并不希望您由于轻易地得到我的辅助劳动而瞧不起我。"

在牛顿的推荐下,弗拉姆斯蒂德出版了他的恒星表《天体史》。但是此书在印刷过程中两人闹翻了。原因是牛顿为了研究月球的运动需要弗拉姆斯蒂德的天文观测结果。后者虽然答应公布他的一切观察发现,但是工作进度越来越慢,不能满足需要。牛顿急不可耐,便向皇家学会提出意见。随后,成立了一个以牛顿为首的调查委员会来调查格林威治皇家天文台的工作情况。于是两人之间爆发了公开的争吵,直到1719年弗拉姆斯蒂德逝世,争吵才告结束。使牛顿感到满足的是在第二年,哈雷被任命为继任皇家天文学家,担任格林威治天文台的台长。哈雷是牛顿的老朋友了,在出版《原理》时,他曾经倾囊相助,两人早已是莫逆之交。

牛顿除了与英国天文学家约翰·弗拉姆斯蒂德以及前面提到的与德国数学家莱布尼茨两次大的争论以外,总的来说是度过一个安静的晚年。但这两次持久而激烈的争吵使牛顿深感不快。

在牛顿晚年,约翰·康迪特进入了他的生活。1713年,康迪特被任命为英军驻直布罗陀新基地的军需官。他不仅在那里赚了不少钱,而且发现了罗马卡蒂亚古城。1717年6月20日,康迪特向皇家学会宣读了一篇关于卡蒂亚古城的文章。碰巧牛顿也对卡蒂亚古城感兴趣,他认为该城建于公元前1000年。当时牛顿正在写他的《年表》,很可能与康迪特交谈过。3个月以后,康迪特与牛顿的外甥女凯瑟琳·巴顿结婚。康迪特意识到牛顿是一位千古奇才,因而把他当作英雄崇拜。康迪特将他与牛顿的谈话内容全部记录下来,还收集了有关牛顿的大量轶事。

另一个与牛顿有密切关系的是威廉·斯图克利。他是医生,又是皇家学会会员。他和牛顿成了朋友。当斯图克利后来移居到格兰瑟姆后,收集了许多有关牛顿的资料。正是由于康迪特和斯图克利的记述,人们才较多地了解了牛顿的性格和许多轶事。在康迪特的笔下,牛顿"一贯勤奋、忍耐、谦卑、克制、恭顺、人道、慈善、虔诚且没有丝毫恶意……"英雄式的崇拜跃然纸上。他还记录了一些细节:牛顿中等身材,晚年有些发胖,有着一双锐利的眼睛,满头银发,保持着青春的朝气和肤色,只缺一颗牙齿,举止优雅得体。斯图克利写道:

"根据我的观察,虽然艾萨克·牛顿爵士是一个非常严肃且沉稳的人,但我还是常常见到他笑,而且是在一些很随意的场合中……他讲话喜欢用谚语,喜欢讲笑话而且很幽默。当我们和他在一起时,他显得很愉快,彬彬有礼,和蔼可亲。如果不是开怀大笑的话,他也经常是面带微笑……他与人相处非常友善,有时甚至很健谈。"①

住在乌尔索普的一位房客曾说牛顿是一个沉默寡言的人,"他有时候一连十几分钟不说一句话,沉思默想,看上去好像是在祷告一样。但他只要一开口,他的话就会一针见血、切中要害"。

牛顿经常与斯图克利讨论关于年表和预言的问题,但从不让他深入了解自己关于神学的见解。1725 年 3 月 7 日,牛顿与康迪特讨论过宇宙的有关问题,康迪特将这次谈话记录了下来。牛顿说相信有一场天体革命,来自太阳的光和气聚集到一起形成二级物体(例如月亮),二级物体又聚集更多物质变成主要行星,又变成彗星,彗星反过来落入太阳以补充太阳所散失的物质。牛顿认为 1680 年发现的那颗大彗星,最终会落入太阳,由于太阳热量骤然增加,地球上的生命将会毁灭。他说人类是近代才出现的,地球上已有的毁灭迹象可以证明他所预言的这种灾难以前曾发生过。康迪特问他既然生命曾被毁灭过,那地球上为何还有生命。牛顿回答,那就需要一个造物主了。康迪特问他为何不把这些推测公之于众。牛顿说:"我不赞同推测。"从这段话可以看到,牛顿并非完全是形而上学的宇宙观,他已猜测到宇宙可能是有演化过程的,只是他已经没有能力再研究这个问题了,只好将它留给后人。

牛顿到伦敦后,对让人给他画像甚感兴趣。1702 年内勒给他画了像之后,耶瓦在 1703 年也画了一幅,甘地在 1706 年又画了一幅。此后给牛顿画过像的还有桑希尔(两幅)、里奇、穆雷、内勒、范德班克(两幅)、西曼、达尔等

---

① [美]理查德·韦斯特福尔:《牛顿传》,中国对外翻译出版公司 1999 年版,第 332 页。

人。勒·马钱德还为牛顿雕刻了两座象牙半身塑像。今天,人们仍可从这些画像和雕像一睹牛顿的风采。

3. 黄昏岁月

牛顿在世的最后几年中,国内外各界的人士都向他表示尊敬和赞赏,在宫廷中他也备受宠信。直到80岁高龄以前,他一直没有患什么严重的疾病。虽然有些发胖,但仍然面色健康、精神矍铄,虽然已白发如银,但仍不需要戴眼镜,而且思想仍然敏捷活跃。到1722年,牛顿80岁时,他才开始患老年病症。先是胆结石,后是肺炎、脚部风湿痛。病痛开始折磨这位耄耋老人。朋友们为他在肯辛顿安排了新居,医生也劝他搬到那里去换换环境,空气又新鲜。这时,牛顿感到自己年迈体衰,必须辞去造币厂厂长的职务,但还继续担任皇家学会的会长。而在主持会议时,他有时就坐在主席位子上睡着了。但他还是抓紧时间在助手的协助下,出版了《原理》第三版。助手是青年医生亨利·彭伯顿。他尽管对数学懂得不多,还是出色地掌握了这些难懂的资料。牛顿尽管已有80岁高龄了,还是努力吸收新的研究成果。他恳请当时格林威治天文台的台长哈雷提供1680年发现的那颗著名彗星的详细资料。此外,牛顿还想完成他那部长期编写的神学著作。但是病情越来越重,他已经力不从心了。

1727年2月28日,牛顿觉得身体还挺好,就去伦敦主持了皇家学会3月2日的会议。但是,3月4日回来时,就病倒了。病床上还能与朋友交谈。3月15日,好像有点恢复元气,但这已是回光返照了。3月18日,牛顿进入了昏迷状态。1727年3月20日,黎明之前,牛顿在昏睡中与世长辞,享年85岁。

牛顿死后也得到了最高的荣誉。3月28日,牛顿的遗体,以国葬礼隆重地安葬在威斯敏斯特教堂内。成千上万的普通市民纷纷拥向街头,涌向威斯敏斯特教堂,为牛顿送行。英国的王公大臣、文人学者纷纷前来吊唁致哀。法国启蒙运动思想家伏尔泰亲眼目睹了这一感人的场面,为之深深震动。他写道:"请你走进威斯敏斯特教堂。人们所瞻仰的不是君王们的陵寝,而是国家为感谢那些为国增光的最伟大人物所建立的纪念碑;你在那里看到他们的塑像,犹如人们在雅典看到索福克勒斯和柏拉图的塑像一般……这便是英国人民对于才能的尊敬……"①

牛顿是人类历史上第一个获得国葬的自然科学家。他安葬的墓地,安睡着英国历史上著名的艺术家、学者、政治家、元帅和海军上将,牛顿的老师和朋友巴罗教授也安睡在那里。多年后,法拉第、麦克斯韦、达尔文、开尔文勋爵和卢瑟福勋爵等著名科学家也围绕在牛顿的身边,长眠于此。

为了纪念牛顿的功勋,牛顿长期工作过的造币厂发行了一枚牛顿纪念章。

牛顿逝世时,留下了价值 32000 英镑的股票和年金。这在当时是相当可观的数字。这些钱分给了他在城里和乡下的 8 个侄儿、侄女、外甥和外甥女。从母亲继承过来的乌尔索普庄园分给了他舅舅的后代,从中也可以看出牛顿对舅舅的感激之情。此外,牛顿在肯辛顿的住宅和财产都给了照顾他多年并带来许多欢乐的外甥女凯瑟琳·康迪特。

牛顿留下的另一笔珍贵财产是他的手稿,总量约有 2000 多万字。内容涉及数学、光学、力学、炼金术和神学等,还有许多信件。它们也作为遗产的一部分留给了凯瑟琳。康迪特夫妇的女儿也叫凯瑟琳,她与利明顿子爵约翰·沃洛普结婚后生的儿子后来成为朴茨茅斯的第二位伯爵。因而,牛顿的手稿就成了朴茨茅斯家族的收藏。1872 年他们把这批手稿献给了剑桥大学。剑桥大学对此极为重视,将浩如烟海、杂乱无章的手稿进行了整理。1888 年,《朴茨茅斯收藏目录》发表了。它将牛顿的手稿分成了 15 个部分。属于科学方面的手稿被留在了剑桥大学。其余部分退还给朴茨茅斯伯爵。1936 年这批手稿在伦敦被拍卖。凯恩斯收购了大部分手稿,将其存于剑桥大学图书馆、国王学院和三一学院。其余手稿流散于美国的洛杉矶克拉克图书馆、得克萨斯人类研究中心、瑞士日内瓦的包德莫尔图书馆、耶路撒冷的图书馆等地。这些手稿反映了牛顿鲜为人知的一面,其中有炼金术的笔

---

① 《读书》,1993 年,第 1 期,第 63 页。

记,有关宗教的抄本和著作,还有牛顿管理造币厂的资料。这些材料具有极其重要的价值。1945 年以前,对牛顿的研究主要根据已出版的牛顿著作。在此以后,通过对牛顿的手稿的研究,人们得出了许多以前未曾得到的认识。

牛顿去世后的第四年,他的亲戚为他建立了一座雄伟的纪念碑,上面刻着以下墓志铭,总结了他的一生:

> 伊萨克·牛顿爵士
> 安葬在这里。
> 他以超乎常人的智力,
> 第一个证明了
> 行星的运动与形状,
> 彗星的轨道与海洋的潮汐。
> 他孜孜不倦地研究
> 光线的各种不同的折射角,
> 颜色所产生的种种性质。
> 对于自然、历史和《圣经》,
> 他是一个勤勉、敏锐而忠实的诠释者。
> 他以自己的哲学证明了上帝的庄严,
> 并在他的举止中表现了福音的纯朴。
> 让人类欢呼
> 曾经存在过这样一位
> 伟大的人类之光。
> 伊萨克爵士生于 1642 年 12 月 25 日,
> 卒于 1727 年 3 月 20 日。

第十一章
巨星的光芒

　　牛顿对人类的巨大贡献是无与伦比的。作为一个科学家、数学家，牛顿在力学、光学、天文学、数学以及化学方面的成就都具有开创性、奠基性的意义，达到了当时的最高水平。同时，牛顿又是一个伟大的哲学家。由他建立的科学概念和自然观，决定了整个近代科学的发展方向和模式，并且至今还在发挥着深刻的影响。他所创立的科学研究方法，成为无数科学家的研究工具，至今还在发挥作用。而他为科学事业不懈努力的精神，成为一代又一代科学家献身科学的精神力量。因此，仅就牛顿的科学思想、科学方法和科学精神而言，他与耶稣基督、穆罕默德、释迦牟尼和孔子等人并列为伟大的思想家，是当之无愧的。

1. 牛顿的科学思想

牛顿在长达几十年的科学研究生涯中,逐渐形成了自己的科学思想体系。反过来,他也正是在这种思想体系的指导下,进行他的研究工作的。因而他在各领域所取得的辉煌成就,是与他深邃的科学思想密不可分的。

牛顿的思想体系十分复杂。在它的形成过程中,受到许多前人哲学思想的影响,其中既有古代和近代的原子论唯物主义,也有自然神论、新柏拉图主义和清教主义;既有英国的传统实验哲学和经验主义,又有欧洲大陆所推崇的唯理主义。牛顿对这些思想进行分析和批判,吸取其精华,并融入自己独特的思考加以改造综合、发展,形成了他自己的思想体系。它是一个包括物质观、时空观、运动观的完整体系。

牛顿的物质观

物质观是自然科学的基础。自然科学要揭示自然界的奥秘,首先必须正确认识其研究对象的本质是什么。这就是哲学上常常提到的世界本原问题。作为一个探索自然界基本规律的科学家,是不能回避这一问题的。因而牛顿在一开始接触自然科学时,就面临着对这个问题的思考与对某种观点的接受。

在第二章曾提到,牛顿在进入剑桥后阅读了大量书籍。正是在这些阅读中,他接触到了原子论及其他物质本原理论。牛顿是通过查尔莱顿和伽桑狄开始接受原子论物质观的。查尔莱顿是第一个系统地将原子论介绍到英国的哲学家。1654 年,他发表的《伊壁鸠鲁—伽桑狄—查尔莱顿的生理学和建立在原子假设上的自然科学结构》一书,对原子论在英国的传播产生了重要推动作用。牛顿主要是通过他的这本著作了解到伽桑狄的原子论观点的。

　　伽桑狄和笛卡尔是同一个时代的人,但两人的哲学观点截然不同。笛卡尔在哲学上坚持二元论,而伽桑狄是坚定的原子论者。1640 年,笛卡尔的名著《形而上学的深思》出版之前,曾向当时著名哲学家霍布斯、伽桑狄征求意见,并作为附录"诘难"放在其书后,在 7 篇诘难中,伽桑狄的文章写得最生动且论证最严谨。牛顿很早就喜欢读笛卡尔的著作,很可能这也是了解伽桑狄原子论的一条途径。另外,可能还有一条途径,就是从莫尔的著作中也接触到了原子论。受莫尔的观点的影响,牛顿在"问题表"中写了第一篇原子论文章。牛顿也曾读过伽利略、波义耳的著作,他们也都是原子论的信奉者。虽然牛顿最初接触的是笛卡尔,而且认真研究了他的理论。但很快就摒弃了笛卡尔以太学说,而转向了原子论,这表明牛顿并非只是盲目地迷信,而是通过自己的思考决定接受何种理论。

　　自此之后,牛顿就把原子论思想作为科学研究的出发点。只不过他不是称为原子,而是叫做微粒或粒子。

　　在光学上,牛顿提出光的"微粒说"。他认为,胡克和惠更斯的"波动说"是不正确的,因为它把光看成是没有物质内容只是靠以太来传播的一种"波"。光线既然是一种物质现象,能够发生直射、反射和折射,必然是一种微粒的运动。

　　在化学上,牛顿很早就接受了波义耳的观点。波义耳在《怀疑的化学家》中写道,"绝大部分的物质性质及因之产生的现象,取决于最小粒子的运动和组成","化合产生于基本的粒子之上"。牛顿在三一学院的笔记中"物体的结合问题"一节中也有类似的观点:"所以,那些被压在一起的粒子可以固持住一个挤进的粒子,像它处在它们中间那样,因之它就不能从它们中间落下来……但是,情况会是这样的,化合物的粒子被创造得大于那些适用于其他场合的粒子。"

　　在数学上,牛顿把线看作是由无数点组成的轨迹,并认为是由点的连续运动产生线,线的连续运动产生面,面的连续运动产生体,因而数学点是产生一切数学关系的最基本的单位,或称原初的起点。正是由于把动力学研究与数学分析结合起来,牛顿才发明了他的微积分。

　　在力学上,牛顿不仅继承了古代原子论的基本观点,还提出了粒子力的概念。古希腊的德谟克利特认为,由带钩和有角的原子在必然的涡旋运动中,因重量不同而分层积聚,并镶嵌在一起而形成各种物体。后来的伊壁鸠鲁和卢克莱修则认为,原子由于在垂直下降过程中产生偶然的偏斜运动,才相互碰撞到一起而结合的。至于为何偏斜和结合,则未作说明,伽桑狄发展了伊壁鸠鲁的原子论,认为原子结合的原因就是力。至于是什么力,力又如何使原子结合,他也没有说明。

牛顿在考察了前人的观点后,明确提出了粒子力的概念。他的粒子力思想经过了一个发展过程。在 1664 年至 1665 年间,牛顿认为粒子或物体的结合力来源于压力。而压力是由大气压力或者是由物质从中心天体退离所产生的力引起的。1666 年后,牛顿从自然力观点研究粒子结合问题。1675年,他提出粒子力和物体的作用力有电力、磁力、重力、发酵作用和发育作用等。《原理》系统阐述了粒子间的引力和天体间万有引力的作用,而在《原理》第一版序言的草稿和"结论"手稿中,他阐述了粒子力和粒子是如何通过这种力相结合的。这些内容在《原理》发表时并未收入,但可以看出牛顿的想法。他写道:

"因为我猜想所有这些东西取决于某些力,物体的粒子靠这些力,通过仍然不知道的原因,或者相互迫近并黏结,或者彼此排斥而飞离。溶剂、盐、精(spirit)和物体通过这种力,相互作用或不相互作用,更快或者更慢地来到一起;或者不易混合,或者难以相互分开,或者不黏结。根据粒子来到一起相黏结的力和状态,它们形成硬的、软的、流动的、弹性的、可延展的、密的、稀的、挥发的、固定的、能放射的、折射的、反射的和阻止光的。"[①]

牛顿首次提到粒子间有双重的力:

"这些迫使邻近的粒子相互逼近的一种力,是较强的,但却随粒子的距离的增加而减少得较快。另一种力是较弱的,但却减少得更慢,所以在较大的距离上超过前一种力,这种力驱使粒子相互分开。"[②]

牛顿还认为"同一粒子有因不同原因产生的不同的力。"他把这些力归成两种力,即吸引力和排斥力,并且在粒子间的某一距离上存在一个中性的界面。在同一份手稿中他写道:

"第一种力是吸引力,并且是较强的,但是随着物体距离的增加而很快

---

① A.R.Hall and M.B.Hall, Unpublished Scientific Papers of Isaac Newton, Cambridge(1978), PP.305－306.

② A.R.Hall and M.B.Hall, Unpublished Scientific Papers of Isaac Newton, Cambridge(1978), P.338.

减少；第二种力是排斥力，它随距离增加而减少得较慢，因而扩展得更广。因为存在某一个界限，所以，在界限之内吸引力将强于排斥力，超出此界限排斥力将显示出来。每一个金属粒子能够吸引如此多的酸粒子，使它们每个都停留在这个界限之内，围绕着自己，同它们一起组成一个盐粒子，它将其他粒子排斥在这个界限之外，不论是酸的还是金属的。"[1]

粒子间具有吸引力和排斥力以及粒子间存在这两种力相互中和的界面的观点，是牛顿对原子论的重大贡献。他根据这个理论解释了化合、置换和分解，以及诸如油和水等不能混为一体的原因，从而将对微观作用机制的认识推进了一大步。我国学者阎康年认为："牛顿关于粒子间作用力随距离变化并在某距离上引力与斥力相互转变的思想，不但标志着近代粒子理论的起源，而且对至今的近程力思想和理论产生重要的影响。"[2]

牛顿在物质观上还提出了一个重要的观点：物质是由不同层次的粒子组成的。这一思想产生于写《原理》第一版序言的草稿之时。这也是牛顿成为比较坚定的原子论者的一个标志。在这篇文章中，牛顿认为物质是由四个层次组成的：很小的粒子、较大的粒子、最大的粒子和物体。1721 年牛顿在《光学》中，又提出物质具有七个组成层次的猜想。

在粒子力和物质层次的基础上，牛顿建立了他的微粒说体系：

所有物体似乎都由坚硬的粒子所组成。

物质的最小粒子可以由于最强大的吸引力而黏聚在一起，并组成效能较弱的较大的粒子；几个这种较大的粒子又可以黏聚成效能更弱的更大的粒子；如此类推下去，直到终于组成决定化学作用和天然物体颜色的最大粒子，它们就会黏聚在一起，组成其大小可以感觉的那些物体。如果一种物体是结实的，并且当受到挤压而弯曲或收缩时各部分之间不出现滑移，那么它就是坚硬的弹性体，它能靠各部分之间的相互吸引而恢复其原来形状。如果各部分之间能相互滑移，那么这物体就是柔软的范性体。如果各部分很容易滑脱，并且其大小适当，可以为热所激动，而这个热又大到足以使它们保持在激动之中，那么这物体就是流体；而如果它容易黏附在其他物体之

---

① A.R.Hall and M.B.Hall, Unpublished Scientific Papers of Isaac Newton, Cambridge(1978), P.338.

② 阎康年：《牛顿的科学发现与科学思想》，湖南教育出版社 1989 年版，第 312 页。

上,那么它就是湿润体;并且每一种流体的滴液由于其各个部分之间的相互吸引而成为圆形,正如其上有陆地和海洋的地球由于其各部分之间的重力作用而形成圆形那样。①

然而,在牛顿那个时代,牛顿尚无法弄清物质的具体层次结构是什么样的,也无法进一步说明粒子与粒子的结合。因此他说:

"在大自然中必然有某种原因,能使物体的粒子以很强的吸引力互相粘聚在一起。实验哲学的任务就是要去发现它们。"②

牛顿的原子论思想在发展过程中有过曲折。前面已说过,自1664年起,牛顿从查尔莱顿、伽桑狄、波义耳等人那里逐步接受了原子论,摒弃了笛卡尔的以太理论,并且将原子论运用于力学与光学的研究中。他最早关于原子论的观点出现在1672年初向皇家学会交的第一篇光学论文中。其中这样写道:"事既如此,就没有必要再去争论黑暗中是否有颜色,颜色是否我们所看到的物体的性质,以及光是否可能是一种物体。因为既然是光的性质并以光线作为颜色的全部和直接的主体……而当现在由于别的某种东西发现了这些可感知的主体之后,我们也就有理由相信这个主体也是一个实体。"③

牛顿这段话说得十分明确,甚至有些武断,很快遭到胡克和惠更斯等人的批评。由于受到这些权威的压力,而且他的理论尚不完善,胆小怕事的牛顿开始妥协了:

"假定我提出了这个'假设',我不了解胡克先生为什么这样极力反对它。可以肯定地了解到,它对他自己的假设比他似乎要提醒的有更大的吸引力:在这里以太的振动是有用的,像在他自己的理论中一样。因为假设光的射线是以各种方式从发光物质射出的小物体,当它们投射到任何折射面和反射面上时,似乎必然要在以太中激起振动,像石头投入水中激起的一样。"④

此后,牛顿也曾试图用以太及其产生的压力说明各种现象,但对以太的承认更多地具有假设性质。如1675年他曾说"这样,或许一切东西都可以起

---

① [美]H.S.塞耶:《牛顿自然哲学著作选》,上海人民出版社1974年版,第204页。
② [美]H.S.塞耶:《牛顿自然哲学著作选》,上海人民出版社1974年版,第205页。
③ [美]理查德·韦斯特福尔:《牛顿传》,中国对外翻译出版公司1999年版,第89页。
④ [美]理查德·韦斯特福尔:《牛顿传》,中国对外翻译出版公司1999年版,第174页。

源于以太"。1679年又提出了关于以太的5个假设。此后一段时间里,牛顿很少再提到以太及其作用。1684年左右在《论运动》的手稿中,牛顿又一次以肯定口气提到以太。这年11月份,牛顿在《论球体在流体中的运动》一文中说:"尽我所能判断出纯以太的阻力或者没有,或者极小。"这是他否定以太的前奏。以后的论运动的手稿中,牛顿不再提到以太。他的《原理》,全书都是从粒子力和运动考虑、论证的。牛顿所以从1684年底以后彻底抛弃以太,转向原子论,主要是因为他发现运动三定律和万有引力定律根本不需要以太,相反却可以用粒子说作为基础。此外,波义耳的真空实验未能证明以太存在,而牛顿自己的摆实验则证明空气或以太阻力很小或几乎为零。尽管在1716年《光学》第二版的"疑问"17-24中,牛顿又曾围绕以太提出问题,但有些专家认为,这只表明牛顿迫于当时的激烈争论,而不能说明牛顿又回到以太说上。

牛顿的微粒说是他全部自然哲学的基础。在力学中,牛顿的质量概念实质上包含了微粒的思想,而且他的全部推理也是以微粒为出发点。牛顿的光学和化学,也贯穿了微粒说的思想,夸张地说,牛顿就是用那极小的微粒构筑了他那宏伟的科学大厦。

牛顿的微粒说在原子论的发展史上具有十分重要的地位和意义。它是从古希腊原子论到近代原子论的一个过渡。尤其是他关于粒子力和物质层次结构的思想,更是原子论发展过程中的重要贡献。此后道尔顿建立的近代原子论,无论从原子的属性、物质组成层次和粒子力的观点等方面,都是牛顿微粒说的直系后代。道尔顿1810年在伦敦皇家研究所的系列讲演和笔记中,大量引用了牛顿微粒说的观点:"为了协调或宁愿使这个大气化学理论与牛顿的排斥理论或粒子理论相适应,我着手工作,以将论文中我的原子结合起来。"[1]"物质的可分性、原子——见牛顿的思想"、"化学的聚合,展示出二粒子,也见牛顿"[2]。

科学史家都认为道尔顿的原子论直接来源于牛顿。罗斯科(H.E.

---

[1]　H.E.Roscoe and A.Hardon,A New View of the Origin of Dalton's Atomic Theory,London,(1896),P.14,17-18.

[2]　H.E.Roscoe and A.Hardon,A New View of the Origin of Dalton's Atomic Theory,London,(1896),P.14,17-18.

Roscoe)说:"他彻头彻尾地渗透着牛顿的原子理论"[①]。丹皮尔(W.C.Dampier)认为:牛顿"接受了原子论,并树立了它以正统的地位,虽然那时原子论尚不能处于精确的和定量的形式,如后来道尔顿所发展成的那样"。前苏联的瓦维洛夫(S.I.Vavilov)院士在伦敦纪念牛顿诞辰 300 周年大会上,说牛顿"把化学作用归之于它们的粒子的巨大吸引力"是极其重要的思想,而对牛顿的物质层次思想,则评价说:"在这个意义上,牛顿是卢瑟福的先导"。牛顿关于粒子间作用力随距离变化并在某距离上引力与斥力相互转化的思想,后来被拉普拉斯、范德瓦尔发展。范德瓦尔方程就是在气-液相对牛顿粒子力与距离关系的表现。贝尔纳在《历史上的科学》中指出:"因此如我们所将见到的,电学和磁学的定律是当时按牛顿的模型建立的,而化学家的原子理论则是牛顿原子臆测的直接结果。"[②]这一评价是十分准确的。

牛顿的时空观

时空观是自然观的组成部分,也是科学思想的重要内容。牛顿对时空观的丰富和发展也做出了杰出的贡献,使人们对时间和空间的认识大大深化了。

牛顿早期就十分关注时空问题。他是从笛卡尔和伽桑狄等人的著作中开始接触时空观的。与其在物质观方面的思想相一致,牛顿也是在 1664 年左右就接受了原子论的无限空间观点,而反对笛卡尔关于广延是物质的观点。差不多与此同时,牛顿又学习了莫尔和巴罗的时空观,接受了他们关于上帝与空间等同的思想。牛顿认为广延和空间不是上帝创造的,而是与上帝共存的和永远不变的,因此,空间应该是绝对的。他认为时间也像空间一样,不是上帝创造的,而是绝对的。总之,牛顿的绝对时空观是由原子论和创世说的相互融合的产物,宗教观点是其重要来源之一。他的时空观以时间和空间并非上帝创造的为前提,在当时具有摆脱上帝创世的明显倾向。它比自然神论主张的物质和时空由上帝首创之后,才按自然规律发展和运行的观点,前进了一大步。因此,牛顿的绝对时空观在当时对于科学从神学中的解放具有积极的意义。

---

① H.E.Roscoe,John Dalton and the Rise OF Modern Chemistry,London,(1901),P.130.

② [英]J.D.贝尔纳:《历史上的科学》,伍况甫译,科学出版社 1981 年版,第 279 页。

此外,在 1667－1669 年间写的《论流体的重力和平衡》一文手稿中,牛顿指出时间像空间一样,也是先假定存在物,才能假定时间:"二者肯定是存在物或属性的配置,按照这种配置,我们定量地称为任何个别存在物的存在和期间。"这表明,此时牛顿也开始有了相对时间和相对空间的初步想法。

1684 年以后,牛顿的时空观又有了进一步发展。1684 年 10－11 月,牛顿在《论均匀的可变形介质中物体的运动》一文的手稿中,首次对绝对时空和相对时空作了定义:

"定义 1. 绝对时间是这样的,按其本身的性质与别的任何事物无关,平静地流动着。天文学家研究的就是它的时差(equation),用它的别名称之为期间。

定义 2. 就任何可感知事物的流动和变化而言,被看作相对的时间是均匀的。这就是日、月和像公认的其他周期性天体现象那样的时间。

定义 3. 绝对空间是这样的,按照其本身的性质和与无论什么样的其他任何事物无关,永远保持静止,像片刻时间部分的次序是不变的一样,空间的部分也是不变的。如果这些是从它们所在的地方移开的,则它们就是从其本身中移动出来的。因为时间和空间就是它们本身,并且一切东西都有地方,一切事物都处于与递次的次序有关的时间中,并处于与地点的次序有关的空间中。这些现象的本质是它们都是位置,说基本的位置被移动了是荒唐的。例如,如果一部分空间可以被某一种力移动,如果将一个相等的力施加于空间的所有部分,直至无限,则整个空间将被移动,这再次是荒唐的。

定义 4.相对空间是被看作关于任何可感知事物不动的空间:我们的空气空间与地球有关。然而,事实上这些空间是通过重体下降而彼此区分的,在绝对空间中重体直接地寻找中心,但是在绝对回转的相对空间中,则偏斜到一边。"[1]

能够对时间和空间作出这样严密的定义,说明牛顿经过多年深思熟虑以后,他的时空观已达到了完善的程度。从上述定义可以看出,"绝对"概念的含义已从与上帝等同,而变成与任何事物没有关系了,时间只是均匀地自然地流动,空间则永远静止不变。这就是绝对时空观。但同时,牛顿对相对时间和相对空间也有了新的认识,由认为它们是存在物产生的效应,发展

---

[1] J.Herivel,The Background To Newton's Principia,Oxford,(1965),PP.309－310.

为以可感知的具体事物为界定,即对于具体事物均匀变动的时间量度是相对时间,与具体事物相对应的空间是相对空间。可以看出,此时牛顿的时空观是绝对时空与相对时空相结合的时空观,已不再仅仅是绝对时空观。

在《原理》中,牛顿对时空概念的诠释就更精确了。他没有在定义中讨论时间和空间,而是在定义后的注释中对它们加以说明:

"1.绝对的、真实的和数学的时间,由其特性决定,自身均匀地流逝,与一切外在事物无关,又名延续;相对的、表象的和普通的时间是可感知和外在的(不论是精确的或是不均匀的)对运动之延续的量度,它常被用以代替真实时间,如一小时,一天,一个月,一年。

2.绝对空间:其自身特性与一切外在事物无关,处处均匀,永不移动。相对空间是一些可以在绝对空间中运动的结构,或是对绝对空间的量度,我们通过它与物体的相对位置感知它,它一般被当作不可移动空间,如地表以下、大气中或天空中的空间,都是以其与地球的相互关系确定的。绝对空间与相对空间在形状与大小上相同,但在数值上并不总是相同。例如,地球在运动,大气的空间相对于地球总是不变,但在一个时刻大气通过绝对空间的一部分,而在另一时刻又通过绝对空间的另一部分,因此,在绝对的意义上看,它是连续变化的。"①

上述论述表明,牛顿认为相对时空与绝对时空的区别在于是否有限定时空的外在事物,同时他认为相对时间和相对空间总是具体的,而绝对时间和绝对空间是从整体上讲的、是抽象的。

需要指出的是,牛顿最初是从宗教观点接受宇宙无限的观点的,他认为空间是上帝无所不在的表现而时间是上帝永存的表现。但当他建立了万有引力定律以后,又从万有引力考察了宇宙的有限与无限问题。他论证道,如果只有有限颗恒星分布在一个有限的空间区域里,由于恒星的相互吸引,就不可能保持不动,那么它们就可能聚落在一起。如果存在无限多颗恒星,基本均匀地分布在无限的空间里,上述情形就不会发生。因此,牛顿从中期后是从科学原理出发坚持宇宙无限观点的。

实际上,牛顿的论证是一个陷阱。1894 年,德国天文学家西利格尔提出了引力佯谬:假如宇宙是无限的,那么在宇宙空间的每一点上引力势都是无

---

① [英]I.Newton,Principles,(1947),P.6.

限大,任何物质都受到无限大的力的作用,因而每一个物体都要获得无限大的加速度和速度。或者说,在一个无限宇宙中,每一点都可以认为是中心,先考虑围绕某中心的有限范围,这时所有恒星都会落在一起,然后在这个区域以外,大体均匀地加上更多的恒星,按照牛顿引力定律,这些恒星还是同样快地落到一起,因此不论有多少恒星都会坍缩在一起。由于引力的吸引作用,不可能存在一个静态的无限宇宙模型。也就是说由牛顿的静止的、不变的无限空间构成的宇宙不可能是稳定的。

牛顿的时空观在科学史上产生了深远的影响。牛顿之前的时空观主要是猜测,而牛顿开创了用科学观点和科学方法研究时空和宇宙的先河,从哲学上时空观演化出科学上的时空概念,并把绝对时空和相对时空结合起来,为近代力学、天文学和天体力学的发展奠定了基础。牛顿的时空观是当时唯一有成效的时空观。而且由于他最终将上帝完全排除在时空之外,这在宗教神学时空观占统治地位的时代,也具有重大的进步意义。

牛顿的时空观受到来自两种不同观点的批判。他在世时,惠更斯、莱布尼茨及贝克莱都对绝对时空观提出了批评。惠更斯从离心力概念出发,提出空间是相对的而不是绝对的。莱布尼茨在哲学上是神创论者。他反对牛顿的绝对时空观,主要是因为牛顿否定了时空是上帝创造的。但他依据笛卡尔广延是物质的观点,认为空间不能脱离物质,这从今天的观点来看是正确的。只是莱布尼茨坚持以太说,又没有实验证据证明绝对时空的不存在,因此其观点并没有产生多少影响。贝克莱是一个主教和唯心主义哲学家,他主要从宗教和哲学方面反对牛顿的绝对时空观。他认为空间只能是相对的,因为上帝之外不存在非创造的绝对空间。但他对牛顿关于绝对空间的实验的批评却有一定道理。他认为,如果球体像牛顿设想的那样是因相互作用力进行运动,那么牛顿为论证绝对运动存在所举出的由绳连接的二小球绕中心旋转实验,二球的运动径迹不会是圆。

在自然科学家中,率先对牛顿所提出的绝对时空观进行批判的,是奥地利的科学家、科学史家和哲学家马赫。

马赫的唯心主义的哲学观点,在列宁的《唯物主义和经验批判主义》一书中曾受到严厉的批判。但是马赫在物理学和物理学史的研究中做出了重要的贡献,在生理学、心理学以及科学哲学方面都进行了许多研究。他对牛顿力学中绝对质量、绝对时空观的批判,有力地打击了机械的自然观。1883

年,马赫出版了他的《力学及其发展的批判历史概论》一书(简称《力学》),他在世时这本书先后再版六次。书中详细介绍牛顿力学的基本观点,充分肯定牛顿在力学上的巨大成就。他认为,牛顿在力学发展上有两大贡献:第一,他通过万有引力的发现大大地推广了力学的范畴。第二,他完成了现今所公认的力学原理的建立工作。马赫高度评价万有引力概念的确立,他说:"这个新观念是令人惊奇的,因为它抓住了一直是完全远不可及的对象,而同时是令人信服的,因为它包含了最为熟悉的东西。"它不仅解决了行星运动的千年之谜,而且使其他过程也成为可以理解的了。因此,"人们取得了物理概念的一种丰收和一种自由,这是牛顿以前所意想不到的"。关于牛顿第三定律即作用与反作用定律的建立,马赫认为,这也许是牛顿在力学方面最重要的功绩,比伽利略大大地前进了一步。他写道:"彼此相互影响的物体的运动问题,不可能单独由伽利略原理来解答,还需要一个确切确定相互作用的原理……这样一个原理也就是牛顿的作用和反作用相等原理。"

马赫在肯定牛顿的巨大贡献的同时,还对牛顿的一些观点进行了批判。首先是关于质量的定义:马赫认为牛顿的质量定义(体积和密度的乘积)是一个"伪定义",是一种"循环论证"。因为牛顿把质量或"物质的量"定义为"密度和体积的乘积",那么,什么是密度呢?他在《原理》的后文中又把密度定义为"惯性"对体积的比值。在《原理》的开始部分,他曾定义惯性是同质量成比例。马赫认为,这种描述本身并不具备必要的明晰性,这样的质量概念无助于质量的实际测量。

马赫还批判了牛顿提出的绝对时空观。他认为,既无绝对空间,也无绝对运动,力学实验根本不能告诉我们任何关于绝对空间的事情,而"所有我们的力学基本原理都是关于整体的相对位置和运动的经验"。他认为,牛顿所提出的那种脱离物质而存在的绝对空间和绝对运动的概念,是"没有自然科学意义的"形而上学概念。对于牛顿用以证明绝对运动的水桶实验,马赫认为:"牛顿用转动的水桶所做的实验,只是告诉我们:水对桶壁的相对转动并不引起显著的离心力,而这离心力是由水对地球的质量和其他天体的相对转动所产生的。如果桶壁越来越厚,越来越重,最后达到好几里厚时,那就没有人能说这实验会得出什么样的结果……"他认为,水对桶壁的相对转动并不能引起它的表面凹下去,这种凹面现象只可能是由于水相对于地球以及无数遥远天体的相对运动而引起的。

　　总之，马赫反对牛顿关于绝对时空、绝对运动的观点，坚持运动的相对性思想，认为能被确定的只是相对位置和相对运动。他指出："一切质量，一切速度，因而一切力都是相对的，并不存在有关相对和绝对的任何区别。"而在相对关系中，"加速度占有特殊的地位"。他认为，一切运动都是相对的，包括惯性素、惯性质量、惯性力等等，都是相对的，是无数遥远天体作用的结果。是物体相对于众天体有加速运动的结果。

　　爱因斯坦曾高度评价马赫的这些思想。他在 1916 年纪念恩斯特·马赫的悼文中说："……表明马赫已经清楚地看出了古典力学的薄弱方面，而且离开提出广义相对论已经不远。"虽然马赫在晚年并不承认自己是相对论的先驱，但是，在自然科学家中马赫率先对牛顿的绝对时空观的怀疑和批判，对爱因斯坦创立相对论，的确是发生了一些积极的影响。相对论的建立，突破了牛顿的绝对时空观的旧框框，揭示了时间空间和物质、运动之间的联系，也揭示了时间和空间之间的联系，它从新的高度，彻底否定了牛顿的绝对时空观。

　　爱因斯坦是现代科学革命的巨匠。他在 1905 年发表的《论动体的电动力学》一文中首先创立了狭义相对论，又于 1915 年建立广义的相对论。他大胆地提出了许多新的思想，但是他从来没有把牛顿力学的被突破看作是科学的废墟。他认为，新理论既指出了旧理论的优点，也指明了它的适用范围和局限性，同时提出更具有普遍意义的规律，而把原来认识的规律作为一个特殊部分合理地包括在新理论之中。爱因斯坦相对论表明，牛顿力学只适用于、而且是近似地适用于宏观低速的运动过程，而不适用于高速运动过程。相对论力学则既能精确地适用于高速运动的过程，又能精确地适用于低速运动过程，它比牛顿力学具有更大的普遍性。牛顿力学所反映的只是有限的、局部的、特殊的领域中的自然过程和规律，只是相对论的极限场合，即当物体的运动速度 V 远小于光速 C 时，相对论就等效于牛顿力学。这正如爱因斯坦和英费尔德把科学的发展比作登山时所说的那样，他说："若用一个比喻，我们可以说建立一种新理论不是像毁掉一个旧的仓库，在那里建起一个摩天大楼。它倒是像在爬山一样，愈是往上爬愈能得到新的更宽广的视野，并且愈能显示了我们的出发点与其周围广大地域之间的出乎意外的联系。但是我们出发的地点还是在那里，还是可以看得见，不过显现得更小了，只成为我们克服种种阻碍后爬上山巅所得到的广大视野中的一个极小的部分而已。"①

牛顿的运动观

考察物质的运动及其规律,是自然科学的主要任务之一。在这种研究中,运动观起着指导性甚至决定性的作用。正因为如此,牛顿在其科学生涯中最重要的研究内容就是运动。

牛顿是从批判亚里士多德的运动观和笛卡尔的运动观开始,沿着阿基米德奠定的静力学和伽利略的动力学形成了自己的运动观的。牛顿明确反对亚里士多德关于力与速度成比例及落体速度与重量或密度成比例的观点。牛顿对笛卡尔的旋涡理论作了全面分析,先后从十几个方面对它提出了批评。但牛顿是以绝对运动的观点,反对笛卡尔相对运动观点的。

伽利略发现了惯性定律,并且认识到了相对运动。他在《关于托勒密和哥白尼两大世界体系的对话》一书中,有一段描述:在一个匀速前进的大船的船舱中有苍蝇、蝴蝶、水流中的小鱼,还有水滴进宽口罐中,这一切在船舱中的人看来,与船静止时无任何不同。笛卡尔也曾在书中引用过这一例子。因此,在牛顿之前,已有几位科学家已认识到绝对运动之外,还有相对运动。

牛顿在早期批判亚里士多德和笛卡尔的运动观时,就开始形成绝对时空和绝对运动的观点,到 1668 年又在伽利略等人的基础上明确提出相对运动的概念。在 1684 年《论物体在均匀的不变介质中的运动》中,牛顿定义运动为物体从一地方向另一地方的转移,并首次提出:"绝对运动是以竭力从中心退移才与圆周运动中的相对运动区分的"②。他还说:"不论船是静止的,还是在一直线上匀速运动,船中的客体的运动是一样的。"③

在《自然哲学之数学原理》"定义"的"注释Ⅳ"中,牛顿正式定义了绝对运动和相对运动:"绝对运动是物体由一个绝对处所迁移到另一个绝对处所;相对运动是由一个相对处所迁移到另一个相对处所。一艘航行的船中,物体的相对处所是它所占据的船的一部分,或物体在船舱中充填的那一部分,它与船共同运动;所谓相对静止,就是物体滞留在船或船舱的同一部分处。但实际上,绝对静止应是物体滞留在不动空间的同一部分处,船、船舱

① [德]爱因斯坦,[波]英费尔德:《物理学的进化》,上海科学技术出版社 1979 年版,第 109 页。
② J.Herivel,The Background To Newton's Principia,Oxford,(1965),P.310.
③ J.Herivel,The Background To Newton's Principia,Oxford,(1965),P.313.

以及它携载的物品都已相对于它作了运动。所以,如果地球真的静止,那个相对于船静止的物体,将以等于船相对于地球的速度真实而绝对地运动。但如果地球也在运动,物体真正的绝对运动应当一部分是地球在不动空间中的运动,另一部分是船在地球上的运动;如果物体也相对于船运动,它的真实运动将部分来自地球在不动空间中的真实运动,部分来自船在地球上的相对运动,以及该物体相对于船的运动。这些相对运动决定物体在地球上的相对运动。"①

牛顿认为:"不过我们可以由事物的属性、原因和效果把一事物与它事物的静止与运动、绝对与相对区别开来。静止的属性在于,真正静止的物体相对于另一静止物体也是静止的,因此,在遥远的恒星世界,也许更为遥远的地方,有可能存在着某些绝对静止的物体,但却不可能由我们世界中物体间相互位置知道这些物体是否保持着与遥远物体不变的位置。这意味着在我们世界中物体的位置不能确定绝对静止。"②

牛顿也深知"要认识特定物体的真实运动,并切实地把它与表象的运动区分开,确是一件极为困难的事,因为于其中发生运动的不动空间的那一部分,无法为我们的感官所感知,不过这件事也没有彻底绝望,我们还有若干见解作指导,其一来自表象运动,它与真实运动有所差异;其二来自力,它是真实运动的原因和后果。"③

因此牛顿除了用"水桶实验"作为例子加以证明外,又举了用绳子连接二球并绕其共同重心旋转的例子,证明相对运动也有力的起因,即绳的张力,这种张力只能来自离心力,而离心力又是绝对运动的原因。

牛顿所以用旋转运动是否受力来证明绝对运动,是因为"任何一个旋转物体只有一个真正的旋转运动,与之相对应的也只有一个从转轴脱出去的倾向作为它特有而恰当的效应。"④而其他运动形式则随它和外部物体的各种不同关系而有许许多多的相对运动。

从上面的介绍可以看出,牛顿奉行的是绝对运动与相对运动相结合的运动观。他是通过连续不断的一系列相对运动而导向绝对运动的,在相对

---

① [英]牛顿:《自然哲学之数学原理·宇宙体系》,王克迪译,武汉出版社 1992 年版,第 7 页。
② [英]牛顿:《自然哲学之数学原理·宇宙体系》,王克迪译,武汉出版社 1992 年版,第 8 页。
③ [英]牛顿:《自然哲学之数学原理·宇宙体系》,王克迪译,武汉出版社 1992 年版,第 11 页。
④ [英]牛顿:《自然哲学之数学原理·宇宙体系》,王克迪译,武汉出版社 1992 年版,第 11 页。

运动中包含着绝对运动。因此牛顿的运动观并非仅仅是片面的绝对运动观。

而且,牛顿提出绝对运动是理论上的需要。因为他深知,任何运动定律必须相对于一定的参考系才有意义。他的运动定律、万有引力定律构造了完整的力学体系,不能只局限于某种具体运动和特定的参考系,例如不能像自由落体定律仅以地球为参考系。这就迫使他寻找一个对所有力学定律都有普适性的参考系,即绝对空间。顺理成章,相对于绝对空间的运动即为绝对运动。因此,牛顿提出绝对运动是为了使理论自洽。这在当时是有积极意义的。

牛顿也认识到,绝对时空与绝对运动是一种抽象,可能并不存在绝对的静止物体。"但是,由于空间的这一部分无法看见,也不能通过感官把它与别的部分加以区分,所以我们代之以可感知的度量。由事物的位置及其到我们视为不动的物体的距离定义出所有处所,再根据物体由某些处所移向另一些处所,测出相对于这些处所的所有运动。这样,我们就以相对处所和运动取代绝对处所和运动,而且在一般情况下没有任何不便。但在哲学研究中,我们则应当从感官抽象出并且思考事物自身,把它们与单凭感知测度的表象加以区分,因为实际上借以标志其他物体的处所和运动的静止物体,可能是不存在的。"①这段话表明,牛顿对绝对运动与相对运动的认识是相当清醒和深刻的。

不仅如此,牛顿在发展伽利略的相对性原理方面也做出了重要贡献。在 1684 年《论球体在流体中的运动》手稿中,牛顿第一次提出相对性原理:"包含在一既定空间中的物体的相对运动,不论所讨论的空间静止还是永恒地无圆周地在一直线上匀速运动,是一样的。"此后在《原理》中,牛顿又作了进一步引申和发展:"包含在一既定空间中的物体运动,不论这个空间是静止的,还是无圆周运动而在一直线上匀速地向前运动,都是一样的。"②

马赫对牛顿的这个原理给予很高评价,认为牛顿不但提出了惯性参考系,而且是对伽利略惯性律的推广。而且马赫还得出一个很有见地的结论,有了惯性参考系,牛顿假设的绝对空间是根本不必要的。马赫对牛顿这个

---

① [英]牛顿:《自然哲学之数学原理·宇宙体系》,王克迪译,武汉出版社 1992 年版,第 8 页。
② [英]I. Newton, Principles, (1947), P.20.

问题的做法也给予中肯的评价:"尽管对绝对的有形而上学的癖好,牛顿却受到自然研究者的机智所引导。这是应该特别注意的,因为在这本书的前几版中,他未足够地强调。"①的确,牛顿在《原理》后两版中并未强调绝对空间,显示出牛顿是很明智的。因此,马赫认为牛顿的绝对时空观除了在逻辑上有必要外,其实代之惯性参考系就够了。

尽管牛顿是在承认相对时空和相对运动的同时强调绝对时空和绝对运动的,并没有片面强调某一方面,但是其绝对时空观和绝对运动观的实质错误是割裂了时空与物质的运动的关系,把时空看作是可以脱离物质和运动的另一种存在。牛顿的这种观点的根源在于古希腊原子论的影响。德谟克利特认为,原子只有在虚空中才能运动。不管有无原子在运动或原子如何运动,虚空都是存在的、不动的、不变的。虚空概念就演化成牛顿的绝对空间概念。

牛顿的绝对运动观念同样受到惠更斯、莱布尼茨和贝克莱的批评。这在有关绝对时空观争论中已有所提及。此后马赫在批评牛顿绝对时空观时,也批评了牛顿的绝对运动观,马赫从分析牛顿的水桶实验,得出一个结论:相对运动也存在离心力,因而断定有绝对运动的判据不是离心力,绝对运动不存在。

马赫对牛顿绝对时空观和绝对运动观的批判,在科学史和哲学史上都有重要意义。他的思想对爱因斯坦提出相对论有深刻启迪,以致爱因斯坦把他称为相对论的先驱。但爱因斯坦没有对牛顿的理论完全否定,他说:"牛顿啊……你所发现的道路,在你那个时代,是一位具有最高思维能力和创造力的人所能发现的唯一道路。你所创造的概念,即使在今天仍然指导着我们的物理学思想,尽管我们现在知道,如果要更深入地了解各种联系,就必须用另外的一些离直接的经验较远的概念来取代这些概念。"②

---

① [德]E. Mach, Mechanik: In Ihrer Entwieklung Historisch-Kritisch Dargestellt, (1933), P. 227.

② 许良英等编译:《爱因斯坦文集》第 1 卷,商务印书馆 1976 年版,第 14—15 页。

2．科学方法的大师

　　牛顿在其科学生涯中创造性地、成功地运用了许多科学研究方法，形成了独特的研究风格和完整的方法论体系，对后来的科学发展产生了极其深远的影响。可以说，牛顿在科学上取得如此巨大的成就，在很大程度上得益于他的研究方法。这些科学方法不仅贯穿于他的科学研究活动中，而且表现在他从科学实践中总结出来的那些具有普遍意义的科学方法论的原则中。

　　这些方法和原则对后人产生了重要的影响。爱因斯坦对此曾经给予了高度的评价。1927 年，爱因斯坦在为纪念牛顿逝世 200 周年而写的文章中说："在他以前和以后，都还没有人能像他那样决定着西方的思想、研究和实践的方向。他不仅作为某些关键性方法的发明者来说是杰出的，而且他在善于运用他那时的经验材料上也是独特的，同时他还对于数学和物理学的详细证明方法有惊人的创造才能。由于这些理由，他应当受到我们的最深挚的尊敬。"[①]这里，爱因斯坦在评价牛顿的影响时，不仅谈到他的思想影响，也特别指出了他研究方法上的创造性贡献。这的确是一个十分重要的方面。

　　许多伟大的科学家都十分重视和强调科学方法对于科学成果的取得、对于科学事业的进步所具有的重大意义。例如拉普拉斯说："认识一位天才的研究方法，对于科学的进步……并不比发现本身更少用处。"弗·培根则形象地说："跛足而不迷路能赶过虽健步如飞但误入歧途的人。"我们看到，牛顿在其科学生涯中创造性地、成功地运用了许多科学研究方法，形成了独特的研究风格和完整的方法论体系，促进了他的科学才能的发挥。

---

　　①　许良英等编译：《爱因斯坦文集》第 1 卷，第 222 页。

牛顿在从事科学研究的同时,不断探索、总结科学研究的方法。在1713年《原理》第二版中,牛顿于第三卷开头专门写了一个独立的方法论部分,提出了四条推理规则,并冠之以"哲学中的推理规则"。这是牛顿的科学方法论的总则。这些规则体现了牛顿在对自然及其规律认识基础上的方法论观点,非常凝练地总结了牛顿的科学哲学思想,至今仍有着非常重要的意义。

牛顿提出的法则之一,可概括为充足理由律,是科学中的简单性原则。这是人们进行科学抽象和科学理论评价时所依据的重要原则,即自然是简单的、和谐的,这种简单和谐决定了研究自然的方法也应该是简单的。牛顿写道:"寻求自然事物的原因,不得超出真实和足以解释其现象者。"[①]这里,牛顿指出了在寻找自然现象的原因时,一要真实,二要足够,既必要而又充分。因为,只有必要而不充分,不足以说明现象,而寻求现象的真实原因又是做科学工作的最起码的唯物主义原则。因为科学是老老实实的学问,来不得半点虚假和骄傲,要求原原本本地反映自然界的本来面目。牛顿的简单性原则是植根于自然界的,他把简单性看作是自然的固有属性。他说:"因此哲学家说,自然界不作无用之事,若少作已成,多作是无用,因为自然界喜欢简单化,不爱用多余的原因夸耀自己。"牛顿这样写道:"真理是在简单性中发现的,而不是在事物的多样性和纷乱中发现的。至于世界,它向肉眼展示出客观事物极其多种多样。在用哲学的理解去概观时,会显示出其内部组成是很简单的,以致理解得如此之好,从这些眼光来看它就是这样。正是上帝工作的完美,以最大的简单性将它们全部创造出来。"[②]从庞杂的事物及其运动中抽象出简单性与和谐性的观点,是牛顿科学方法论重要指导思想之一。在这种思想的指导下,牛顿运用实验与逻辑和数学方法,用简单的定律对纷繁复杂的自然进行了本质和规律上的描述。

牛顿提出的法则之二,是寻求自然界因果关系的方法论中的相似性、统一性原则。科学的重要任务之一就是探究自然运动的因果关系。因此,因果律就是科学家心目中的金科玉律。牛顿把因果律作为哲学推理规则运用于他的科学研究中。他写道:"因此对于相同的自然现象,必须尽可能地寻求相同的原因。"[③]牛顿列举出一些同类的现象加以说明,例如人和牲畜的呼

---

①　[英]牛顿:《自然哲学之数学原理·宇宙体系》,王克迪译,武汉出版社1992年版,第403页。

②　F.E.Manuel,The Religion of Isaac Newton,Oxford (1914),P.120.

③　[英]牛顿:《自然哲学之数学原理·宇宙体系》,王克迪译,武汉出版社1992年版,第403页。

吸,陨石在欧洲和美洲的下落,炉火和太阳的光,光线在地球和行星上的反射等等。这表明牛顿是在许多自然现象的观察和研究中,在自然现象的相似性和统一性中,寻求普遍的因果律,这是科学中因果解释的客观基础。这条原则至今仍然有效,不过我们今天的理解已经远远超越了牛顿的时代。受到当时科学历史条件的局限,在牛顿看来,自然界的各种现象都是和某些力相联系的,因此可以依靠力来解释各种现象。在牛顿力学中,运动规律就是运动的客观原因,而运动的客观原因是力的作用的结果。对于力产生的原因,牛顿归之于事物间的相互作用,并以此定义了力。至于重力和行星沿轨道运动的最终原因,牛顿虽然说它们产生于神或动因的推动,但在很大程度上他是把它们作为未知的、有待探索的自然原因。牛顿在《光学》的"疑问31"中进一步指出,科学研究的分析法是"从结果到原因,和从特殊的原因到更普遍的原因,进行分析,直至论证以最普遍的形式结束。"①

将因果律作为重要的方法论,是牛顿对科学研究方法的一大贡献。找到了事物运动的因果关系,就可以掌握其现象背后的自然规律。例如,牛顿用万有引力定律成功地解释了月球的摄动、潮汐现象、地球的变扁及岁差等现象。在牛顿之后,天文学家又利用万有引力定律发现了海王星、冥王星。这就使人们坚信万有引力与这些现象存在因果必然性。牛顿虽然相信因果律,但并没有过分夸大它。只是由于他的力学体系获得的巨大成功,使人们产生了机械决定论的观念。拉普拉斯正是这种观念的典型代表,以致后人将他称为"决定论之父"。后来,机械决定论在科学发展特别是现代科学产生中起了一些消极作用。这并不能完全怪罪于牛顿。几率波解释、测不准原理最终打破了机械决定论的观念。但牛顿把因果律作为方法论重要内容的历史功绩是不应抹杀的。

牛顿提出的第三条法则,讲的是如何在实验的基础上探求物体普遍性的方法。他写道:"物体的特性,若其程度既不能增加也不能减少,且在实验所及范围内为所有物体所共有,则应视为一切物体的普遍属性。"②例如,通过实验和观察总结出来的物体的广延性、坚硬性、不可入性、惯性和物体之间的相互吸引等等,这些都是人通过感觉和经验认识到的,并且已知所有物

---

① [美]H.S.塞耶:《牛顿自然哲学著作选》,上海人民出版社1974年版,第212页。
② [英]牛顿:《自然哲学之数学原理·宇宙体系》,王克迪译,武汉出版社1992版,第403页。

体都有这些属性,因此可以推断出这些属性是一切物质的共同属性。但这些属性是否真的就是物体的普遍属性呢？这必须用实验来证明,只有与实验结果完全相符的属性才是普遍属性。这里既强调了要以实验为认识的基础,又表明要根据实验范围内的有限物体进行理性的综合和归纳,从中概括出普遍性,也就是由个别上升到一般。这表明牛顿继承了弗·培根的唯物主义经验论的传统。然而牛顿对于经验与理性的结合,尚不能做到自觉地明确表述。

牛顿提出的法则之四,是如何正确地对待归纳结论的原则。他写道:"在实验哲学中,我们必须将由现象所归纳出的命题视为完全正确的或基本正确的,而不管想象所可能得到的与之相反的种种假说,直到出现了其他的或可排除这些命题、或可使之变得更加精确的现象之时。"①这表明牛顿一方面肯定了根据实验研究运用一般归纳所导出的命题具有可靠性,即可看作是"完全正确的或基本正确的";另一方面,他也看到了归纳法的局限性,指出只是在没有出现其他现象足以使以前的归纳结论更为正确或出现例外之前,我们应相信结论的正确性。显然,牛顿对归纳法的作用及局限性的认识是很清楚的。在《光学》的"疑问 31"中,牛顿写道:"虽然用归纳法来从实验和观察中进行论证不能算是普遍的结论,但它是事物的本性所许可的最好的论证方法,并且随着归纳的愈为普遍,这种论证看来也愈为有力。如果在许多现象中没有出现例外,那么可以说,结论就是普遍的。但是如果以后在任何时候从实验中发现了例外,那时就可以说明有这样或那样的例外存在。"②言外之意就是说,如果出现了其他现象或者例外,就要修改原有的结论,发展和深化自己的认识,使它符合于客观的现象。

可以说,牛顿是将实验哲学和归纳法系统地用于科学研究的开创者。而且,牛顿对归纳法的态度是严肃的、实事求是的。他既不是"归纳万能者",也不完全否定和排斥归纳,更没有因看到归纳法有一定的局限性而陷入怀疑主义和不可知论。

牛顿概括出的这四条科学方法论原则,前三条是寻找自然界客观规律的最基本的科学方法,第四条是说明要正确地对待已经得到的科学结论,不

---

① ［英］牛顿:《自然哲学之数学原理·宇宙体系》,王克迪译,武汉出版社 1992 年版,第 405 页。

② ［美］H.S.塞耶:《牛顿自然哲学著作选》,上海人民出版社 1974 年版,第 212 页。

要使认识僵化。已被实验检验为正确的科学结论既有可靠性,又有相对性,它将随着新事实的发现而不断地发展。

自然科学发展的历史证明了牛顿的法则四是正确的,连牛顿力学本身也是按照法则四发展的,现代科学家也是本着法则四的精神对待牛顿的科学结论的。例如,牛顿通过观察和实验归纳得出的物质不可入性,因后来出现了放射性、电子等新发现,而被科学界所放弃。牛顿力学的适用范围因相对论和量子力学的出现而明确起来。整个牛顿力学在宏观物体的低速运动的领域内,被证实是精确可靠的客观真理。然而在接近于光速的高速运动领域内,近代物理实验已经证明狭义相对论是正确的。对于微观物体的运动,则有量子力学。

牛顿将"哲学中的推理规则"专门写入《原理》,既表明他对科学方法的重视程度,也表明他对科学方法有很深的研究。这些规则也成为他从事科学研究活动指导思想。

在实际研究工作中,牛顿灵活地运用了多种科学方法。首先,牛顿强调运用分析和综合相结合的方法进行科学研究。牛顿的挚友科茨,在《自然哲学之数理原理》第二版序言中,论述这个问题时做了如下的比较和分析:

所有论述自然哲学的人约可分为三类。这三类中,有些人,把一些特殊而隐蔽的性质归属于不同种类的物体:根据他们的看法,一些特定的物体的现象是按照某种不知其所以然的方式进行的。渊源于亚里士多德和逍遥学派的各种经院学派,它们各种学说的总和,就是以这个原则为基础的。他们断言,物体的各种作用是由这些物体的特殊性质所引起的。但是他们没有告诉我们,物体是从哪里获得这些特性的,所以实际上他们没有告诉我们什么东西。而且由于他们满足于给各种事物以一些名词,但不去深入探究这些事物本身,所以可以说,他们只是发明了一种谈论哲学的方法,但并未使我们懂得什么是真正的哲学。

另一些人则舍弃了那堆无用而混杂的辞藻,努力从事于那些会给我们带来益处的工作。他们假定所有物质都是同质的,而物体外表上的千差万别,只是由于其成分粒子之间的某些非常明显而简单的关系所引起的。当然,如果他们把这些原始的关系不是归诸别的什么关系而只是归诸自然界所给定的关系,那么他们从一些简单的事物出发,而后过渡到复杂的事物的这种思想方法也就是正确的。但是当他们放肆地随心所欲地想象一些未知的图像和量度,物体各部分的不确定的状况和运动,甚至假定有一种隐蔽性质的流体,它能自由的渗进物体孔隙,并赋有一种万能的微细性,它能为隐蔽的运动所激动,这样,他们就陷入到梦幻中去,忽略了物体的真实构造。这种构造,在我们不能用最确实的观察来获得时,当然是不能从错误的猜想中把它推导出来的。那些把假说看作他们思辨的第一原则的人,尽管他们从这些原则出发,然后用最严密的方法进行工作,但实际上他们写的只是一部传奇,这虽然是一种精心结构的工作,但传奇终究只是传奇而已。

现在剩下的是第三类人,他们是掌握了实验哲学的人。这些人固然从尽可能简单的原理中导出所有事物的原因,但是他们从不把没有为现象所证明的东西作为原理,他们不做任何假说,除非把假说作为其真理性尚待讨论的一些问题,否则就不把它们引进哲学中去。因此,他们是用双重方法,也就是用综合法和分析法来进行工作的。从一些特选的现象,经过分析,他们导出了自然界的各种力,以及这些力所遵循的比较简单的规律,再从这里经过综合而说明其他事物的构造。这是研究哲学时无与伦比的最好方法,也就是我们的著名作者所乐于采用的胜于其他方法的方法……在这方面,他给了我们一个光辉的范例,因为在说明宇宙体系的时候,他轻而易举地用重力理论把宇宙体系推了出来。在他以前,人们已经设想到或想象到,重力存在于所有物体之中;然而他是唯一的,也是第一个哲学家能从现象中证明它们存在,从而使之成为他的最高超思辨的坚实基础。[1]

牛顿在《光学》一书中,对自然科学研究中应当运用分析和综合的方法,也作了明确的说明。他指出,在自然科学里,研究困难的事物时,总是应当先用分析的方法,然后才用综合的方法。分析方法是从将要说明的现象着手,"包括进行观察和实验,用归纳法做出普遍的结论,并且不使这些结论遭到异议,除非这些异议来自实验或者其他可靠的真理方面。"如果在许多现象中没有出现例外,那么可以说,结论就是普遍的。但是如果以后在任何时候从实验中发现了例外,那时就可以说明有这样或那样的例外存在。牛顿还论述了科学的分析过程就是从复合物到复合物的成分,从运动到产生运

---

① [美]H.S.塞耶:《牛顿自然哲学著作选》,上海人民出版社1974年版,第139—141页。

动的力,一般地说,就是从结果到原因,从特殊原因到普遍原因,一直论证到最普遍的原因为止。所以,分析有两个作用:它不仅可以发现原因和原理,而且还要确立它们。关于综合的方法,牛顿说:"而综合的方法,则是假定原因已经找到,并且已把它们确立为原理,再用这些原理去解释由它们发生的现象,并证明这些解释的正确性。"所以,综合也有两个作用:一是用已知的原理解释现象,二是证明这些说明是正确的。牛顿认为,他在《光学》中对光的颜色的研究,就是分析综合法的成功运用。对光进行分析,首先是通过棱镜把白光"分解"(分析)为更简单的成分,发现白光是由不同颜色的光所组成的。然后,再让这些具有不同颜色的光通过第二个棱镜,发现每种不同颜色的光都是单色的,而不是复合的。因而牛顿得出结论认为,任何光线的颜色,不是像一般人所认为的那样,是从自然物体的折射或反射中所导出的光的性质,而是一种原始的、天生的、在不同的光线中所具有的不同性质。在这些研究的基础上,牛顿还试图确定每一种颜色的量和质以便进一步认识光的本性。他指出了什么样的颜色永远属于什么样的可折射度,而什么样的可折射度永远属于什么样的颜色。做出这些分析之后,牛顿便进行综合,即用分析所得的原因和原理去进一步说明它产生的现象。牛顿不仅用他所得出的结论来说明白光通过棱镜产生颜色的现象,而且进一步说明了彩虹的现象。牛顿的《光学》是运用分析—综合法的典范。

牛顿声称,他在《自然哲学之数学原理》这部伟大著作中,也曾遵循分析和综合方法。他应用分析法提出运动三定律和万有引力定律。他说,在实验哲学中,"特殊命题从现象中推出,然后通过归纳使之成为普遍命题。物体的不可入性、可动性和冲力以及运动定律和万有引力定律就是这样发现的。"当然,这里所说的分析方法,并不只是单纯的归纳,还包含着做出科学抽象的复杂思维过程。例如,牛顿运动第一定律说明了没有受到外力作用的那些特殊的状态,即保持原有的静止或匀速直线运动状态。但是,并不存在这样一些物体。一个被观察的物体不可能摆脱万有引力的作用。可见,惯性定律不是关于所观察的特殊物体运动的简单归纳和概括,相反,它是从这些运动中所做出的科学抽象。此外,牛顿关于绝对空间和绝对时间的观点,是牛顿做出的进一步的抽象。

牛顿的分析综合法,是继承了亚里士多德、罗·培根、伽利略和弗·培根等人关于科学方法论的主张,来反对笛卡尔的方法。牛顿肯定了亚里士多德的科学程序理论,把亚里士多德所倡导的归纳—演绎程序称为分析和综合。但是,牛顿在自己的科学研究实践中,也发展了他的前辈的主张。有两点是他的推进:一是强调通过综合演绎出来的推论需要用实验来确证,二是强调演绎出来的推论要超过原来归纳证据的价值。

除了分析法和综合法,牛顿还用了公理方法。特别是在《自然哲学之数学原理》一书中最为明显。牛顿的公理法有三个阶段,第一阶段是提出一个公理系统,即通过演绎组织起来的一组公理、定义和定理体系。运动三定律就是牛顿力学理论的公理,它们规定了"匀速直线运动"、"运动变化"、"外力"、"作用"、"反作用"等等术语之间的不变的关系。牛顿公理法的第二个阶段,是把公理系统的定理与物理世界中的事件联系起来,注意区分公理系统和它在实际经验中的应用。第三个阶段是设法确证用经验解释的公理系统中的演绎结果,即确立公理系统的定理与所观察的物体运动之间的一致关系。牛顿本人在力学公理系统与天体运动、地上物体的运动之间,建立了广泛的一致关系,以确证自己理论的真理性和价值。显然,牛顿虽十分强调归纳法,但也成功使用演绎法。可以看出,牛顿在运用归纳和演绎、分析和综合方法时,坚持了辩证法的观点。一般来说,在实际研究中,牛顿多用归纳和分析,在总结概括、撰写科学著作时,他多用演绎和综合。

成功地运用数学推理研究物理问题是牛顿的重要方法之一。这种方法虽然始于伽利略,但将其进一步发展的是牛顿。而且牛顿的数学方法在运用上也与伽利略有很大不同。美国的著名科学史家 I.B.科恩认为,这正体现了不同于"伽利略风格"的"牛顿风格"。伽利略是在实验的基础上,用数学揭示了运动定律。而牛顿不只限于此。他是用数学而不是用一系列实验导致了对宇宙及其运动的认识。牛顿在《原理》中所采用的步骤,很好地体现了牛顿风格。在第一阶段,牛顿在数学领域中将数学技巧运用到与数学实体有关的初始条件中,从而构筑一个纯数学的结构或想象的体系。在第二阶段,将初始条件的物理对应物或结论与对自然的观察或实验定律或法则进行比较,这通常引起最初构筑状态的一些变化,并因而产生新的第一阶段,紧接着又有一个新的第二阶段,等等。这样的数学构筑通常建立在简化的、理想化的自然系统上,是自然系统的数学化或类似物。第一阶段和第二阶段的结合最终产生一个似乎体现了自然界所有复杂性的系统。具体地说,牛顿首先考虑一个单一质点的结构或体系,在这个体系中,力总是从轨道运动着的质点指向力的固定中心。牛顿通过数学证明了开普勒三定律的动力学意义，构筑了第一阶段纯数学的思想结构。第二阶段，牛顿将他的思想结构与真实世界进行比较，他发现在真实世界中（如太阳系），轨道运动的物体并不是围绕"数学的"力的中心运动，如月亮围绕地球运动，各行星又围绕太阳运动。于是牛顿修改了他的思想结构，使其有两个质点。一个质点处于中心并吸引在轨道上运动的另一个质点。这时，两个质点将以椭圆的轨迹围绕它们共同的引力中心运动。这个双物体系统构成第一步修正。然后牛顿将这系统再与真实世界进行比较，发现并不一致，例如太阳系不是一个行星而是几个行星围绕太阳运动。于是牛顿又构造了更多质点围绕中心质点运动的体系，并推出所有这些质点彼此都存在吸引。最后，牛顿又把讨论从质点层次转到物理学的物体上。1684 年牛顿在《论微粒》的修改稿中得出下列结论：

> 当行星旋转时，对每一个行星来说，有许多轨道，就像月球的运动一样；而且每一轨道依靠所有行星的联合而运动，更不必说所有这些行星相互的作用……同时考察如此许多运动的原因以及用精确的定律去限定运动自身，假如我没错的话，我认为这种使计算简化的精确定律超过了整个人类智慧的力量。[①]

牛顿终于达到了对行星间万有引力的认识。牛顿也认识到：由于万有引力的作用，在物理世界中开普勒三定律严格说都是不正确的，但在数学结构中是正确的。牛顿用万有引力定律解释了为何行星运动近似地遵从开普勒定律，但实际上又违反这些定律。认识到数学体系与物理体系的区别，是牛顿运用数学的一大特征。由此，我们也就很容易理解为何他把自己的精心之作称为《自然哲学之数学原理》。通过用数学结构来达到对物理实在认识的牛顿风格，对其后的科学家运用数学研究科学树立了典范。

对待科学假说，牛顿的态度是非常严肃和慎重的。他曾经写道："我不杜撰任何假说。"在牛顿的著作中，"假说"一词有多种用法，其中重要的一种就是用以表述对"神秘的质"的记述，而测量这些质的方法尚不知道。牛顿

---

① 转引自科恩：《科学革命史》，军事科学出版社 1992 年版，第 168 页。

反对无根据地"杜撰"各种假说去解释"神秘的质",他强调应该注重科学实验,在此基础上进行分析、综合、归纳和演绎,提出理论,解释自然界那些"具有明显的质"的现象,即实验中可测量的那些现象的各个方面,揭示明显的性质之间存在的内在关系;所以说,牛顿强调的是科学理论要有实验基础,有归纳证据,如果有人把他以实验为基础的"理论"称为"假说"时,他就会马上怒不可遏。

牛顿强调不杜撰假说,并不意味着他不要任何科学假说。科学假说是自然科学研究的重要环节和方法,也是自然科学发展的重要形式。对于解释明显的质之间的相互关系的假说,牛顿并不拒斥。他自己也曾经考虑过以太质产生引力的假说,也曾对尚未研究清楚的问题,提出一些带有疑问的探索性的解释。牛顿强调说,这种假说的功能是为了指导未来的研究工作,而不是充当毫无结果的争论的前提。但是,对于科学假说与任意杜撰之间的界限,牛顿并没有作出严格的区分。

善于恰当地提出问题是牛顿作为一个杰出科学家的最突出特点之一。现代科学哲学家波普尔曾提出科学研究始于问题这一见解。综观牛顿的科研生涯,恰恰印证了这一点。1664 年牛顿开始在笔记本上陆续记下了许多问题,正是这些问题引导他展开了他的科学研究。这些问题深刻而恰中要害,显示了牛顿善于提出问题的惊人能力。在晚年出版的《光学》中,牛顿提出了 31 个当时他尚不能回答的问题,作为疑问附在末尾。从这些疑问中,我们仍能看到他深思和善疑的思维能力,看到他不掩饰自己知识缺陷的谦虚态度。爱因斯坦说过:"提出一个问题往往比解决一个问题更重要。因为解决问题也许仅仅是一个数学上或实验上的技能而已,而提出新的问题,新的可能性,从新的角度去看待旧的问题,却需要有创造性的想象力,而且标志着科学的真正进步。"①牛顿善于不断提出问题,靠问题引导科学研究的这种研究方式,不仅在当时推动了科学进步,而且在今天看来也是值得我们学习和仿效的。

---

① [德]爱因斯坦、[波]英费尔德:《物理学的进化》,上海科学出版社 1962 年版,第 66 页。

3. 精神的魅力

牛顿留给后世的,除了他那丰富而深刻的科学思想和卓有成效的科学方法外,还有他那科学大师的风范和精神。他对真理的孜孜不倦的追求,他在科学事业上的忘我投入,他敢于向权威挑战的勇气,他坚韧不拔、不达目的不肯罢休的毅力,他谦虚谨慎的研究作风,无不是宝贵的精神财富。

人们常说,诗言志。早在童年时代,牛顿就写了不少的诗。这些充满热情的诗句,表达了他的理想和抱负,表达了他的向往和追求。其中有一首诗,标题是:《三顶冠冕》,内容如下:

> 世俗的冠冕啊,我鄙视它如同脚下的尘土,
> 它是沉重的,而最佳也只是一场空虚;
> 可是我现在愉快地欢迎一顶荆棘冠冕,
> 尽管刺得人痛,但味道主要的是甜;
> 我看见光荣之冠在我的面前呈现,
> 它充满着幸福,永恒无边。

牛顿鄙视世俗的冠冕,愉快地欢迎荆棘的冠冕,他决心走一条充满荆棘和痛苦、同时也充满着幸福的艰辛之路,坚信它将迎来光荣的冠冕。这条道路就是追求科学真理之路。

牛顿的确充分地体会到创造性的科学工作带给他的幸福,也赢得了无上的光荣。他大学毕业以后62年的生活,可以划分为两个阶段:52岁以前,有31年的时间,在剑桥大学担任教学和科学研究工作,硕果累累。牛顿在科学上最富有创造性的贡献,主要集中在他毕业后的前10年,即22岁至32岁之间。以后是进一步的臻于完善,整理写作和出版。牛顿在几个领域都做

出了辉煌的科学成就,他完成了万有引力定律而奠定了近代天文学的基础;他成功地进行了把日光分解为光谱色的实验和解开了颜色之谜而奠定了近代光学的基础;他发明了微积分为高等数学奠定了基础。他总结了天体力学和地面上物体的力学的成就,实现了人类对自然界认识的第一次综合。他对力学和光学的贡献,使他成为科学史上最负盛名的科学家之一。他为人类认识自然所建立的功勋是巨大的。以后的 31 年,他弃教从政,移居伦敦,执行公务,担任皇家造币厂的厂长,地位显赫;同时作为科学界的泰斗,担任皇家学会的会长,主持皇家学会直到临终。在这期间,虽然他主要从事管理方面的工作,但他仍然没有放弃科学研究,仍在不断思考各种科学问题,而且完成了《原理》的两次修订再版和《光学》的出版、修订工作。即使是对神学的研究,牛顿也是在探究某种真理。可以说,牛顿一生都在追求着宇宙的真理,正像韦斯特福尔所写的牛顿传记的书名——永不歇憩。

牛顿能在短暂的时间内取得如此辉煌的重大成就,并非仅仅因为他天资聪明、才能出众,而是更得益于他超乎常人的勤奋精神。他说"我只是对一件事情很长时间、很热心地去思考罢了。"这一语道破了问题的真谛。天资聪明固然是他素质的一方面,但是更为重要的、最主要的是牛顿那顽强的科学探索精神和孜孜不倦的勤奋实践。

在牛顿少年时代,人们看不出他有什么超人的天资,在学校里功课低劣,时常遭人白眼,只是动手能力比较强。但他在受人侮辱轻视之后,能发愤图强,勤奋读书,即使被迫辍学务农时也毫不松懈。到大学学习和工作以后,条件改善了,研究的问题精深了,牛顿更加勤奋了。他独自研究力学、数学、光学和化学,专心致志,常常勤奋到废寝忘食的地步。即使到晚年,他仍然如此。他对科学的痴迷和执著求索精神一度使他无暇顾及其他,因而弄出不少笑话来。纵观牛顿一生,从早年如痴如醉地手工制作到大学期间剑桥图书馆里如饥似渴地博览群书,从化学实验室废寝忘食的研究观察,到创作《原理》时孜孜以求的思索论证,正是这种执著的探索求真精神,促使他乐此不疲地在科学与知识的大海里尽情遨游。

勤奋和专注,是许多科学家所共有的品质,在牛顿身上的表现尤为突出。这种品质使他能最充分地发挥出自己内在的潜能,最珍惜和最充分地利用时间,特别是充分利用一生中精力最旺盛、思想最敏捷、最富有创造性的青春年华。

除了勤奋外,牛顿还具有一种惊人的毅力,而且能够耐得寂寞。在三一学院时,尽管他所研究的内容并不被人理解,但他仍独自潜心研究,也不管这种研究能否给他带来好处。每当研究一个问题时,牛顿总是投入全部精力,常常是几天几夜连续奋战,直到那个问题彻底解决为止。然后他又马上转向另一个问题。有时他所研究的问题一时得不到解决,他也不肯放弃,只是暂时搁置一边,一旦时机成熟,他就会马上回到这个问题上。如对万有引力的研究就是如此。正是这种百折不挠的毅力,使得他攻克了一个又一个不同领域的课题。也正是这种一心研究科学、淡泊功利的精神,使得他在科学上登上了前人未能达到的高峰。

大胆的怀疑批判精神,是牛顿取得巨大成就的原因之一。古人曰:大疑则大悟,小疑则小悟,不疑则不悟。作为近代物理学的集大成者,牛顿首先敢于从观念上对亚里士多德产生怀疑,其后又对笛卡尔的学说提出了疑问。怀疑是批判的先导,怀疑把我们推向研究,使我们认识真理。哥白尼正是基于对托勒密"地心说"的怀疑才大胆地提出了"日心说"。伽利略正是通过怀疑亚里士多德的运动原理才得出了著名的落体定律。牛顿继承了这些前辈们的大胆怀疑精神,并将其贯彻得更为彻底。

本着怀疑精神,牛顿对前人的结论一一加以辨析、论证,凡是经得起数学证明和实验验证的理论就加以肯定和运用,反之则予以批判和修正。在传统观念根深蒂固的社会里,科学每前进一步都要受到保守势力的百般阻挠,甚至科学家们之间的意见分歧也会使科学举步维艰。作为真理的捍卫者,这需要何等的大无畏气概和"冒天下之大不韪"般的勇气啊!当牛顿初出茅庐、默默无闻时,他就敢于向当时的科学权威惠更斯、胡克等人的光学理论发起挑战,即使受到强大的压力和猛烈的围攻,他也不肯屈服。虽然他也曾采取逃避的消极方式,把光学的著作推迟发表,但他始终没有改变他的观点。当然,牛顿对权威的怀疑和批判是建立在坚实的实验基础上的,是有充分根据的。牛顿在科学研究中的这种怀疑批判精神同洛克、笛卡尔等在哲学上所提倡的怀疑批判精神结合在一起形成一股强大的理性力量,为近代科学、民主、自由、平等观念的建立开辟了道路。

科学的进步具有累积性和革命性的双重属性。这种特点决定了科学人员必须具备双重素质:虚心学习与大胆反叛。牛顿尊重和继承了前人及同代科学家的劳动成果,同时,又勇于对前人科学理论的偏颇之处予以怀疑和纠正。他的无可比拟的科学成就充分证明了这种素质的有效性。值得思考的是,虚心学习只有与大胆反叛相结合,才能使人的智慧闪烁出创新的光芒。否则,不是变得高傲自大,就是会陷于故步自封。这应是我们科学工作者引以为戒的。

治学严谨,力戒任何虚假和浮夸,是牛顿科学工作的又一特点。这种治学态度,特别表现在引力问题的研究中,他经过长期的反复的研究,才公开发现了对万有引力的发现。但是,关于万有引力的本质和原因是什么? 在未做出深入的研究之前,牛顿始终谨慎地不做出任何说明,谦逊地抱着"知之为知之,不知为不知"的存疑态度。他写道:"直到现在,我还未能从现象中发现重力(引力)所以有这些属性的原因,我也不做出任何假设……对我来说,能知道重力(引力)确实存在,并且按照我们所已说明的那些定律起着作用,还可以广泛地用它来解释天体和海洋的一切运动,就已经足够了。"[①]对牛顿说来,发现万有引力定律并证实它的存在,已经耗费了大量的时间和精力,再进一步阐明引力的本质和原因,是不可能的了,他只有留给以后的人们去探明它。牛顿说:"我之所以用提问的方式将它说出来,乃是因为缺乏实验,我对它尚不感到满意的缘故。""重力(引力)的原因是什么,我不能不懂装懂,还需要更多的时间对它进行考虑。"事实证明,这种实事求是的科学态度,是很明智的。今天,科学虽然已取得远比牛顿时代更辉煌的成就,但仍有许多问题没有解决。科学探索仍需要牛顿那种严谨的治学态度。然而,无论国际还是国内,在科学研究中缺乏严谨态度的事例屡见不鲜,作伪、浮躁、虚夸、剽窃、急功近利等现象比比皆是。因此,大力提倡牛顿那种严谨的科研精神仍是十分必要的。

存疑态度反映出牛顿在科学道德方面的严谨与诚实,同时,存疑又为科学后继者的研究工作起到了传承开启的接力棒作用。在牛顿的著作《光学》中,他索性在第三篇的最后部分设置了《疑问》一节,一一列出他当时力所不及的科学问题,以待后人解答。这些问题在《光学》初版时只有 16 个,以后每次修订版本时牛顿都增加新的问题,最后增为 31 个问题。

由此我们还可以看到,严谨治学的伟大科学家总是谦逊的。他们在认识自然的征途上,既勇于开拓,大胆探索,又能谦逊地估计自己研究的进展。

---

① 缪克成:《近代四大物理学家》,华东师范大学出版社 1986 年版,第 130 页。

因为他们认识得越多,对于尚未被认识的问题,了解也越多,越能够提出应该继续研究的问题,指出研究的方向。他们也就不容易满足于已经取得的成就。牛顿到晚年,虽然在科学上已经名声显赫但他仍然是个温和、沉默又谦逊的人。他生前有两段话,充分地表现了他谦逊谨慎的品格,也因为它蕴含着深刻的哲理,而成为人们传颂的著名格言。这两段话是:

如果我之所见比笛卡尔等人要远一些,那只是因为我是站在巨人肩上的缘故。

我不知道世人对我是怎样的看法,但是在我看来,我不过像一个在海滨玩耍的孩子,偶尔很高兴地拾到几颗光滑美丽的石子或贝壳;但那浩瀚无涯的真理的大海,却还在我的面前未曾被我发现哩!

事实上,牛顿奉献给人类的,是从真理的大海中捞取出的一颗颗闪光的珍珠。他不仅为我们今天这座华丽的科学大厦奠定了基础,而且为近代科学精神的形成作出了表率作用。由于他的巨大影响,在英国和欧洲大陆掀起了一场声势浩大的启蒙运动,其主题之一便是弘扬科学精神,这种精神的深入人心成为近代科技突飞猛进的强力催化剂。

在牛顿的优秀品格中,给人留下很深印象的还有一点,就是他的敬业精神。牛顿曾被人误解为只知埋头搞研究而不关心世事的书呆子。事实上,牛顿不仅关心世事,而且无论做什么工作都兢兢业业,恪尽职守,并且做得相当出色。他担任造币厂厂长时,为稳定英国货币做出了很大贡献。在他任皇家学会会长时,学会的工作大有起色,完全改变了以前的松散状况,大大推动了英国科学的繁荣。可以说,牛顿不仅是一个伟大的科学家,而且是一个杰出的科学管理家。今天,我国虽然有许多科技人员走上了管理岗位,但真正管好的还是太少了。因此,即使今天看来,像牛顿这样不仅有巨大科学成就而且在科学管理上也有突出业绩的实在是令人称道的。

当然,"人无完人"。虽然牛顿有许多超出常人的优秀品格,但也有一些明显的弱点。由于幼年生活的烙印,牛顿过于内向,过于谨小慎微。虽然在学术上他敢于向权威挑战,但在现实中却胆小怕事,与别人探讨问题或交流时往往有些保守甚至退缩。为了避免与胡克争吵,他竟然把光学方面的著作推迟几十年发表。他的微积分论文也是搁置了几十年。这对科学的发展实际上是很不利的。此外,牛顿虽然不愿与人争吵,但一旦争吵起来他却寸步不让。尤其是他认为别人说他剽窃时,更显得神经质,容易激怒而失去控制。在他得了抑郁症后,多疑易怒的性格变本加厉。即使病好以后,他的这种性格也并没有多少好转。在对待莱布尼茨的态度上,牛顿显然是过分了。而对待弗拉姆斯蒂德,牛顿做得甚至有些刻薄了。这些做法无疑有损牛顿的名声和形象。我们也不应为牛顿文过饰非。还有,牛顿离开剑桥后,虽然在从政之余还在研究一些问题,但毕竟离科学前沿远了,而且又在神学上花费了那么多精力,这必然会影响到他在科学上的更大进展。假如他在数学上再多投入一些时间,也许他能解决"无穷小悖论",至少他可以把微积分改进得更完善些。假如他后一时期仍保持前一时期的执著和毅力,那么在失火后,他会重写有关化学的手稿,我们也就会看到一个伟大的化学家牛顿了。当然,这一切都是"假如",也许我们不应该再苛求牛顿,因为他的一生已为人类贡献得够多了。至于他性格上的缺点,也只是白璧微瑕。他那执著追求真理的精神,勤奋严谨的科学作风,坚韧不拔的毅力,谦虚求实的品格,对立志献身科学的人们仍具有无穷的魅力,仍是鼓舞他们攀登科学高峰的精神力量。

4. 光照千秋

牛顿,科学史上最为璀璨的巨星,其一生的成就是极其辉煌的,产生的影响是极其深远的。

在科学上,牛顿以下列成就闻名于世:他对纯数学和应用数学的贡献;他对光和颜色理论的研究工作;他关于物质理论和化学(包括炼金术)的实验和推测;他的系统化的理性力学(动力学)和他的天体力学(包括牛顿的"宇宙体系")。在这些成就中,即使是很平淡的一部分,也足以使他跻身于名垂青史的科学精英中而当之无愧。

在评价牛顿在科学上的功绩时,以往人们常常提及"牛顿的综合"。其观点是牛顿将哥白尼、伽利略、开普勒等人的研究成果综合起来,从而建立了一个完整的力学体系。也有人认为,开普勒总结出了天上的运动规律、伽利略研究了地上的运动规律,而牛顿的功绩则是将天上的运动规律和地上的运动规律统一起来。

毋庸置疑,牛顿的确吸收、继承了他前面许多科学家的研究成果,并在他们研究的基础上前进,最终建立了一个完整体系的。从这个意义上说,把牛顿的工作概括为综合是可以的。然而,牛顿的成就绝非仅仅是综合,而是在许多方面都有自己独特的创造,仅用综合来概括牛顿的功绩是远远不够的。

I.B.科恩认为:"在科学的历史分析中使用'综合'这个词将使人误入歧途。因为它掩盖了科学家运用其前人和同代人的工作的创造性方法。"①因此,科恩认为,"牛顿的成就具有这样的重大意义,以致形成了可以与16世纪和17世纪的其他科学革命相提并论的一场革命"②,而科学中的牛顿革命是由《原理》形成的,也是在《原理》中显示出来的。牛顿并没有将哥白尼、开普勒、伽利略、笛卡尔、胡克和惠更斯的理论凑成一个大杂烩,而是选择他们的一些思想(概念、定理、定义、法则、定律和假设),加以变革,以新的方式构筑新的思想。这是一个科学思想变革的过程。在这个变革过程中,牛顿形成了他独特的研究方式,即前面提到的"牛顿风格",其精髓是把精确科学的研究过程分割成两部分的能力:从想象的构筑或系统展开数学推论,然后运用所得到的数学结果对现象学上的真实存在作用解释。正是这种牛顿风格体现了牛顿革命的本质。

科恩在考察大量历史资料后相信,牛顿同时代的人及其后不久的科学家们都承认牛顿发动了一场革命,1747年克莱劳特曾提到,牛顿的《原理》标志着"物理上的一场大革命的时代"。18世纪科学史家J.S.巴伊认为"牛顿推翻或改变了所有的思想",他的"哲学带来了一场革命"。达兰贝尔也把科学上的伟大革命归功于牛顿的工作。科恩的看法是很有见地的,用"革命"代替"综合"更能反映牛顿的科学成就的本质。虽然牛顿的工作有对前人成

---

① [美]I.B.科恩:《牛顿革命》,颜锋等译,江西教育出版社1999年版,第172页。
② [美]I.B.科恩:《牛顿革命》,颜锋等译,江西教育出版社1999年版,第3页。

就的综合,但更有革命性的变革。严格说来,牛顿并非是独自一人发动并完成了一场革命,而是以哥白尼革命、伽利略革命为基础的,但牛顿革命又并不是二者的简单延伸,而是具有本质上的不同。可以说,牛顿革命是近代科学革命的顶点。

牛顿革命在科学上产生了深远的影响。由《原理》所建立的力学体系,第一次用完整的理论描述了自然界的运动。由于它获得的成功,为其他学科的建立和发展树立了样板。物理学、天文学、化学、地质学、生物学都相继在牛顿力学范式的影响下发展起来。尽管仅用力学观点描述这些学科的内容是不完全适当的,但在这些学科发展的初期,这样一种力学的范式还是提供了许多有益的启示,因为有一个样板供模仿总比另辟蹊径容易。至少它提供了一个可被研究、批判、修改的体系。科学常常是在修正前人错误的过程中不断发展的。因此,从历史的观点看,牛顿力学范式对其他学科发展的影响是积极的,功大于过。而且,直到今天,力学仍然是许多学科的重要内容。除了作为物理学的分支学科外,还有天体力学、地质力学、化学动力学等。力仍然是基础科学的核心概念之一。如现代物理认为自然界存在四种基本力:引力、电磁力、强力和弱力。显然,这些概念中仍然有牛顿力学思想的影子。牛顿的光与颜色理论,在今天仍是光学的重要内容。他的反射望远镜,仍用于天文观测中。

除了牛顿科学理论本身的影响外,牛顿的科学思想和科学方法也对近代科学的发展产生了重大影响。由他奠基的机械自然观决定了近代科学的发展方向和进程,统治整个科学界 200 余年。他使用并倡导的科学方法,武装了一代代科学家,至今还在发挥作用。

在技术和生产领域,牛顿的科学成就也发挥了巨大的作用。他的力学三定律,成为机械制造、工程建筑的最重要的基本理论。无论在其后的工业革命中,还是在今天的经济建设中,人们都运用了并仍在运用这些力学定律。牛顿在潮汐理论中所论述的问题对于当时英国海军和所有的航行者都有普遍的指导作用。牛顿创立的微积分,是工程计算中必不可少的工具。

牛顿革命也推动了人类意识形态的变革。牛顿的科学研究向人们表明,在经验所能感知的现实世界中,完全可以用自然的原因来解释各种现象而用不到上帝来操纵,只有在涉及最终原因时才求助于上帝或动因。这无疑对宗教神学是一个巨大的挑战和冲击。这种观念也对其后的科学家产生了深刻的影响。1980 年 I.伯林对牛顿的影响作过如下评价：

牛顿思想的影响是巨大的；不管这些思想是否被正确地理解，整个启蒙运动的纲领（尤其是在法国）是自觉地建立在牛顿的原理和方法的基础上的，并且从牛顿的辉煌成就派生出启蒙运动的信心及其广泛的影响。这在后来转变为——的确，大大地创造了——西方现代文化。道德、政治、技术、历史、社会等等的某些中心概念和发展方向，没有哪一个思想和生活领域能够逃脱这种文化转变的影响。

科恩认为，

牛顿和他的同代人约翰·洛克是伟大的新思想的象征，这种新思想包含着"在思想的信仰和习俗中杰出的革命"，它标志着以启蒙运动为开始的新时代的到来。我们完全有理由说，牛顿在科学上的所有贡献，不仅影响了近代以来的科学界，也影响了近代以来的整个社会和人类思想观念。因此将牛顿列入人类历史上有重大影响的思想家，绝非是过誉之辞。

伏尔泰曾经说过：

将世界的一切天才放在一起，牛顿应是他们中的佼佼者。

诗人亚历山大·波普（1688—1744）在牛顿出生的屋子里题词①说：

自然界和自然界的定律隐藏在黑暗中；
上帝说："让牛顿去吧！"于是一切成为光明。

虽然说这是一种夸张，但牛顿无疑是人类历史天空中最为光辉灿烂的科学巨星。

如今，300 年沧桑巨变，牛顿仿佛已离我们很遥远了。但这颗巨星的光

----

① ［美］乔治·伽莫夫著：《物理学发展史》，商务印书馆 1981 年版，第 53 页。

芒仍然照耀着这个世界,照耀着人们的心灵。牛顿成就辉煌的一生,留给我们多少深刻的启示?一个乡下孩子,在二三十年里竟然能够登上当时科学的最高巅峰,这不能不说是一个奇迹。牛顿的巨大成功,除了他的聪明才智、勤奋努力和善于抓住科学前沿问题的能力外,还有另外的重要因素,那就是社会环境和一批伯乐。如果没有文艺复兴,如果没有英国资产阶级革命和宗教改革,如果没有哥白尼、伽利略、笛卡尔等人在科学上的开创性工作,即使牛顿是个天才,也很难做出如此巨大的贡献。此外,若没有牛顿的舅舅、格兰瑟姆中学的斯托克斯校长、巴宾顿、巴罗、哈雷、奥尔登伯格等人的提携和支持,恐怕也不会有作为科学巨匠的牛顿。还有,英国当时尊重科学的氛围,也为牛顿大展身手提供了舞台。他取得的许多成果,不仅在科学界受到重视,而且在社会上也产生很大影响。只要想想他的反射望远镜产生的轰动,想想他的《原理》出版后众人争相阅读的热潮,想想一个出身贫寒的科学家能被女王封为爵士,想想普通市民和王公贵族都来为牛顿送葬的感人情景,我们就不难理解,为何英国的科学能够很快繁荣,并使英国成为当时的科学中心,为何第一次技术革命会首先在英国爆发,为何英国会成为第一个发达的工业化强国。从这里我们也可以看到基础科学所产生的巨大作用和影响。

今天,历史的车轮正一往无前地驶向21世纪,科学技术以其排山倒海之势推动着人类文明的进程。我国在摆脱了半封建、半殖民地的统治后,经过半个世纪的努力,整个国家的科学技术能力大大增强,取得了辉煌的科技成就,公众的科技意识也达到了前所未有的水平。然而,我们也应清醒地看到,我国的科技水平与发达国家相比还有很大差距。科学技术作为第一生产力,在经济建设中的作用远远没有得到充分发挥。基础科学仍很薄弱,至今尚无获诺贝尔奖的科学家,更没有牛顿、爱因斯坦、玻尔那样的科学大师。近几年,在市场经济和商品大潮的冲击下,"读书无用"论仍在一定程度上泛滥。在大学校园里,"学而优则仕"的官本位意识与急功近利的商人意识深深影响着当代学子的价值取向。有才华的青年学生,愿意从事基础科学的人越来越少,而是更愿意从事计算机应用等热门专业。偌大的中关村,却很少有属于自己知识产权的产品,更缺乏由我国基础科学发展起来的技术。整个社会仍缺乏尊重知识、尊重科学的氛围。所谓尊重人才,也只是尊重那些搞技术创新、有创业能力的人。而在基础科学领域默默耕耘的人,却很少得到应有的重视和宣传。

公众对科学的理解也远远不够。大多数人只看到科学的实用性,却忽略了科学思想、科学精神和科学方法的作用。甚至一些从事科学技术工作的人,也坦言从未想过什么是科学,什么是科学精神。也有相当多的人陷入了对科学的迷信,而忘记了科学的任务是探索真理,而探索真理就必须具有批判和怀疑精神。因此,一旦某事物被冠以"科学"名号,就盲目相信,很容易上伪科学的当,很容易被罩上最新科学的外衣的假冒伪劣产品所蒙骗。当人们尽情享受科学技术所带来的种种方便和巨大福利时,是否思考过:仅仅着眼于从功用、效用上去看待科学带来的物质价值,必然将科学降格为外在于人的技术和器物,从而不可避免地忽略科学的精神价值。这不能不引起我们的反思与忧患:科学精神的弘扬在当代中国依然任重而道远。

我国现在正大力实施"科教兴国"战略,党和政府自 1999 年以来一直大力提倡宣传科学思想、科学精神和科学方法,提倡加强科学普及的力度,而且对基础科学也更加重视。相信不久的将来,我国也会产生自己的"牛顿",出现我国的《原理》,出现众人争读《原理》那样的科学著作的热潮。那时,我们国家将成为一流的科技大国,有着悠久历史和灿烂文化的中华民族将一定会实现伟大的复兴。

附录一　参考书目

(英)艾萨克·牛顿著,王克迪译.自然哲学之数学原理·宇宙体系.武汉:武汉出版社,1992.

李国秀等.世界十大思想家·牛顿.合肥:安徽人民出版社,1988.

阎康年.牛顿的科学发现与科学思想.长沙:湖南教育出版社,1989.

(美)理查德·韦斯特福尔著,郭先林等译.牛顿传.北京:中国对外翻译出版公司,1999.

李衍著.近代物理学奠基人牛顿.上海:上海科技出版社,1984.

(美)H.S.塞耶编.上海外国自然科学哲学著作编译组译.牛顿自然哲学著作选.上海:上海人民出版社,1974.

(美)I.B.科恩著,葛显良译.牛顿传.北京:科学出版社,1989.

(美)I.B.科恩著,杨爱华等译.科学革命史.北京:军事科学出版社,1992.

(美)I.B.科恩著,颜锋等译.牛顿革命.南昌:江西教育出版社,1999.

林定夷.近代科学中机械论自然观的兴衰.广州:中山大学出版社,1995.

刘宸.牛顿传.沈阳:沈阳出版社,1997.

(美)戴·斯·克内特著,潘勋照、张国粹译.牛顿传.合肥:安徽科技出版社,1984.

龚时中.牛顿传.武汉:湖北辞书出版社,1998.

潘永祥主编.自然科学发展简史.北京北京大学出版社,1984.

清华大学自然辩证法教研组编.科学技术史讲义.北京:清华大学出版社,1982.

(美)M.克莱因著,张理京等译.古今数学思想.上海:上海科学技术出版社,1979.

I.Herivel,The Back Ground To Newton's Principia,Oxford,1965.

H. W. Turnbull, The Correspondence of IsaacNewton, 7Vols, 1959
－1974.

I.B.Cohen,Introduction To Newton's Principia,Cambridge,1971.

F.E.Manual,The Religion of Isaac Newton,Oxford,1974.

附录二　大事年表

1643

1月4日(按旧历为1642年12月25日)　生于英格兰林肯郡格兰瑟姆南面13公里的乌尔索普(Woolthorpe)村的一个小农家庭。为他的父亲去世后的遗腹子。

1646

牛顿的母亲改嫁,与北威萨姆的教长史密斯(R.B.Smith)结婚,牛顿由外祖母抚养。

1655

入格兰瑟姆的公立学校读书,善于自制各种器具,培养了他构思和设计的才能及制造技术。

1656

继父去世,母亲带着三个孩子回到乌尔索普村。

1656—1660

上学、务农和经商,由于舅父的劝告,又回学校读书并准备考入剑桥大学三一学院。

1661

6月15日　牛顿进入剑桥大学三一学院读大学,做低级自费生,导师为普莱恩(B.Pulleyn),他按传统方法教育牛顿,但不限制牛顿探索新的知识。

1663

巴罗任卢卡斯数学讲座教授。

1664

巴罗的数学课对牛顿产生影响,并与牛顿相识。普莱恩向巴罗介绍牛顿的成绩很出色,由减费生变为公费生。广泛阅读数学、力学、光学、天文学和哲学名著,思路大开,系统地写读书笔记(三一学院笔记,1661－1666)和心得体会,直至1665－1666年,并在他的继父写的《流水账》中约从1665年续写到1666年左右。这两个手迹记载了牛顿早年的科学思想和宗教思想的状况,并且在光学和数学上有了重要发现,如发现日光谱,提出光的粒子说和颜色理论的初步想法,发明用极限概念做曲线的切线和求曲线曲率及任意次方二项式为近似级数等。

在获得1664或1665年的三一学院研究生特别奖学金上失败。1664年获三一学院学士学位。

1665

发现离心力定律和二项式定理,约5月发明了流数或微积分,11月给出流数表示符号。

同年夏季,剑桥流行疫症,牛顿回乌尔索普,开始他一生中创造性最大的时期,奠定了后来很多重大发现的知识和思想基础。

1665－1666

系统总结他发明的微积分和微分方程,列出公式图表,证明圆轨道上引力平方反比关系,但地月检验失败。

1667

4月22日　从故乡回到剑桥。

10月　当选为三一学院管理委员会的低级成员(JUNIOrFEllOW)。

1668

3月　获得高级研究生奖学金。

7月　获硕士学位。修改巴罗光学讲义,不同意将它发表。制成反射式望远镜。购置原料和设备,开始研究炼金术和化学。

1669

写出《应用无穷多项方程的分析学》一文,系统总结研究流数和二项式定理的成就。巴罗推荐牛顿继任剑桥大学的卢卡斯数学讲座教授。

1670－1671

写出《级数和流数方法论著》一文,更概括地阐述了流数法。在1670－1672年间选择光学为就职系列讲课,并汇集成《光学讲义》。

1671

12月　将反射望远镜交皇家学会,次年1月又被呈交国王观看。天文学家 S.瓦尔德建议选牛顿为皇家学会会员。

1672

1月11日　当选为皇家学会会员。

2月8日　在皇家学会宣读《关于光和颜色的理论》论文。

2月15日　在讨论会上,胡克批评牛顿的光微粒说和颜色理论,并发表,引起著名的光的波动说与微粒说争论。

9月　牛顿制成一台大型反射式望远镜。

1673

1－3月　莱布尼茨访问伦敦。1673年间惠更斯等几位法国科学家发表义章反对牛顿的颜色理论,使光学上的争论扩大到笛卡尔－惠更斯学派。

1674

牛顿写《论空气和以太》一文手稿,并开始向以太说明显妥协。

1675

12月7日　牛顿以给奥尔登伯格信的形式,全面阐述了自己的光学观点,回答胡克等的批评,并在皇家学会上的几次会议上做大量的演示实验。胡克承认他的光二原色理论的错误。

1676

10月　莱布尼茨第二次访问伦敦,看到牛顿在1672年8月20日写的一份数学手稿,抄了一份,并在同几位数学家的谈话中了解到牛顿的数学研究情况。此前,他通过科林斯和奥尔登伯格的一些信,已有所了解。

1679

2月28日　牛顿在给波义耳的信中,不断阐述了他的光学观点,而且用以太效应观点详细地说明中重力产生的原因。

11月24日　胡克以皇家学会秘书身份写信给牛顿,请他再过问动力学问题,至1680年12月18日,他们共通信8封,显示出牛顿在这时对物体落向地心的径迹的看法有问题。

5－11月　因母亲病重和去世,回故乡三次。

1680－1683

致力于化学实验研究,兼及宗教教义考察,以及光学和化学的著作写作等。1684年8月,哈雷第一次到剑桥访问牛顿,这次访问导致牛顿用几何法和极限概念证明了引力平方反比定律。随后写了《论运动》的7个手稿,提出运动五定律和六定律,在《论运动讲义》中提出后来《原理》中的质量定义。

10 月　莱布尼茨发表微分原理,1686 年发表积分原理,均未提牛顿的作用。

1684－1685

确定了运动的基本三定律,1685 年初发现万有引力定律,并着手写《原理》第一卷,6 月写完,7 月开始写第二卷。

1686

11 月－12 月　写完第二卷。6 月底之后写第三卷。

1687

3 月　写完第三卷。

4 月 28 日　胡克在皇家学会提出引力平方反比定律的发现权问题,并通过要求牛顿在《原理》序言中把他的作用提一下。

1688

英国资产阶级革命胜利。牛顿拥护新政权,当选为议院议员,为维护剑桥大学的独立性起了重要作用。

1690

11 月　上半月之前,在多年研究的基础上,为了反驳宗教界及其他科学界的卫道士们的攻击和揭露罗马教廷对教义的歪曲与造成的罪恶,牛顿写了《关于旦以理预言书和圣.约翰启示录的意见》《牛顿给 M.lE 克勒克的两封信》和其他宗教著作,但因教会审查很严而被搁置下来,前两者分别在 1733 年和 1754 年发表。

12 月 30 日　波义耳去世,留下遗嘱,提供基金设立一个讲座教授,从科学上论证对基督信仰的根据。为此,本特雷写信请教牛顿,从此牛顿写了 4 封给本特雷的信。

1692

1 月　牛顿的实验室意外失火,将《化学》和《光学》手稿烧掉,十分懊丧,重写《光学》一书。

1692

9 月　开始,神经错乱,直至 1693 年底或 1694 年上半年才恢复健康。

1694

中期,探讨月球理论,去格林威治天文台了解观月数据。

1695

牛顿在连任两届上议院议员之后,在第三届选举中落选。

1696

3月 被任命为造币厂督办。在本特雷的建议下,修改《原理》第一版,为第二版出版做准备。约在这一年开始研究年代学和古代史,修改光学和月球理论。

1699

任造币厂厂长,推荐惠斯顿继任卢卡斯数学讲座教授,当选法国科学院国外院士,11月30日当选皇家学会理事会成员。瑞士数学家法蒂欧提出牛顿最早发明微积分,说莱布尼茨是第二个发明者,可能引用了牛顿的成果。

1701

再次当选为上议院议员,辞去卢卡斯数学讲座教授,由惠斯顿正式接任。

1703

3月3日 胡克去世。

11月30日 牛顿当选为皇家学会主席,从此连任5届,直至去世。

1704

《光学》的英文版发表,并附两篇数学论文,这是他第一次发表关于微积分的著作。

1705

4月16日 被女王安娜授予爵士,同年莱布尼茨匿名发表文章,暗示牛顿的流数不过是他的微积分的变种。

1706

《光学》的拉丁文版发表,附有疑问1—6。

1708

凯尔发表两篇文章,就微积分发现权问题向莱布尼茨提出指控,莱布尼茨提出控告。

1709

本特雷一再敦促发表《原理》第二版,并推荐科茨负责。

1710

莱布尼茨发表《关于上帝善行的自然神学论著》一书,反对牛顿的引力理论,提出牛顿的引力传递思想是"超距作用",认为提出绝对时空就是否定上帝的创世。

同年,贝克莱主教发表《人类知识原理》一书,用上帝意旨批评万有引力定律,认为绝对时空就是否定上帝创世,说微积分是逝去的量的灵魂。

1711

莱布尼茨两次写信给皇家学会,要求凯尔声明背后有人教唆他这样搞的,在另一封信中要求牛顿表态。不久,《学术学报》发表文章,责备牛顿有剽窃之嫌。

1712

3月 皇家学会组成六人委员会调查,得出莱布尼茨从多种渠道事先得知了牛顿的研究成果,牛顿是微积分的第一个发明者,莱布尼茨是第二个发明者。

同年,科茨着手《原理》第二版修改工作,开始写序言草稿,与牛顿商讨他写的序言提纲。

1713

5月12日 《原理》第二版序言定稿,由于其中几句关于重力与物质关系提法,又引起关于"超距作用"的争论。《原理》第二版发表。

1714

皇家学会成立以牛顿为首的海上纬度测定问题委员会,牛顿提出四点方案,上议院一致通过。

1715

11月 莱布尼茨在给威尔士亲王王妃的信中,说牛顿的哲学在物理上是错误的,对宗教是有害的,牛顿同唯物主义者完全一样。国王乔治一世希望牛顿回答,但王妃又将信转到牛顿的支持者克拉克手中,从此产生了一场争论,来往信件共9封,直到莱布尼茨去世。

1716

11月14日 莱布尼茨去世。

1717

《光学》第二版发表,牛顿补充了疑问17—24,并在序言中发表声明,声明他不认为重力是物质的本质属性,即反对将"超距作用"强加于他。

1721

《光学》第三版发表,补充了疑问25－31。

1718

应威尔士亲王王妃的要求,牛顿写《从欧洲事物的最早回忆至伟大的亚历山大征服波斯的编年简史》的提要。

1722

请青年科学家彭伯顿负责出版《原理》第三版,着手修改其第二版。

患膀胱结石。

1724

8月　结石破碎并排出,病情好转。

1725

2月　患双脚痛风,辞去造币厂厂长职务。《M.lE切瓦莱.牛顿的年代学提要》在法国发表。

1725

病情稳定,写成编年史巨著《古王国变迁年代学——从欧洲事物的最早回忆至伟大的亚历山大征服波斯的编年简史》。

1726

《原理》第三版发表。

1727

2月28日　去伦敦主持皇家学会会议。

3月4日　返肯辛顿。

3月18日病发,至3月20日晨一二时去世,3月28日举行隆重国葬,葬于伦敦西敏寺(即威斯敏斯特教堂)的公墓中。

1729

《原理》的英文译本发表。

1730

牛顿去世前准备好的《光学》第四版发表。

附录三　著作目录

《自然哲学之数学原理》,1678 年出版。

《光学》,1704 年出版。

《论酸的特性》,1704 年出版。

《算术通论》,1707 年出版。

《应用无穷多项方程的分析学》,1711 年出版。

《光学讲义》,1728 年出版。

《宇宙系统》,1728 年出版。

《关于但以理预言书和圣·约翰启示录的意见》,1733 年出版。

《流数和无穷级数法》,1736 年出版。

《牛顿文集》,霍尔斯莱编,1785 年出版。

《艾萨克·牛顿爵士写的或属于他的书和论文的朴茨茅斯收藏目录》,1888 年发表。

《未发表的艾萨克·牛顿科学论文》,a.r.霍尔和 M.B.霍尔编译,1962 年出版。